中国政法大学民事诉讼法学系列教材

丛书主编：宋朝武

调解法学

MEDIATION LAW

（第三版）

邱星美　王秋兰　著

厦门大学出版社　国家一级出版社
XIAMEN UNIVERSITY PRESS　全国百佳图书出版单位

图书在版编目（CIP）数据

调解法学 / 邱星美，王秋兰著. -- 3 版. -- 厦门：
厦门大学出版社，2022.8（2025.7 重印）
中国政法大学民事诉讼法学系列教材 / 宋朝武主编
ISBN 978-7-5615-8536-8

Ⅰ. ①调… Ⅱ. ①邱… ②王… Ⅲ. ①调解（诉讼法）
-中国-高等学校-教材 Ⅳ. ①D925.114

中国版本图书馆CIP数据核字(2022)第041357号

责任编辑　施高翔　甘世恒
美术编辑　张雨秋
技术编辑　许克华

出版发行　厦门大学出版社
社　　址　厦门市软件园二期望海路 39 号
邮政编码　361008
总　　机　0592-2181111　0592-2181406(传真)
营销中心　0592-2184458　0592-2181365
网　　址　http://www.xmupress.com
邮　　箱　xmup@xmupress.com
印　　刷　厦门市明亮彩印有限公司

开本　　720 mm×1 020 mm　1/16
印张　　16.5
插页　　2
字数　　298 千字
版次　　2008 年 1 月第 1 版　2022 年 8 月第 3 版
印次　　2025 年 7 月第 2 次印刷
定价　　55.00 元

本书如有印装质量问题请直接寄承印厂调换

厦门大学出版社
微信二维码

厦门大学出版社
微博二维码

丛书总序

　　21世纪是知识经济的时代,是信息爆炸的时代,这为21世纪中国高等法学教育提供了机遇。中共十六大提出要培养数以亿计的高素质劳动者、数以千万计的专门人才和一大批拔尖创新人才。将军是伟大的,士兵也是可爱和必需的;没有大众支撑的天才和精英,又岂能对社会有所贡献? 高等法学教育也应通过阶梯结构的法学人才培养贡献于国家人才战略。近年来,高等法学教育的性质是通识教育还是职业教育的争论陷入二元对立的误区。这二者不是互相对立、不可调和的,而是互相支持、彼此吸收的关系。唯其建构通识为基础,职业为目的的法学教育,才能培养出健全、有用的法律人才。

　　经过改革开放以来的快速发展,目前我国已有600多家法学院(系),每年培养出超过5万名的法学本科专业毕业生。可以说,我国培养法律人才数量之巨、速度之快堪称世界之最。我们看到,法律职业已经变成人口过于膨胀的职业领域。法律人才供给与市场需求之间的矛盾、数量与质量之间的矛盾是我们目前面临的严峻挑战。要应对挑战,就得转变教育理念,从素质教育出发培养法律人才。更为根本的是提高法律人才质量、优化法律人才知识结构。

　　"面向市场,春暖花开。"要提高法律人才质量、优化法律人才知识结构,必须面向市场经济的发展,必须面向市场经济对法律职业的期待与需求。作为法学教师,我们所能做的就是在教学方法、教学手段、课程建设和专业设置上作出我们的贡献。我们努力着,也期待着,我们所培养出来的学生,既具有较扎实的理论功底、人文素养,又具有将来从事多种法律职业应当具备的知识结构和把法律问题放到复杂的社会环境和交织的观点冲突中去思辨的能力。他们应当能够运用所学法律知识解决实际问题,以适应建设社会主义法治国家和市场经济的需要。

　　这些年,法学教学改革的步子很大。在教学方法上,正在由传统课堂讲授向案例教学、法律诊所式教学等灵活多样的教学方法上发展。在教学手段上,多媒体教学正在发挥越来越重要的作用。相比而言,课程建设和专业设置

上的工作更为根本。

覆盖面广、结构合理是我们在课程建设和专业设置上的基本考虑。所谓覆盖面广，就是所设专业课能够覆盖到目前各法律职业的需求；所谓结构合理，就是专业课设置上遵循由抽象到具体、由本土到域外的认知规律，遵循相邻学科相互支撑规律。这一基本思路在我们这一套教材构成上有充分体现。

民事诉讼法学是研究民事诉讼法的产生、发展及其实施规律的一门重要的法学学科，是教育部规定的法学本科教育十四门核心主干课程之一，是法学专业本科生的一门必修课程。本课程的教学目的是让学生掌握民事诉讼法的基本理论、基本知识和基本诉讼技能，正确理解民事诉讼各种程序的规定，熟悉各种民事诉讼规范，提高运用所学民事诉讼法学知识解决、处理民事纠纷的能力。民事诉讼法学是一门范围广泛、体系完整、内容丰富、综合性高、实务性强的法律学科。为此，本课程还辅之以"民事诉讼实务"、"民事证据法"、"外国民事诉讼法"以及"仲裁制度"和"民事执行法"等选修课程。民事诉讼法学作为法学高等教育的一个重要组成部分，是一门应用性很强的学科，其内容不仅丰富、涉及面广，而且规定明确、具体，具有相应的科学性和系统性。为了深入推进民事诉讼法的教学改革，提高本科教学质量，中国政法大学民事诉讼法研究所组织长期从事民事诉讼法学一线教学的骨干教师，精心编写了《民事诉讼法学》《民事证据法学》《外国民事诉讼法》《民事诉讼法案例教程》《仲裁法学》《调解法学》《强制执行法学》《公证与律师制度》八本本科生法学教材。

本套教材绝非重复劳作，一方面，它是对教学内容的系统更新。近年来，民事诉讼法学理论研究的势头日渐强劲。本套教材捕捉学科发展的前沿问题，反映最新理论研究动态，以我国现行民事诉讼法和仲裁法等法律、法规、条例及有关司法解释为基础，力图完整、准确地阐明民事诉讼法学的基本概念和基本原理，并本着理论与实践相结合的原则，注意吸收国内外民事诉讼法学教育、科研的最新成果，注意运用比较生动的案例来阐释民事诉讼法学的理论与制度，力求有所创新。近年来，民事诉讼领域的司法解释出台的速度很快，而且大都是自 20 世纪 80 年代以来的民事审判方式改革的"结晶"，对这些司法解释的准确阐释是新的研究对象和新的教学内容。本套教材吸纳《最高人民法院关于人民法院民事调解工作若干问题的规定》《最高人民法院关于民事诉讼证据的若干规定》《最高人民法院关于适用简易程序审理民事案件的若干规定》等最新司法解释，力图准确、系统、全面地传达最新的信息。另一方面，这套教材是中国政法大学民事诉讼法研究所老师们教学实践的总结、教学心得的升华。中国政法大学民事诉讼法研究所现有在职教师 18 人，开设了"民事诉讼法学""民事证据法学""民事执行法""民事诉讼实务""仲裁制度""外国民事诉讼法"等课程。这个堪称国内最大的民事诉讼法学教学、科研群体每学年要承担近2000名本科生的教学任务。这个群体具有较高的职称结构与学历层次,也具有高度的责任心与奉献精神,多年来兢兢业业,苦心琢磨教学规律,深受学生的肯定与好评。

本系列丛书比较完整地体现了"大"民事诉讼法学的教学体系与课程结构,就其特色而言:

《民事诉讼法学》是本系列教材的核心与基础,由绪论、总论、民事诉讼通常审理程序、民事诉讼特殊审理程序、民事执行程序、涉港澳台民事诉讼程序与区际民事司法协助、涉外民事诉讼程序七篇构成。该书以简洁明快、通俗易懂的语言阐释我国民事诉讼的理论和制度。该书内容体现了民事诉讼法规范最新的变化与发展,反映了当前民事诉讼法学理论研究的前沿动态,具有前沿性、启发性。

《民事诉讼法案例教程》在案件素材所构建的特定话语系统中,辅之以焦点问题,以期给读者更大的分析与思考的空间,并通过精当的法理精析,旨在使读者能够正确理解民事诉讼法理、立法背景以及民事诉讼程序的基本运行规律。基于以案促教、以案说法、以案释理的要旨,本书所选案例,时效性强、涵盖面广,且兼顾典型性、针对性、适用性和生动性。

《外国民事诉讼法》有三大特点:第一,本书以不同法系典型国家的民事诉讼法为主线,选取了英、美、法、德、日、俄的民事诉讼制度,学生可以以此为基础了解同一法系中其他国家民事诉讼的相关程序制度;第二,突出了各国民事诉讼制度的改革,使学生了解世界民事诉讼制度改革的趋势,并与我国的民事诉讼制度改革相联系;第三,选取了最新的各国民事诉讼的资料。在全国范围内,有关外国民事诉讼法的本科教材少而又少,本教材的编写是一次有益的尝试。

《民事证据法学》秉持学以致用的原则,凝聚了我国证据法学研究的最新理论成果,系统阐释了《最高人民法院关于民事诉讼证据的若干规定》所带来的民事证据规范的发展与更新。本书体现了实用性和理论性的结合,凸显了民事诉讼证明实践中的流程和关键环节。

《仲裁法学》以仲裁制度为主线,系统阐释了仲裁制度的基础理论、仲裁程序、仲裁的执行与监督、国际商事仲裁。本教材既反映了我国仲裁立法的基本内容,又兼顾了仲裁理论界的最新研究成果;既涉及对仲裁理论制度的阐释,又涉及对仲裁实践中具体问题的分析,有利于高等法学专业的教学与学生学

习。

《调解法学》系统阐述了调解学(包括诉讼调解和非诉讼调解)的原理、特点、规则、应用等方面的内容,对我国现行诉讼调解和非诉讼调解进行了比较全面的梳理和总结,对与调解学相关的概念、制度进行了区分和比较,对与调解相关的纠纷解决制度作了介绍,并对它们之间的关联关系进行了阐述和分析,将调解置于传统的纠纷解决方式和现代 ADR(替代性纠纷解决方式)体系中观察,具有时代意义。

《强制执行法学》以我国现有的强制执行法律规范为基础,吸收强制执行理论研究的最新成果,详尽阐述了强制执行法的理论、原则、程序与方法,同时借鉴国外和其他地区的立法经验,对我国强制执行法的完善提出了立法建议。该书法理阐释深刻,对现行法律规范的分析全面,理论与应用并重,现实与前瞻结合,是一本专著性教材。

《公证与律师制度》一书主要具有三个特点:一是内容新。本书以全国人大常委会 2005 年颁布的《公证法》和 2001 年修订的《律师法》为依据,结合司法部新近发布的行政规章,对法律规定的最新内容作了详细具体的介绍。二是内容全。本书对公证、律师制度的各个方面都作了简明扼要的介绍,有利于读者全面、准确地掌握相关法律知识。三是注重理论联系实际。公证、律师制度均分为制度和实务两个部分,既具有理论性,又具有较强的实用性,便于读者理解和运用。

本套教材的出版得到厦门大学出版社的大力支持和帮助,在此表示衷心的感谢。

尽管我们编写这套民事诉讼法学教材时经过长期酝酿和反复推敲,但由于作者水平有限,缺点、错误在所难免,恳请同行、读者批评指正。

宋朝武
2007 年 8 月 1 日

编写说明

　　《调解法学》是中国政法大学民事诉讼法研究所编写的本科生使用的民事程序法类系列教材之一。为了适应新时期发展的需要,为了推动和谐社会理想的实现,为了适应高等法学教育教学改革的需要,为了开设调解学课程的需要,我们编写了这本《调解法学》教材。

　　本书根据本科生教学的特点,力求全面、准确地阐述调解学的基本知识和基本原理,同时介绍了国外调解制度的发展和现状,吸收了国内调解学研究的新成果,并注重理论与实践的结合。

　　《调解法学》教材的编写分工如下:

　　邱星美:第一章、第二章、第三章、第四章、第五章、第六章、第七章、第八章、第九章;

　　王秋兰:第十章、第十一章、第十二章、第十三章、第十四章、第十五章、第十六章。

中国政法大学民事诉讼法研究所

2007 年 12 月 25 日

目　录

第一章　调解概述

　　调解是人们在社会生活中常用的、有效的纠纷解决方式,是人类在社会生活中为解决相互之间的矛盾或纠纷,自然而然产生的古老的纠纷解决方式。伴随社会的进步和发展,调解仍然在纠纷解决领域发挥着不可缺少的作用。在我国,调解重新受到重视并加以提倡,各种领域和专业的调解机构不断出现,人民调解委员会的调解协议被赋予合同的效力,法院提倡法官们鼓励当事人尽量调解解决争议;在当代西方社会,调解充满现代生机,诉讼费用的高昂与诉讼程序的漫长致使调解日渐兴旺,调解还发展到与诉讼、仲裁等纠纷解决方式相联系的程度。

第一节　纠纷与调解

一、纠纷与纠纷解决机制

（一）纠纷

　　纠纷是人类社会生活中自然产生的一种现象,是人类社会交往中不可避免的一种现象。纠纷对社会而言,不仅具有消极的、负面的功能,同时还有积极的、正面的功能。其消极、负面的作用体现在纠纷制造者对社会秩序、伦理道德的挑战、破坏,纠纷涉及的当事人为消弭纠纷而耗费时间、精力、情感、金钱等,以及遭受精神痛苦。其积极的作用体现在纠纷的产生与解决彰显了其所处社会背景下的制度规范、价值尺度、伦理道德标准等,同时也发展了其所处社会背景下的制度、规范等甚至推动社会的发展。

　　按照社会学的理论,人与人生活在社会互动中,"社会互动就是人们对他人采取行动或对他人的行动作出反应的过程"。社会互动的通常形式为交换、合作、竞争、冲突,冲突的形式中包括纠纷。

　　纠纷表现形式多端,可以表现为暴力的纠纷或非暴力的纠纷、显性的纠纷或隐性的纠纷、冲突激烈的或相对缓和的纠纷等等。纠纷发生在各种不同领

域,有政治领域的纠纷、民族领域的纠纷、国际领域的纠纷、宗教领域的纠纷、经济领域的纠纷等等。导致纠纷的原因各有不同,有因信念不同而发生,有为利益争执而发生,有为捍卫名誉、主权而发生等等。

本书所涉及的纠纷仅限于上述种种纠纷之一部分,系个人之间或群体之间,以及他们相互之间因各种民事权益而产生的纠纷。以现代法律的观念予以表达,系指民事主体之间因财产权、人身权,以及与人身有关的财产权而发生的纠纷。

对社会安定而言,纠纷具有破坏性。当然这里所说的破坏性有特定的语境,破坏性是就现象而言,不是就实质而言,因为纠纷不仅仅有负面功能,也会产生正面功能。有纠纷发生,就产生解决纠纷机制的需要,以维护社会安定和谐,保障社会秩序正常运行,达到稳定、协调、整合的状态。

(二)纠纷解决机制

从人类社会发展的视角观察,人类社会纠纷解决方式各式各样,有野蛮的、暴力的,有文明的、规范的。及至文明社会,野蛮的、暴力的方式被法律禁止,文明的、规范的方式为社会倡导。

关于当代社会解决纠纷的方式或机制多种多样,可以对其分类观察研究。当代社会纠纷解决机制如何分类,学界有不同观点,一种观点认为有和解、调解、仲裁和诉讼四种方式,另一种观点认为有谈判、调解、仲裁和诉讼四种方式。这两种不同观点的区别在于"和解"和"谈判"的分类,但实质上这里的"和解"与"谈判"在内涵上并没有区别,它们都是指纠纷当事人自行协商,达成和解协议解决争议的方式。然而,"和解"使用的范围比较广泛,例如在我国有诉讼和解还有非诉讼和解,在外国民事诉讼理论上和解就是当事人达成和解协议解决争议,可见使用"和解"一词容易发生概念上的混乱,而使用"谈判"不会发生概念上的混乱,谈判通常是指没有他人介入,当事人自行解决争议的方式,与仲裁、诉讼、调解等概念的界限清晰。所以,我们认为当代社会纠纷解决的方式通常有以下几种:

1.谈判

谈判是指纠纷当事人自行就他们之间争议的事项,通过交流、说理、协商等方式,对争议事项达成一致意见,解决纠纷的方式。谈判还包括协商、交涉的含义在内。谈判是纠纷当事人最经常使用的方式,人们往往在不知不觉中就自然地以这种方式解决了他们之间的纠纷。以谈判的方式自行解决纠纷,通常不需要借助第三方的力量。但是,不需要借助第三方的力量并不是绝对的。

与其他纠纷解决方式相比较,谈判具有以下特征:

(1)谈判以解决争议为目的,非以追求公平、公正为宗旨。争议双方经过各方面利益、能力、情理等综合性因素考虑达成解决方案,而不是向诉讼或仲裁那样,希望通过第三方的审理,依据法律、规则、商业惯例、情理等,作出裁判,获得一个相对公平的结果。

(2)谈判的结果仅有道德上的拘束力,没有其他强制力。谈判结果的实现依靠当事人的自动实施,或者谈判结果确定的权利义务依靠当事人的自觉遵守实现,没有公权力的依靠,与仲裁、诉讼不同。但是,谈判协议的达成及其履行,有时也可能依靠的是一方当事人对另一方当事人的暴力威胁或其他方面的威胁。

(3)谈判是成本最低廉的纠纷解决方式。谈判通常不需要借助第三方。特别是与仲裁和诉讼相比,不需要交纳诉讼费,不需要请律师帮助,其所支出的费用是最少的。这也是争议者喜欢将这种方式作为解决纠纷的首选方式。

(4)谈判是最灵活的纠纷解决方式。谈判的条件可以是各种各样的,谈判的依据可以是法律规范,可以是道德规范,可以是人情常理等等,纠纷的解决不必拘泥于法律规范、道德规范之中,双方当事人可以根据各自的利益及各自的种种实力灵活决定他们的方案。

2.调解

调解是指通过第三人的斡旋、调停、劝说等,纠纷当事人之间达成协议,消除争议的制度。调解在我国的法律规定中分为诉讼外调解和诉讼调解(法院调解),在外国可以分为调解与法院诉前的非诉讼调解,外国民事诉讼法中没有像我国法律规定的这种法官主持的法院调解(诉讼调解),在外国,审理诉讼案件的法官不得以调解员的身份对案件进行调解,即他们不存在中国式的法院调解。诉讼过程中,当事人也可以以合意的方式解决纠纷,但是合意解决纠纷的,属于诉讼和解制度。这是因为在外国的诉讼理念上,法官对诉讼案件的当事人进行调解是违反法官中立的行为,是被禁止的行为。

无论在过去还是现在,调解都是发生争议者经常使用的方式。无论在东方国家还是西方国家,调解的历史都很悠久,纠纷发生后,由当地有威望者或者年长者出面居中协调、劝说、提出解决问题的方案,使当事人经过权衡、斟酌、互相协商、讨价还价后,取得一个共同认可的方案。在当代社会是由当事人生活的社区的有关机构或专门机构,或者由双方认可的商界有威望、有地位的人士,或者由有关行政机构或专门机构出面并主持,疏通、协调争议双方放弃对立态度,坐下来协商,寻求共同认可的解决方案以消除纠纷。从现代社会

观察,它具有程序快捷、成本低廉、利于维护当事人之间的关系、从对抗到合作等几方面的特点(详见本章第三节调解的特征)。

3.仲裁

双方当事人经协商,自愿将纠纷交付非司法机构的第三方审理并作出有拘束力的裁决,不履行裁决义务者可被申请法院强制执行的解决争议的制度。仲裁主要适用于民商事领域的纠纷。仲裁机构是按照有关国际条约或国家法律规定设立的,解决民商事争议的民间机构。仲裁机构作出的仲裁裁决可以申请法院强制执行,故仲裁具有准司法性。仲裁主要具有以下几个特征:

(1)当事人有自主选择的权利。仲裁与诉讼不同,是否以这种方式解决纠纷,由双方当事人共同协商决定。选择哪一个仲裁机构也由双方当事人协商决定。如果是应当组成仲裁庭合议仲裁的,双方当事人有权各自在仲裁员名册中指定一名仲裁员组成仲裁庭,仲裁庭的首席仲裁员由双方当事人协商确定,协商不成的,由仲裁机构指定。诉讼则不必双方当事人共同协商确定,诉讼也不允许当事人指定法官,诉讼管辖法院通常依法律规定确定,即使当事人可以协议管辖的,也必须在法律规定的有限范围内选择,不得任意选择。

(2)仲裁裁决可申请强制执行。与谈判、调解不同,仲裁机构虽然非司法机关,仅仅是民间机构,但是其作出的仲裁裁决具有可强制执行的法律效力。各国立法都承认仲裁裁决的法律效力,即承认仲裁裁决具有强制执行的效力。一方当事人不履行裁决义务的,另一方当事人依法有权申请法院或执行机关强制执行。

(3)仲裁具有一定的灵活性。与诉讼不同,各仲裁机构虽然都有仲裁规则作为其程序规范,但是在案件审理中,当事人可以选择仲裁庭的组成形式,可以选择开庭方式,另外,仲裁庭开庭审理的方式比较灵活,而且对争议作出裁决既以法律为依据,也可以公平原则、交易习惯或惯例为依据。而诉讼应当依据诉讼法规定的程序进行,法院以法律为依据作出判决。

(4)仲裁费用比较经济。申请仲裁,应当向仲裁机构交纳仲裁费用,与诉讼相比较,仲裁费可能比较高,但是,仲裁只有一级程序,无上诉救济程序,这样,仲裁的费用实际上少于诉讼费用。而且,由于仲裁一裁终局,当事人所支付的律师费以及其他费用也相应减少,因此,仲裁是比诉讼经济的争议解决机制。

4.诉讼

诉讼是指纠纷当事人行使诉权,向法院提起诉讼,法院行使审判权对纠纷审理裁判的纠纷解决制度。根据司法最终解决原则,当事人之间的民事纠纷可以通过各种方式解决,诉诸法院的,法院的裁判为最终裁判,当事人不可再寻求其他任何社会救济或公力救济。诉讼的性质为司法性,法院裁判的结果具有强制力,非经法定程序不得变更,当事人必须遵守。与其他纠纷解决方式相比较,诉讼的主要特点如下:

(1)诉讼具有强制性。民事纠纷发生后,当事人无法自行解决,或者通过其他方式也无法解决的,纠纷具有可诉性的,根据法律赋予的诉权,纠纷的任何一方都可以向有管辖权的法院提起诉讼,不论对方当事人是否愿意,这点与谈判、调解、仲裁均不同。法院经过审理后作出的裁判具有强制力,当事人不履行裁判确定的义务的,对方当事人有权申请法院强制执行。

(2)诉讼应当严格遵守程序规定。与谈判、调解不同,诉讼有其程序规范,即民事诉讼法,民事诉讼法就是关于民事诉讼法律关系主体进行民事诉讼活动的程序规范的总和。民事诉讼主体在诉讼进行中,必须依照民事诉讼法的规定为诉讼行为,而且诉讼程序依次顺序进行。谈判和调解没有严格的程序规范,没有程序顺序的要求,谈判和调解的进行灵活机动。

(3)诉讼裁判以法律为依据。与谈判、调解不同,谈判、调解解决争议所依据的可以是法律规范、道德规范,可以是风俗习惯、交易惯例,或者人情常理等等。而法院裁判所依据的主要是法律规范,特别情况下可以根据公平原则适用惯例等。与仲裁也有所不同,仲裁可以依据法律规范,也可以依据公平原则、商业惯例等。

(4)法院是行使司法裁判权的司法机关。法院是国家依法设立的司法机关,行使国家司法裁判权,与仲裁机构、调解机构不同。仲裁机构是依法设立的民间机构,调解机构有的是民间机构,有的是行政机关下设的机构。法院行使的司法裁判权、法院的司法职能是国家赋予的,仲裁机构的仲裁权是当事人赋予的,当事人双方协商一致达成将纠纷交付仲裁裁决的协议,根据当事人之间的仲裁协议及当事人的申请,仲裁机构行使裁决权。

另外,值得注意的是,纠纷解决的过程中,上述诸项纠纷解决机制并不完全是单独适用,事实上往往可以混合适用,这种以多种机制解决纠纷的方式被称为混合模式(hybrids),在当代有些国家盛行。例如和解的过程中也许有调解人的调解,仲裁可以与调解相结合,诉讼过程中法官可以将案件交付调解机构调解。还有,当事人往往选择几种方式处理纠纷。例如通过谈判的方式,谈判失败后,可以寻求调解的方式,调解失败后,可能决定仲裁或诉讼。仲裁或诉讼多数情况下成为当事人最后的选择。

二、纠纷与调解

在各种纠纷解决机制中,调解是人们常常选择的方式,因为调解具有成本低廉、程序快捷、方式灵活、不伤和气的特点。特别是有调解人居中劝说、协调、提供法律评价等,易于缓和当事人之间的紧张关系,易于使当事人从对立情绪中走出来,冷静、客观地斟酌、思考、协商解决问题的方案。

通过诉讼外调解的方式解决纠纷,曾经是新中国成立后我国民商事纠纷处理的主要方式,人民调解委员会的调解、行政主管部门调解组织的调解曾经发挥了极大的作用。但是,随着我国政治体制和救济体制改革的开展、进行,随着计划经济向市场经济的转型与变革,计划经济时代建立的这一套比较完善的人民调解组织体系和行政主管部门调解组织体系逐渐萎缩,这些调解组织解决纠纷的能力也日渐薄弱。与此同时,我国的法制建设工程自新中国成立以来以空前的规模和速度进行,民众的法律意识日益增强,人们对司法解决纠纷的方式抱着较高的理想,人们还没有体会到诉讼程序的漫长、成本支出及付出成本后结果的不确定性,因此对调解组织解决纠纷不再感兴趣。调解组织也不像以往那样主动介入纠纷,主动提供帮助,调解组织在计划经济体制下的所有的权威逐渐丧失。大量地适用非诉讼调解解决纠纷的中国方式——这个被美国法律专家看重并借鉴的方式,在中国这块土地上被日益冷落,与此相反,调解在美国、英国、加拿大、澳大利亚这些国家却得以重视,并兴旺起来。与此同时,我国司法界一向倡导的,作为司法优良传统的法院调解在理论界展开了全面的、深入的分析和评判,司法实务界的调解结案率逐年下降。

20 世纪后期,在美国、英国、澳大利亚、德国、法国、意大利等国家,由于诉讼案件激增,法院案件审理周期漫长,当事人主义的奉行导致诉讼进程迟延,为了加快案件审结速度,及时解决纠纷,各国都在进行自己的民事诉讼改革,改革的问题之一就是鼓励诉讼当事人和解。而诉讼和解,外国与中国不同的是审判法官不得进行,而是委托非审判法官或者附设在法院的调解机构或法院外的调解机构进行调解,以调解的方式促进诉讼当事人达成和解协议,实现诉讼和解。因此,在有些国家适用调解机制解决纠纷的比例越来越大。同时替代性纠纷解决方式(ADR)在许多国家兴起并迅速发展,调解作为 ADR 的方式之一,随着 ADR 的发展而日益发展。

三、调解及其相关概念

作为纠纷解决方式或机制的调解具有特定的内涵,区别于其他纠纷解决机制,同时与一些纠纷解决机制又有交叉或相似之处,有必要一一区别理解。

（一）和解（settlement）

和解是指纠纷当事人对他们之间的权益争议,通过自行协商、反复谈判等方式,达成协议解决争议的制度。和解因适用的场所不同而有所区别。在诉讼进行中,当事人通过相互协商、谈判等方式,对他们之间的争议达成协议,并以此方式终结诉讼的制度,是为诉讼和解。纠纷当事人未提起诉讼,以自行协商、谈判等方式解决争议的制度,是为非诉讼和解。

通常每个国家的民事诉讼制度中都有诉讼和解的规定,即允许当事人在提起诉讼后,以合意的方式解决争议,将合意的结果固定下来。在有的国家,根据其民事诉讼法的规定,当事人的和解经法院审查后记入法庭笔录,这种和解的结果具有既判力和执行力。它们没有中国式的诉讼调解制度。我国民事诉讼法中也规定有诉讼和解制度,当事人在诉讼进行中,也可以以这种方式合意解决他们之间的争议。但是,由于在我国民事诉讼法中同时还有诉讼调解制度的存在,以及新中国特有的司法传统和司法观念,诉讼调解制度受到特别的重视和推崇,而诉讼和解不被重视,其从立法到司法都处于弱势的境地,加之诉讼和解的法律效力在民事诉讼法上不明确,故诉讼和解的适用远远不及诉讼调解的适用广泛。

和解与谈判相关联。当代社会,通常适用的解决纠纷的机制有谈判、调解、仲裁和诉讼。和解也是纠纷解决机制之一,但是,和解是与谈判相关联的概念,故谈判这种纠纷解决机制中包含了和解的内容,或者说和解与谈判是一个事物的两个方面。作为纠纷解决机制,谈判、调解、仲裁和诉讼所强调的是方法、手段,和解是当事人谈判及调解人调解的目的。

（二）调停（mediation/conciliation）

在日本的纠纷解决机制中有调停制度,他们的调停有诉讼外的调停,有诉前调停,即法院内设置的司法调停。调停,即由中立的第三方介入纠纷当事人之中,以斡旋、调解等方法,协助当事人解决争议,以达到当事人合意解决纠纷的目的的制度。这种意义上的调停就是调解。调停与调解没有实质意义上的区别,它们之间的区别仅仅是文字使用的不同。根据《现代汉语词典》的解释,调停就是调解之意。

（三）斡旋（good offices）

斡旋是个法律术语,在国际法上,是指为了和平解决争端,由第三国或国际组织介入发生争端、冲突的国家间,促使双方直接谈判的行动。斡旋是一种和平解决国际争端的方法。斡旋与调停不同,斡旋时,介入的第三方不参加当

事人之间的谈判,而是通过各种活动促成争端国进行谈判。调停也是国际法上的术语,也是一种和平解决国际争端的方法,是指第三国或者国际组织为了帮助发生争端、冲突的国家解决争端而促使他们谈判并参加他们的谈判的活动,是指第三方直接指导当事国在调解人提出的建议的基础上谈判。但是,有时斡旋的第三方也提出建议作为当事国直接谈判的基础,不过这种建议只有在争端双方同意的前提下才有约束力,在这种情况下,斡旋与调停就没有严格的区别。

第二节　调解的分类与种类

一、调解的分类

调解有不同意义上的类型,例如人民调解与诉讼调解就是不同类型的调解,为了区分不同意义上的调解,也为了区分调解这一概念在使用时的不同含义,我们可以在学理上给调解作如下分类:

1. 以调解的不同主体为标准,调解可以分为人民调解、行政调解、社会调解、仲裁调解、法院调解(司法调解)。人民调解,是指根据我国《人民调解委员会组织条例》设置的人民调解委员会,对当事人之间发生的民事纠纷和轻微的刑事纠纷,通过说服、教育、劝导的方式,使当事人在自愿的基础上达成协议解决纠纷的制度。行政调解,是指国家行政机关根据规定的职责,对当事人之间的民事纠纷、经济纠纷及轻微的刑事纠纷,通过说服、教育、劝导的方式,使当事人在自愿的基础上达成协议解决争议的制度。社会调解,是指各种组织、企事业单位及各种团体,对当事人之间的民事纠纷、经济纠纷,通过说服、教育、劝导的方式,使当事人在自愿的基础上达成协议解决的制度。仲裁调解,是指我国的仲裁机构,在审理仲裁案件的过程中,对当事人之间的争议,通过说服、教育、劝导的方式,使当事人在自愿的基础上相互协商,达成协议,以解决争议的制度。法院调解,是指在诉讼过程中,在法院的主持下,双方当事人就他们之间的争议互谅互让,相互协商达成协议的行为以及达成协议解决争议的制度。

2. 以调解是否在诉讼程序进行中为标准,调解可以分为诉讼调解与非诉讼调解。诉讼调解,在我国即法院调解,是指在诉讼过程中,在法院的主持下,当事人之间相互协商、互谅互让的诉讼活动或者达成协议解决争议的制度。

非诉讼调解,是指纠纷当事人将他们之间的纠纷交给调解组织或个人调解人,请调解组织或者调解人协助他们达成调解协议解决争议的制度。非诉讼调解与诉讼无关,往往是当事人在提起诉讼之前寻求纠纷的解决之道。

3. 以调解是在提起诉讼程序之前还是在诉讼开始后为标准,调解可以分为诉前调解与诉讼调解。这两种调解都是在法院的调解。近些年来,作为司法改革的成果,有些国家的民事诉讼法规定,当事人在提起诉讼之前,可以向法院的调解组织请求调解;以及它们的法律规定有些案件应当在诉讼之前先行调解,当事人的起诉视为先行调解的申请,先行进入调解程序。这种在诉讼前请求法院的调解组织,协助纠纷当事人以协商、合意的方式解决争议的制度称为诉前调解。诉讼调解,即我国民事诉讼法规定的,由审理案件的法官对当事人的争议进行调解,使当事人互让互谅达成协议解决纠纷的制度。

4. 以调解的性质不同为标准,调解可以分为法院调解与诉讼调解。从我国的法律规定来看,没有这种分类。从外国某些国家的规定来看,应当有这种分类。例如:日本有《民事调停法》,根据《民事调停法》所进行的调解虽然在法院进行,但这种调解不是当事人起诉以后法院为了解决诉讼纠纷进行的调解,而是当事人在提起诉讼之前请求法院进行的调解,调解由调停委员会主持进行,调停委员会由一名法官和两名调停委员组成。调解的性质属于非诉讼调解。如果调解达不成协议,案件才进入诉讼阶段。这种调解属于诉前调解,然而它又是在法院进行的调解,所以就严格意义而言,属于在法院的诉前调解。法院调解是指包括了这种非诉讼的诉前调解和中国式的诉讼调解。这种调解与我国的诉讼调解不同,诉讼调解是指案件起诉以后,在诉讼的过程中,法院的法官对当事人的纠纷进行的调解。图示如下:

二、调解的种类

调解的种类,是指根据民事诉讼法的规定及其他法律规定,根据其不同性质和特点,调解所形成的不同门类。根据我国法律、法规的规定,调解有以下几种:法院调解(诉讼调解)、人民调解、行政调解、民间调解、社会调解、仲裁调解。我国的法院调解制度是与其他国家不同的、独有的一种制度。在外国法的规定中,调解的种类有以下几种:民间调解、社区调解、法院的诉前调解、附

设在法院的诉讼进行中的调解（属于 ADR 类别）、仲裁调解。

调解的种类在不同历史时期具有不同的内容，在我国古代社会和近代社会，由于人们多聚族而居，由宗族或家族中有威望的长者出面解决纠纷效果颇佳，形成了宗族调解的习惯，另外，小纠纷由邻里中有威望者调解解决的方式也很流行，长期的司法行政合一，以小农经济为主的生活方式，所以形成调解的种类主要是：邻里调解、宗族调解、官府调解。

第三节　调解的特征

调解与其他纠纷解决机制相比较，主要具有以下几方面的特征：

一、纠纷解决的第三方介入特征

调解是由第三方介入而解决纠纷的方式，其特点体现在第三方的介入。按照《现代汉语词典》的解释，"调解"是指劝说双方消除纠纷的意思，故无第三方介入的不能称其为调解。这种第三方介入与仲裁、诉讼的第三方的介入不同，调解的第三方介入是协助当事人之间达成解决争议的协议，而仲裁和诉讼的第三方介入是为了给纠纷作出强制性的裁判。又与谈判不同，谈判仅仅是争议双方自行协商的过程和方式，通常不需要第三方介入。

二、程序的快捷特征

调解具有程序快捷的特点。与诉讼和仲裁不同，调解没有程序规范的约束，没有程序期间的等待，没有上诉救济的拖延，若能够达成协议，纠纷便得以解决，如若达不成协议，当事人则另外寻找其他救济途径。以调解的方式解决纠纷，通常比仲裁、诉讼程序耗费的时间少，相对比较快捷。程序快捷，对当事人而言就意味着所支出的成本低，即使调解不成，当事人为此付出的代价也不大。这种特征是当事人选择调解方式的主要缘由。

三、成本的低廉特征

调解是一种成本很低廉的纠纷解决机制，不必交纳诉讼费或仲裁费，往往也无须请律师之类的法律专业人员代理，因而常常无律师费的支出。即使有些专门从事调解事务的组织提供有偿调解，收取调解费用，但是这种费用不仅低廉，而且收费名目简单，当事人不会付出多少成本。在外国，调解组织有营利的,也有非营利的。在我国,中国国际商会调解中心可以属于营利性的机构,其他调解组织多是非营利性的组织,但是其收费比仲裁和诉讼低廉。成本低廉的特征是当事人选择这种争议解决机制的原因之一。

四、程序与实体的自愿特征

调解的显著特征是自愿,主要是在实体法方面的自愿,即当事人最终是否达成协议,完全取决于他们自身。调解组织或调解人只能做劝说、说服、协调等工作,可以提出协议方案供当事人参考,但不得替当事人作出决定,更无强制裁判权。在程序方面,通常也必须是自愿,但是,在法律规定的有些情况下,法院有强制的权利。例如,在日本、德国、澳大利亚等国家,根据它们现行民事诉讼法的规定,法院在诉讼的进程中,认为案件有调解的可能的,有权中止诉讼程序的进行,将案件交付调解组织调解,以期当事人经过调解后达成诉讼和解协议结束诉讼程序。在日本,根据其《民事调停法》,应当在诉讼前先行调解的案件,当事人未申请调解直接起诉的,法院有权将其起诉视为调解申请,交付调解。在我国,根据《民法典》的规定,对离婚案件应当先行调解,调解不成的审理后作出裁判。根据2020年修订后最高人民法院《关于适用简易程序的若干规定》第14条,对以下六类诉讼案件,原则上法院应当先行调解,调解不成的审理后作出裁判。这六类案件是:(1)婚姻家庭纠纷案件和继承纠纷案件;(2)劳务合同纠纷;(3)交通事故和工伤事故引起的权利义务关系比较明确的损害赔偿纠纷;(4)宅基地和相邻关系纠纷;(5)合伙协议纠纷;(6)诉讼标的额较小的纠纷。然而根据案件的性质和当事人的实际情况不能调解或者显然没有调解必要的除外。

五、有利于修复争议双方关系的非对抗特征

调解有利于修复或维护争议双方的关系。对基于相邻关系、劳资关系、商贸关系等发生的纠纷而言,既要解决当事人之间的争议,又有必要修复或维护当事人之间的相邻关系、雇佣关系、商业关系,并恢复以往的安定和谐状态,继续为邻或继续交往。调解是当事人从对抗走向合作的过程,与诉讼和仲裁相比,当事人不会始终处于对抗状态中,故以调解的方式解决纠纷的过程往往也是当事人握手言和的过程。

六、适用法律的灵活特征

调解也是最灵活的纠纷解决方式。与谈判相同,调解的依据可以是法律规范,可以是道德规范,可以是人情常理等等,纠纷的解决不必拘泥于法律规

范、道德规范之中,双方当事人可以根据各自的利益及各自的种种实力,灵活决定他们解决问题的方案。

■ 七、协议的自动履行特征

调解协议的履行不具有强制力。与谈判相同,调解协议的履行依靠当事人的自觉行为,通常一方当事人违反调解协议的,另一方当事人无法申请法院强制执行。为了解决这个问题,各国的法律专家们创造了几种不同的制度,间接地给予调解协议一定效力保障。例如在英国,调解机构或私人调解员在给当事人调解前,先要求他们签署同意进行调解的调解协议(Agreements of Mediate),格式化的调解协议中有一条规定协议生效后,一方当事人若不履行,另一方当事人可以向法院申请强制执行的条款,当事人可以选择决定接受还是保留该条款。① 在我国,纠纷经人民调解委员会调解后,一方当事人无故反悔的,另一方可以违反合同为由诉至法院。在我国国际商会调解中心调解解决争议的,为了解决调解协议的效力问题,调解中心或调解员可以征得当事人的双方同意,由当事人请求中国国际商会仲裁院(也称中国国际贸易仲裁委员会)将他们的调解书制作成仲裁裁决书,以取得强制执行的效力。

■ 八、结果的合意特征

调解的目的是解决当事人之间的争议,争议是否解决取决于当事人之间是否能够达成有关权利义务关系的协议。该协议的达成必须出于当事人的自愿,调解组织或调解人无权强制当事人达成协议,否则将导致调解协议被撤销。即调解成功的结果是当事人经过协商,对他们之间的权利义务关系取得了一致的意见,共同达成合意。

■ 第四节 调解学的研究对象与研究方法

■ 一、调解学的概念

调解学,是研究调解制度的产生、发展及其特点和规律,研究调解法律规

---

① [英]迈克尔·努尼著,杨利华、于丽英译:《法律调解之道》,法律出版社 2006 年版,第 75～77 页。

范的制定与调解的实践，以及研究调解与相关、相邻部门学科的关系的学科。根据此概念，调解学具有三个层次的含义：第一，调解学是研究调解制度产生、发展以及调解的特点和规律的学科；第二，调解学是研究调解规律规范的制定与调解的实践的学科；第三，调解学还是研究调解与相关、相邻部门学科的关系的学科。

调解在我国产生、应用的历史悠久，在古代社会与近代社会，中国儒家思想崇尚的"无讼"理念，"礼之用，和为贵，先王之道斯为美"的学说，提倡道德教化的方式解决纠纷的儒家法制观念的强力影响等因素，个体利益的漠视，社会利益、群体利益的强调，使调解在解决民事纠纷方面起着主导作用。直至现代社会，新中国成立后的很长的时期内，由于传统思想的作用，以及民事法律制度建设刚刚起步的缘故，计划经济社会的原因，调解仍然是我国社会生活中解决民事纠纷的主要方式。但是，我们对调解学的研究与其他法律学科相比却不够理想。

从 20 世纪 90 年代初期开始，随着我国法制工程建设的兴起及蓬勃发展，随着我国政治体制和经济体制的改革与发展，计划经济制度到市场经济制度的变革，加之民事诉讼理论界对长期以来国家推行的调解观念的反思，调解作为解决民事纠纷的主要方式曾一度低落，诉讼调解的结案率呈下降趋势，非诉讼调解的适用大幅缩减。而几乎是与此同时，在国外，调解作为治疗其诉讼爆炸、诉讼拖延、诉讼成本高昂的良方却身价倍增。此时，我国调解学的研究侧重于对诉讼调解的批判性研究，调解学，特别是非诉讼调解学说的研究淡出。近几年，我国也出现了诉讼爆炸、诉讼案件激增的现象，诉讼成本也作为问题体现出来，调解作为解决民事纠纷的方式又得以提倡，但调解学的研究、发展仍然进展不大，只是对诉讼调解的研究比较发达，著述较多。近十年间，关于国外 ADR 制度和学说的介绍和研究进展较大，学术成果颇丰，为我国调解学的研究和发展提供了珍贵的、丰富的资料。

二、调解学的研究对象

通常，作为一门学科的研究对象，应当是构成该学科的基本要素。一门具体学科的研究对象是区别此学科与彼学科的实质因素。调解学的研究对象主要体现在以下三个方面：

1. 研究调解制度的产生和发展，及其特点和规律。研究这些问题有助于我们总结历史经验，根据其特点和规律发展，改革和完善调解制度，令其在社会生活中发挥积极的作用。

2. 研究调解法律规范及调解实践问题。调解作为纠纷解决制度存在,为了规范其运行就要求制定相应的法律规范,规范调解主体,规范调解主体的条件、权限、职责,规范调解机构的设置、设置条件和程序,规范调解的适用范围、调解的无效与撤销等一系列制度。同时,根据社会发展和法律的需要,还应当研究调解实务中产生的问题,以便总结经验、改革创新。

3. 研究与相关、相邻法律部门学科的关系。调解不是一门孤立的学科,调解与一些部门法学相关联,例如调解与诉讼、调解与仲裁、调解与强制执行。因此,研究调解学必然涉及与这些学科的关系问题,故调解与相关部门学科的关系也是调解学的内容。

三、调解学的研究方法

(一)历史考察的方法

调解是比较古老的纠纷解决方式,调解的产生、演变、发展是我们应当关注的问题。调解在不同历史背景下可能有不同的特点,这些特点决定于哪些因素,对我们当代社会的调解制度是否有益,有益者如今我们是否可以借鉴?例如,中国古代社会崇尚道德礼教,统治者崇尚教化治民,民众厌讼,与西方社会不同,个人的权利和利益不被重视,因此调解是民事解决争议占绝对地位的方式。而我国当代社会民事主体的权利和利益受法律保护,民事法律制度相对发达,仲裁和诉讼的救济方式经常被使用,调解就不再可能在纠纷救济方式中占绝对主要的地位。我们可以提倡和鼓励当事人选择调解,但不可以一味地要求当事人无原则地让步达成调解协议。不同历史条件下的调解组织形态有所不同,我们可以研究哪些组织形态更有利于有效地解决纠纷,同时还应当注意历史上的调解组织形态在当代社会是否适用的问题。例如封建社会的宗族调解就是一种有效的方法,但是,在当代社会,封建的宗族势力已经不存在,这种调解组织形态只能成为历史。

(二)横向比较的方法

自 20 世纪后期开始,世界上许多国家迫于诉讼案件积压、诉讼进程迟缓、当事人诉讼代价沉重的问题,借鉴我国调解的东方经验,采取一系列的措施,甚至修改民事诉讼法以扩大调解的适用,尝试创造各种替代诉讼的纠纷解决机制,并且创造使不同的替代诉讼解决纠纷的机制与诉讼相对接,以促进诉讼当事人达成和解协议,方便当事人选择经济、快捷的争议解决方式,缓解法院的压力,使法院集中力量审理裁判重大的、更有法律价值的案件,合理地利用有限的司法资源。ADR 制度的产生与发展,原本借鉴了我们广泛适用调解解决民事纠纷的东方经验,但是,从现在发展的结果观察,他们比我们走得更远,ADR 制度更加灵活多样。因此,我们需要研究、总结、借鉴外国各种 ADR 的经验,以满足我们解决纠纷的需要,为民众提供多渠道的快捷、经济、有利于社会和谐的纠纷解决方式。

(三)价值分析的方法

法律制度的建立体现着立法者的价值观,即立法者的价值取向。以历史的视角观察,崇尚和谐、自然,提倡道德教化、无讼者,必将强调以道德教化的方式,强调主要以调解的方式解决纠纷,强调司法官对案件的调处,追求息事宁人的目的。尊重人的私权,强调诉讼程序的对抗性者,必将排斥以调解或和解的方式解决纠纷,而注重司法裁判。既追求公正,又讲求效率者,必将推崇低耗费、短时间的各种纠纷解决方式,赋予当事人程序选择权,尊重当事人的意愿。

(四)社会学的方法

社会学是研究社会的整体结构及其运行规律的社会科学。根据我国多数社会学学者的观点,社会学研究的对象主要是社会的结构和过程,社会的运行和发展,社会的秩序和进步。[①] 法学研究,即使部门法学的研究也是建立在对社会的考察和分析基础之上的,社会学中的社会制度、社会问题、社会失范与社会控制等内容与法律密切相关,因此,研究调解制度必然需要运用社会学的方法观察问题、分析问题,提出改进和解决问题的合理方案。特别对于调解而言,与判决不同,它所依据的不仅有法律规范,还有国家政策、社会道德规范、习惯惯例等,故需要从社会学的视角研究调解的组织制度、调解的价值取向等问题。

四、调解学的研究价值

1. 规范调解制度。调解是一种广泛适用的纠纷解决的方式,从民间到官方,人们常常以调解的方式解决他人之间的争议,或者应争议双方的邀请,以调解的方式解决他人之间的争议。调解是一种传统的、历史悠久的解决纠纷方式,从古至今,人们不断以这种灵活的方式,解决在社会生活和社会交往中发生的纠纷。无论社会发展到何种形态,无论社会多么发达,这种古老的纠纷解决方式总是发挥着其积极的作用。如今,在法制化程度比较高的状态下,在既强调公平又强调效率的时代背景下,调解制度被赋予了新的机能和价值,在

---

① 赵绍成、黄宗凯主编:《社会学》,西南交通大学出版社 2006 年版,第 4～5 页。

国外,调解不再是与约束性纠纷解决机制不相关的方式,一定范围内,调解与仲裁、诉讼联系起来;在我国,法院外的调解也与仲裁、诉讼联系起来,因此,调解制度需要规范化,以便于其有效实施,因此调解学的研究具有重要意义。

2. 发展调解制度。调解,在不同的时代具有不同的特征,承担着特定历史时期的历史使命。例如 20 世纪 80 年代之前在我国,民商事法律制度极不发达,民事诉讼制度不发达,政策的作用大于法律的作用,通过诉讼解决民商事纠纷的必要性较小,单位之间的民事纠纷多数通过行政机构决定、协调、调解解决,个人之间的纠纷多数通过单位、人民调解组织调解解决,调解是解决民事纠纷的主要方式。如今,我国法制建设取得令人瞩目的成就,民事诉讼制度空前发展,诉讼作为纠纷解决的最终方式受到社会的普遍认同,同时也导致法院的诉讼案件激增。为了缓解法院压力,提高司法效率,及时处理纠纷,诉讼调解和诉前调解重新受到法院的重视,人民调解、行政调解、民间机构调解受到国家的重视。诉讼外的调解与诉讼相联系,人民调解协议在法律上作为合同的法律性被确定,调解制度得到发展,因此,研究调解学有利于调解制度的进一步发展。

3. 研究并协调各种纠纷解决机制之间的关系。近一二十年来,在国外,调解作为替代诉讼的纠纷解决方式得到重视,对抗式的诉讼解决纠纷方式与协作式的纠纷解决方式并存,仲裁与诉讼程序中援用调解,促成当事人达成和解协议的方式受到重视并得以应用,使调解与仲裁、诉讼之间建立了联系。近几年在我国,由于诉讼案件数量激增,社会民事主体间的矛盾比以往尖锐,为了缓解法院的压力,为了缓和社会民事主体间的矛盾,从社会到法院都重视调解解决纠纷,都倡导以调解的方式解决纠纷。不仅法院诉讼调解得到重视,而且各种非诉讼调解也都受到政府的鼓励和倡导。近一两年来,有些法院还试行将人民调解机构引入法院,在当事人去法院申请立案时,征求他们的意见是否愿意先申请人民调解,如果当事人同意,人民调解组织可以先帮助他们解决纠纷。如果人民调解机构调解不成功,再进入诉讼程序;如果调解成功,当事人之间可以达成协议,或者根据当事人的自愿,将人民调解机构调解的结果以诉讼调解的程序和方式,制作法院调解书为结果。因而,根据这些年调解制度的这种发展状况,应当加强对调解的理论研究和制度建设。

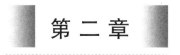

第 二 章   调解与相关法律制度的关系

第一节   调解与 ADR

一、ADR——替代性纠纷解决方式

（一）ADR 的概念与起源

ADR 是 Alternative Dispute Resolution 的英文缩写，译成中文称为代替性（或替代性）纠纷解决方式、诉讼外纠纷解决方式、非诉讼纠纷解决程序（或称机制）、法院外纠纷解决方法等。ADR 的概念起源于美国，是指 20 世纪后期在美国迅速发展的各种诉讼外纠纷解决方式和程序。"20 世纪 70 年代，用以代替诉讼的这些方法首次被称为'替代性'纠纷解决方法。"[①]之后，ADR 方式在世界上许多国家得到赞同并付诸实施。然而，运用各种非诉讼的方式解决纠纷在人类社会却是历史悠久之事。

根据 1998 年美国的《ADR 法》（*Alternative Dispute Resolution Act of 1998*）的解释，ADR 是指在审判法官判决程序以外的，任何由中立的第三方参与以协助解决争议的替代性的纠纷解决程序和方法，包括早期中立评估、调解、小型审判和仲裁等。

早期中立评估（early neutral evaluation），是指在案件的诉讼程序初期，通常是在证据开示前，由中立的第三方，对当事人的诉讼请求和抗辩予以评价，评估他们各自的有利之处和不利之处，使当事人考虑是否和解，无法和解的也有利于当事人对争议的问题充分注意。小型审判（mini trail），是指适用于复杂商务纠纷案件的一种方式，由法院的一名法官（非审理该案件的法官）

[①] 斯蒂芬·B. 戈尔德堡、弗兰克·E. A. 桑德、南茜·H. 罗杰斯、塞拉·伦道夫·科尔著，蔡彦敏、曾宇、刘晶晶译，《纠纷解决——谈判、调解和其他机制》，中国政法大学出版社 2004 年版，第 7 页。

或治安法官,或者其他一个中立方主持非正式的听证,由当事人授权的代表简单陈述案情,法官或中立者就案件发表咨询意见,供当事人参考,预料其诉讼前景,决定是和解还是继续诉讼程序。仲裁(arbitration),是指对当事人之间的争议,由中立的第三方听证并对争议作出裁决的制度。这里包括有拘束力的仲裁和无拘束力的仲裁。[1] 有拘束力的仲裁(binding arbitration),是指仲裁人作出的裁决对双方当事人有程序上和实体上的法律效力,在程序上,当事人不得再行诉讼;在实体上,当事人应当履行仲裁裁决,不履行者对方当事人可申请强制执行,例如以往的商事仲裁。无拘束力的仲裁(non-binding arbitration),是指当事人可以选择仲裁程序,但是当事人也有权退出仲裁程序或者拒绝仲裁执行裁决而再选择诉讼,例如附设法院的仲裁。法院附设的仲裁与自愿的仲裁不同,是指在美国的许多州法院和许多联邦地区法院根据法律或法庭规则所规定的一种强制的,但是不具有拘束力的裁判形式,由法院指定一位自愿的律师或者已经退休的法官为仲裁员,经过简化的非正式的听审程序后,由该仲裁员对争议作出裁决。如果当事人在裁决后的规定期间内不向法院要求重新庭审,那么该裁决成为终局裁决而生效。如果当事人在规定期间向法院要求重新庭审,那么该裁决不生效,案件的诉讼程序继续进行。[2] 目前我国还没有这种类型的仲裁制度,今后随着替代诉讼制度的发展可能会产生。

ADR 是由一系列的非诉讼程序解决纠纷的方式构成的各种制度的总称。当事人可以根据需要选择适用,法院在诉讼的过程中也可以根据案情的可能性,建议当事人适用附设在法院的替代诉讼的纠纷解决方式,或将案件强制交付替代诉讼的纠纷解决机构处理。

ADR 的概念有广义与狭义之分,持广义观者认为,ADR 是包括仲裁、调解、谈判,行政机关的裁决、决定等所有非诉讼解决纠纷的方式总和。持狭义观者认为,ADR 是除仲裁,行政机关的裁决、决定外的非诉讼解决纠纷的方式总和。

关于 ADR 在美国的起源,美国学者认为始于 20 世纪 20 年代,即 1925 年

---

① 宋冰主编:《程序、正义与现代化——外国法学家在华演讲录》,中国政法大学出版社 1998 年版,第 421～422 页。

② 宋冰主编:《程序、正义与现代化——外国法学家在华演讲录》,中国政法大学出版社 1998 年版,第 303 页。

美国的《联邦仲裁法案》通过之后。[①] 在 1925 年之前,美国的法院对替代性纠纷解决方式持排斥态度,法院可以把当事人在合同中的仲裁条款视为可取消的条款,不认可当事人仲裁条款的有效性、拘束力。1925 年通过的《联邦仲裁法案》改变了这一状况,当事人在合同中的仲裁条款具有拘束力,即承认仲裁协议为有效合同。甚至,许多州的法律要求当事人通过仲裁解决纠纷,同时允许他们到法院对仲裁提起上诉。持这一观点者认为 ADR 应当在广义上理解。有学者认为 ADR 的正式应用是在 20 世纪 30 年代,当时处理劳资纠纷采用了由职业调解员介入双方之间谈判的纠纷解决方式。[②] 此后,ADR 在美国逐年发展,40 年代,由职业调解员介入劳资纠纷双方之间帮助他们解决纠纷的方式适用更加广泛。50 年代之前,已经有一些法院在轻微刑事案件或家庭纠纷案件中鼓励当事人使用调解。70 年代,用以代替诉讼的这些方法首次被称为"替代性"纠纷解决方法,人们对 ADR 的兴趣增长。60 年代和 70 年代时,法院也开始涉足 ADR,联邦法院尝试用不同的方法将替代性纠纷解决方式纳入联邦诉讼程序。1983 年美国最高法院决定:如果当事人对他们之间的争议是否可以仲裁发生争议,法院应当判决由适用仲裁方式解决该项争议。[③] 80 年代以后,ADR 在美国得到了更广泛的应用和发展。

诉讼外解决纠纷的方式原是各国普遍存在的纠纷解决方式,但是其作为诉讼外解决纠纷方式的替代性方式是 20 世纪后期才得到许多国家的重视和提倡,在此之前,受重视的是对抗式的解决纠纷方式。20 世纪后期,不仅美国,世界上许多国家都兴起了对 ADR 的研究和对 ADR 的推广应用,例如澳大利亚、日本、英国、德国等国。如今,ADR 的研究已经是指世界各国都具有的各种非诉讼的纠纷解决方式。

(二)ADR 产生的背景条件

以谈判、调解、仲裁等非诉讼的方式解决争议是各个国家很久以来都使用的方式,并非新生事物,但是将各种各样非诉讼的纠纷解决方式与诉讼结合适用却是 20 世纪后期的新生事物,这些与诉讼结合的方式以及传统的诉讼外纠纷解决方式统称为 ADR。因此以 ADR 冠名的替代性纠纷解决方式又分为传

---

① 宋冰主编:《程序、正义与现代化——外国法学家在华演讲录》,中国政法大学出版社 1998 年版,第 421～422 页。

② 范愉著:《非诉讼程序(ADR)教程》,中国人民大学出版社 2002 年版,第 17 页。

③ 宋冰主编:《程序、正义与现代化——外国法学家在华演讲录》,中国政法大学出版社 1998 年版,第 421～422、427～428 页。

统型的和现代型的,现代型的 ADR 的产生、发展主要得益于以下原因:

1.诉讼案件的激增。20 世纪以来,随着社会经济的快速发展,诉讼案件在各个国家的法院都呈现不同程度的增长势头,甚至出现诉讼爆炸的局面,但司法资源不可能同比增长,而且根据程序正义的要求诉讼又具有依程序逐步进行的特征,因而法院必然面临大量的诉讼案件堆积等候审理裁判的局面。法院为了缓解案件积压的压力开始寻求应对方案,例如简化诉讼程序,鼓励当事人利用其他方式解决纠纷,转变当事人的对抗性传统观念,引入合作型观念解决纠纷,促进诉讼和解,展开案件管理运动等。现代 ADR 在美国最先发展、兴盛起来,美国的法院产生了附设法院的替代性纠纷解决机构,例如:法院附设的无拘束力的仲裁、早期中立评估、小型审判、租赁法官等方式,以利于促进当事人和解。法院之外的纠纷解决机构也不断建立,例如 20 世纪 20 年代成立了美国仲裁协会(American Arbitration Association,AAA),30 年代成立了商事改善机构(Better Business Bureau,BBB),60 年代成立了近邻司法中心(Neighborhood Justice Center,NJC)和全国纠纷解决中心(National Center for Dispute Settlement,NCDS),70 年代成立了以大企业为成员的公共资源中心(Center for Public Resources,CPR)和司法仲裁调解机构(Judicial Arbitration and Mediation Service,JAMS),这些法院外的 ADR 机构和附设在法院的 ADR 机构为解决民事纠纷和促成诉讼当事人和解、加快纠纷处理进程、降低当事人的诉讼支出、减轻法院案件积压发挥了很大的作用,成为现在纠纷解决的主流方式。

2.降低纠纷解决成本的需求。社会经济的发展一方面使社会生活中的民商事纠纷增多,使新类型的诉讼不断出现,另一方面又使人们生活、工作节奏加快,为了追求效益人们办事讲究效率、计算成本。而诉讼的进程缓慢,诉讼费用支出不菲,人们普遍意识到即使最终胜诉者,在经济成本方面也未必合算,"赢了官司输了钱"的结局往往不可避免。在美国,律师收费采取计时制或者胜诉酬金制,故纠纷当事人,主要是一般民事纠纷的当事人更愿意选择成本低、耗时少的纠纷解决方式,不再坚持通过诉讼程序,换取一个付出较长的时间、付出各种诉讼费用和不菲的律师费后得到的法院上的裁判。

3.克服诉讼程序漫长的要求。诉讼要经历法定程序,在美国法院实施案件管理运动之前,诉讼程序很大程度上受当事人控制,法院法官处于消极地位,诉讼案件往往要经历长时间的证据开示阶段,诉讼进程缓慢,时日拖延较长,诉讼的时间成本大,纠纷往往无法及时解决,旷日持久的诉讼后方获得裁判,诉讼效率比较低。为了改变这种局面,在美国的民事诉讼改革中,实行了案件管理运动,法官在诉讼的进程方面享有一定的职权,以便克服诉讼拖延的弊病,提高诉讼效率,降低诉讼时间的耗费。

4.避免诉讼结局不确定性的风险。诉讼结局的不确定性也是 ADR 得以发展的原因之一。就诉讼案件而言,当事人争议的事实最终如何被认定,当事人主张的权利是否实现是一件不确定的事情。抽象的公平正义、法律某种程度上的机械性、严格规则主义下[①]的证据适用、法律真实的遵循等因素会致使法院作出的裁判与当事人预期目的相左,甚至与事实相左。选择 ADR 的方式解决纠纷,许多情况下,当事人可以把握争议解决的结果,避免诉讼结局的不确定局面,避免不利的诉讼结局。

二、调解与 ADR

调解是诸多代替性纠纷解决方式之一,调解又是可以与多种纠纷解决方式关联的方式。

就我国的情况而言,调解有诉讼外的调解和诉讼调解(即法院调解)之分,诉讼外的调解又因调解组织的不同而分为几种不同的类型。在我国,调解适用范围很广,在诉讼外,纠纷可以得到人民调解委员会等组织或者个人的调解,调解独立实施;在仲裁中,仲裁机构可以进行调解,调解与仲裁相结合;在诉讼中,审理案件的法官还可以调解,调解与诉讼相结合。

就国外的情况而言,调解的属性是非诉讼解决纠纷的方式。日本的法院虽然也设有调解机构(即调停机构),当事人可以根据《民事调停法》请求调解,但是,这种调解的性质仍然属于非诉讼性质,与我国诉讼性质的调解不同,调解失败的,纠纷方进入诉讼程序。美国法院附设的调解机构也属于非诉讼性质的机构,诉讼案件当事人有可能和解的,当事人可以申请或者法院将纠纷交付这样的调解组织调解,调解不成功的,案件的诉讼程序继续进行,调解成功的,当事人达成诉讼和解协议,以诉讼和解的方式终结诉讼程序。近几十年的发展表明,调解可以与多种纠纷解决方式相关联,当事人在诉讼外自行和解的,和解的过程并不排除有调解人提供帮助。仲裁逐渐也接受、吸收了调解的方式处理纠纷。

---

① 参见约翰·W. 斯特龙主编,汤维建等译:《麦考密克论证据》,中国政法大学出版社 2004 年版,第 12 页。

第二节 调解与民事诉讼

一、民事诉讼

民事诉讼是当事人将纠纷诉诸法院,法官依法审理裁判解决他们之间争议的纠纷解决方式。关于民事诉讼的概念,当前的通说为:民事诉讼,是指法院在当事人和其他诉讼参与人的参加下,依法审理和解决民事纠纷案件和其他案件的各种诉讼活动,以及由此产生的各种诉讼法律关系的总和。民事诉讼与当事人自行解决纠纷或者由调解者调解解决纠纷的方式相比较,具有以下几方面的特征:

(一)强制的特征

强制的特征,即司法裁判权具有强制性。原告起诉只要符合提起诉讼的条件,则不论被告是否愿意、是否配合,诉讼程序都会启动,法院就应当行使司法裁判权,对他们之间的争议审理后作出判断。这种判断具有终局性,具有强制性,当事人之间的争议被法院的这种裁判解决、当事人之间的法律关系被这种裁判确定,任何人不得再起争议,非经法定程序任何人不得变更。法院的生效裁判当事人必须执行,拒不执行的,另一方当事人有权申请强制执行。

(二)对抗的特征

诉讼过程中的当事人处于对抗的境地,即诉讼具有对抗性,他们一方起诉或者上诉,另一方答辩,诉讼双方被置于对立的境地攻击或防御,诉讼的进行以他们相互之间的攻击和防御为主线进行。法官在他们诉答、证明、辩论的基础上认定事实、依据法律作出判断。

(三)程序的阶段特征

诉讼通常按照民事诉讼法规定的程序顺序进行,起诉答辩、审前准备、法庭审理、法院裁判。诉讼程序审级依次进行,不得任意越级,一审程序结束后,若当事人上诉的,二审程序启动。在实行三审制的国家,若当事人在二审程序结束再行上诉的,第三审程序启动。案件终审后,一方当事人拒不履行裁判确定的义务的,另一方当事人向法院申请强制执行,强制执行程序启动。

(四)公法的特征

法院是国家设立的司法机关,行使司法裁判权。我国《宪法》第 123 条规定:"中华人民共和国人民法院是国家的审判机关。"我国《民事诉讼法》第 6 条规定："民事案件的审判权由人民法院行使。人民法院依照法律规定对民事案件独立进行审判,不受行政机关、社会团体和个人的干涉。"第243条规定："发生法律效力的民事判决、裁定,当事人必须履行。一方拒绝履行的,对方当事人可以向人民法院申请执行,也可以由审判员移送执行员执行。"这些规定表明,由国家设立的司法审判机关裁判民事纠纷,法院的终局裁判具有最终确定争议的法律关系的权威,任何人不得擅自变更,具有强制执行的性质,其强制执行力有国家公权力予以保障,体现了民事诉讼公法和公权的性质。

诉讼本来是以法院法官裁断的方式解决当事人之间纠纷的方式,但是,在我国的民事诉讼中,诉讼始终与调解相结合,法官既是裁判者又是调解人,在诉讼的过程中法官可以根据具体案情,对纠纷进行调解。在西方国家,过去的观念为诉讼当事人是对抗的双方,纠纷解决的方式应当以对抗性的方式解决,法官作为裁判者,负责对当事人之间攻击防御的结果作出确认,法官公平、中立的原则要求裁判者与调解人的角色无关,诉讼程序也与调解无关。但是,20世纪以来,以往的观念逐渐改变,先是仲裁解决纠纷的方式被司法界承认,然后在ADR的潮流中,法官也接受了借助调解机构促使诉讼当事人达成和解协议的方式,诉讼与调解两者之间架起了桥梁。诉讼中非对抗性地解决纠纷的方式获得了认可。

二、调解与民事诉讼

调解,是指通过第三人的斡旋、调停、劝说等,使纠纷当事人之间达成协议,消除争议的纠纷解决方式或制度。调解与诉讼均为纠纷解决的方式,但是它们的性质不同,结果的效力有区别,运行过程不同,作为纠纷的第三者——法院和调解人的权力、社会地位不同,作为纠纷解决者的资格不同等,然而,它们之间会产生关联关系。

我国《民事诉讼法》中出现的,反映调解与诉讼的关联性的规定有两类,一是人民调解与民事诉讼,二是法院诉讼调解(诉讼调解、法院调解)与民事诉讼。人民调解,是指人民调解委员会在纠纷双方当事人自愿的条件下,按照国家法律、法规、政策,甚至社会道德等,采用劝说、疏导等方式,促使纠纷当事人互谅互让达成协议,解决纠纷的行为和制度。法院诉讼调解,根据通说,是指在诉讼程序中,在人民法院审判人员的主持下,当事人就案件涉及的争议事项通过自愿协商的方式,达成协议解决纠纷的行为和制度。

2011年1月1日实施的《人民调解法》规定,经人民调解委员会调解达成的调解协议,具有法律约束力,当事人应当按照约定履行。经人民调解委员会

调解达成调解协议后,当事人之间就调解协议的履行或者调解协议的内容发生争议的,一方当事人可以向人民法院提起诉讼。也就是说,人民调解是法律规定的解决民事纠纷方式,当事人经人民调解组织调解达成协议,双方应当按照调解协议履行。不得随意变更、撤销调解协议。如果调解协议履行出现纠纷,如一方当事人不履行调解协议或者双方当事人对调解协议内容产生纠纷的,则当事人有权向法院起诉。

法官在诉讼中对当事人的纠纷进行调解,调解与民事诉讼相结合,将调解作为法院行使审判权的重要方式,是我国民事司法和《民事诉讼法》的重要特色。我国《民事诉讼法》第9条规定:"人民法院审理民事案件,应当根据自愿和合法的原则进行调解;调解不成的,应当及时判决。"《民事诉讼法》第八章专章规定了诉讼调解的具体制度,包括诉讼调解的原则、程序、方式,调解书的制作及其例外、送达、效力,当事人反悔权利的行使。2020年修订后的《最高人民法院关于人民法院民事调解工作若干问题的规定》,将我国的诉讼调解制度作出更加具体化的规定,还新增加了一些内容,例如调解的范围、不适用调解的案件类型、调解书生效的不同方式、调解期间不计入审限等等。

调解在外国与在我国不同,外国民事诉讼法上没有存在于诉讼过程中的诉讼调解制度,而是有诉讼和解制度。日本有法院调停(调解)制度,但是其调停是非诉讼性质的调解,不是诉讼调解。美国有附设法院的调解,但是其调解也是非诉讼性质的调解。美国法院附设的调解虽然也适用于已经系属法院的诉讼案件,但是,与我国的诉讼调解不同,这种附设在法院的调解组织的调解属于ADR范围内的制度,调解的目的是促使、帮助当事人达成诉讼和解协议,以和解的方式结束诉讼,而非以调解的方式结束诉讼,更不是法官行使审判权的方式。诉诸法院的案件可以通过很多方式进入替代性纠纷解决轨道中,这些替代性纠纷解决方式包括调解、仲裁、早期中立评估、小型审判或者简易陪审团审判。利用这些程序的目的是促使当事人达成和解协议,避免诉讼判决。如果当事人无法通过这些程序达成和解,案件将恢复至诉讼程序。例如:在美国司法部诉微软公司案件的上诉审程序中,哥伦比亚地方上诉法院杰克逊法官暂停诉讼程序,任命上诉法院法官理查德·A. 波斯纳担任司法部和微软公司之间的调解员,希望通过其调解使当事人之间达成庭外和解,但是波斯纳法官的调解未成功。调解失败后,案件恢复审理,法院作出判决结案。

澳大利亚早期,调解既不受社会的重视,也不受司法官们的重视。20世纪90年代初期,司法界的概念发生了变化,为了加快诉讼程序的进行,提高诉讼效率,众多的法院引入了案件管理程序,法院法官、书记员被赋予一定程度的自由裁量权,以引导当事人加快完成诉讼文书的交换、证据交换,并出现审限的规定。同时,调解和其他一些争议解决程序成为案件管理的工具。[①]2000年末,澳大利亚诉讼过程中的调解方式发展成熟,国家所有的法院都获得了指导调解或其他争议解决程序的权利,在案件开庭审理之前法官可以决定将案件交付调解。特别值得注意的是,法院的权利具有强制性,法院决定对案件交付调解的,可以不经过当事人双方自愿,即使当事人对交付调解提出异议的情况下法官仍然有权交付调解。他们的学者评价这种模式是非常成功的,争议处理成功率介于50%～90%之间,法院减少了堆积旧案,减少了诉讼超审限现象,调解成为处理争议的主流方式。[②]

第三节　调解与仲裁

一、仲裁

仲裁制度的历史源远流长,西方国家的仲裁制度在古希腊时期就已经产生,作为一种法院司法裁判以外的有效的纠纷解决方式。近现代社会,仲裁主要用于解决商事纠纷、国际贸易纠纷,裁决具有约束力,仲裁具有自愿性。但是,近几十年间,仲裁获得了多元化的发展,仲裁在有些情况下是非自愿的纠纷解决方式,即强制性仲裁;而且在有些情况下是非约束性的仲裁,即仲裁的结果对当事人不具有终局的效力,不约束当事人。

(一)约束性仲裁

仲裁,是指当事人双方协商合意,自愿将他们之间的争议提交非司法机关的第三者——仲裁机构审理,由仲裁机构根据法律或公平原则,作出对当事人双方均具有约束力的裁判的纠纷解决制度。具有约束力是指仲裁裁决具有与法院生效判决同等的效力,当事人不得再行仲裁,不得再行诉讼;一方当事人

---

① 案件管理是指普通法系国家民事诉讼改革的一项措施,诉讼过程中的当事人不再像以往一样拥有过多的主动权,法院必须进行积极的案件管理,鼓励当事人在诉讼中合作,在案件诉讼初期识别争点,确定审理争点的顺序,鼓励采用可选择的争议解决程序,协助当事人和解,确定案件管理日程表,控制案件进程等等。——参见徐昕:《英国民事诉讼与民事司法改革》,中国政法大学出版社2002年版,第161～163页。

② 《中国·澳大利亚"纠纷解决替代机制与现代法制"研讨会论文集》,法律出版社2002年版,第10页。

不履行裁决义务的,另一方当事人可以向法院申请执行。仲裁是一项由来已久的民间解决纠纷的方式,为当今世界各国普遍适用,主要在商事领域。与其他解决纠纷制度相比较,仲裁主要有如下几方面的特征:

1.仲裁的自愿性。自愿是仲裁的首要特征,纠纷产生后,是否选择仲裁解决取决于双方当事人的共同的意愿。当事人选择仲裁解决纠纷的意愿表现为他们之间事先的仲裁协议或附属在他们的民商事合同中的仲裁条款,或者表现为他们之间在纠纷发生以后的仲裁协议。如果争议双方当事人之间没有共同达成的仲裁协议或仲裁条款,则纠纷不得申请仲裁裁决。此外,仲裁机构、仲裁地、仲裁适用的实体法和仲裁规则,当事人可以协商选择,当事人还可以各自选择一名仲裁员组成仲裁庭,仲裁庭的首席仲裁员可以由当事人双方协商确定。

2.适用法律的灵活性。仲裁案件的审理从程序到实体都具有一定的灵活性,仲裁程序不必向诉讼程序那样受程序法规范的严格约束,当事人可以协议选择开庭仲裁或书面仲裁,仲裁程序事项可以由当事人协议简化等。裁决的依据除了适用法律规范外,在国际商事仲裁中还可以酌情适用国际法、一般法律原则、公平善意原则和商业惯例。

3.程序的经济性。仲裁实行一裁终局,无上诉救济程序,与诉讼相比较,其程序显然比较快捷,当事人在争议解决上的时间耗费比较少,成为仲裁费用支出减少的间接原因;由于仲裁无上诉程序,其仲裁费用和其他费用的支出总体低于诉讼的支出,其程序的经济性明显。

4.仲裁员的专业性。仲裁员与法官不完全相同,仲裁员不要求必须为法律职业者,仲裁员中既有法律职业者,又有很多经济、贸易、海事、交通运输等行业的专业人员。因为仲裁案件多涉及这些商事领域的纠纷,多涉及专业技术问题,由熟悉这些行业的专家裁决商事纠纷效果良好。另外,仲裁原本是14世纪在地中海沿岸的商人社会中产生并发展而来的一种商界自治制度,当时,商人们为了及时、简便、经济地解决他们之间的纠纷,避免诉讼冗长、烦琐的程序,避免诉讼在时间上的耗费和昂贵费用的支出,他们将纠纷交付令人信任的、有名望的商界人士或者其他人士来裁决,并主动履行裁决。此后,由商界人士或其他人士对争议作出裁决的习惯沿袭至今,故各仲裁机构的仲裁员中既有法律专业人士,又有商业贸易、交通运输等行业的专业人员。

5.仲裁机构的民间性。通常各国的商事仲裁机构均为民间机构,与国家设立的法院不同,法院是国家设立的司法机关,行使国家审判权,法院的司法权属于公法性质的权利。仲裁规则由各仲裁机构自行制定,非国家制定的法律法规。

6.裁决的约束性。仲裁虽然是民间机构纠纷解决方式,非国家司法机关的司法裁判行为,但是,仲裁裁决却具有约束性。当事人选择了仲裁即同时选择了遵循其约束力,当事人应当履行仲裁裁决,不履行的,权利人有权请求法院强制执行。

（二）非约束性仲裁

法院附设仲裁(Court-Annexed Arbitration)制度是 ADR 纠纷解决方式之一种,1978 年始于美国,这是一种非约束性的仲裁,与传统的商事仲裁不同,仲裁员作出的裁决对当事人仅具有"参考"作用,不具有约束力,解决纠纷不具有终局的效力,当事人对这种仲裁结果不满意的,在法定期限内,可以要求审判。美国的法院附设仲裁分为两类,一类是强制法院附设仲裁(Mandatory Court-Annexed Arbitration / Court-Annexed Mandatory Arbitration),一类是自愿法院仲裁 (Voluntary Court-Annexed Arbitration / Court-Annexed Voluntary Arbitration)。适用最广泛的是强制法院附设仲裁,这种法院附设仲裁从美国的州法院开始使用,之后被推荐到联邦法院,成为联邦法院运用最广泛的 ADR 方式。1988 年美国国会颁布法律,指定宾夕法尼亚东部、加利福尼亚北部、佛罗里达中部、密歇根西部、密苏里西部等十个联邦地方法院试验这种强制性的法院附设仲裁解决纠纷方式。之后推广到全国,有 20 个联邦地方法院适用。附设法院的仲裁制度旨在达到以下目的:(1)给诉讼当事人双方增加一种机会,使他们在诉讼早期,通过中立的第三方仲裁员,根据以往的判例提供案件可能得到的裁判结果的意见,以便当事人选择以何种方式解决他们之间的纠纷;(2)为诉讼当事人提供一种公平程序;(3)降低当事人为诉讼支出的各种费用;(4)减少当事人在诉讼中因交换诉讼证据在时间上的耗费;(5)减轻法院的负担,减少审理案件的数量。[1]

法院附设仲裁的程序。强制法院附设仲裁与自愿法院附设仲裁的程序开始不同,前者可由法院决定是否将案件交付仲裁,后者需要当事人同意方可交付仲裁。具体的仲裁程序每个州的规定有些不同。可以仲裁的案件,有的州没有限制,所有民事案件均可仲裁,有的州则对案件或争议金额有所限制,限制争议金额在 100000 美元或 150000 美元以下的案件,限制有些案件不可仲

---

[1] 参见范愉主编:《ADR 原理与实务》,厦门大学出版社 2002 年版,第 470～449 页。参见 David Rauma and Carol Krafka, *Voluntary Arbitration in Eight Federal District Court：An Evaluation*,Federal Judicial Center。

裁,例如不适宜传统商事仲裁的案件不宜决定交付法院附设仲裁,以及案件涉及新型法律问题。代理律师从法院提供的仲裁员名单中挑选仲裁员。仲裁员的人数,有的州规定为1名,有的州规定为3名组成仲裁庭,有的州规定由当事人决定由1名仲裁员仲裁或者由3名仲裁员组成仲裁庭组成。通常,仲裁庭应当在最后一份答辩状提交后的180天内审理案件。仲裁听审,有的州规定在律师的办公室进行,有的州规定在法院办公室进行。当事人向仲裁员出示证据,进行陈述,当事人可以要求传唤证人。裁决作出后,由法院秘书将裁决书送达双方当事人,当事人不同意裁决意见的,可以在30日内要求法院审判。如果在裁决作出后30日内当事人未要求法院审判的,该裁决则成为具有约束力的终局裁决。为了避免不必要的法院审判,避免不必要的诉讼成本增加,法院通常要求该当事人缴纳保证金。如果该当事人取得比仲裁裁决更有利的法院判决,法院则退还其保证金;如果该当事人未取得比仲裁裁决更有利的法院判决,则其保证金予以没收。对此,有的州规定由该当事人负担对方当事人后来的律师费,有的州规定由该当事人承担法院诉讼费用。[①]

法院附设仲裁具有以下特点:

1.裁决的非约束性。与传统的商事仲裁不同,仲裁员或仲裁庭作出的裁决对当事人不具有当然的约束力,当事人对裁决不满意的,可以在裁决宣告后的30日内要求法院审判,仲裁程序结束。当事人双方在裁决宣告后的30日内未提出审判的要求的,裁决将变为法院的终局判决,产生约束力,当事人不得上诉。

2.程序的灵活性。这种仲裁,在程序上具有灵活性,虽然也依据证据规则,也传唤证人,但其适用相对简单,庭审也比较灵活。

3.仲裁员的特殊性。这种仲裁程序中的仲裁员与传统商事的仲裁员不完全相同,法院附设仲裁的仲裁员由符合条件的退休的法官和执业律师担任,各州最高法院制定的《法院附设仲裁规则》规定了仲裁员的条件。退休法官和律师,特别是退休法官,他们根据自己以往的经验、经历,对当事人之间的争议作出判定,对当事人而言这样的判定值得信赖程度比较高,易于接受。传统商事仲裁的仲裁员的范围比之广泛,其中除了有法官、律师这类的法律人士外,还有许多是商业贸易、建筑、运输等领域的专业人士。

---

① 参见范愉主编:《ADR原理与实务》,厦门大学出版社2002年版,第470~449页。参见 David Rauma and Carol Krafka, *Voluntary Arbitration in Eight Federal District Court: An Evaluation*, Federal Judicial Center。

（三）作为诉讼前置程序的强制性仲裁

在许多国家还有一种与法院附设仲裁不同的强制性仲裁,法律规定某些类型的纠纷解决,当事人得先申请专门的仲裁机构仲裁,裁决作出后,当事人不服的有权向法院提起诉讼。这种仲裁程序是强制性的,当事人之间的争议未经过该仲裁程序审理裁判的,不得直接向法院起诉,即仲裁程序是某些类型争议解决的前置程序。从当事人不服仲裁裁决有权在法定期限内向法院起诉的规定来看,这种仲裁也是非约束性的。例如:我国的劳动争议仲裁和人事争议仲裁,国外的交通事故仲裁、消费者纠纷仲裁、医疗事故纠纷仲裁、产品责任纠纷仲裁。这种仲裁与美国的法院附设仲裁同属于非约束性仲裁,但是与法院附设仲裁有所区别:

1.作为诉讼的前置程序。法院附设仲裁程序不是诉讼提起之前的前置程序,是当事人提起诉讼后法院根据案件的具体情况,认为可以先行法院附设仲裁的,强制决定或由向当事人提出仲裁的建议,由当事人自愿选择的程序。诉讼之前的强制仲裁是诉讼未提出时,法律要求当事人先行的程序。当事人如果不先行这种仲裁程序的,诉讼不得提起。

2.仲裁员的范围不同。法院附设仲裁的仲裁员是符合要求的退休法官或执业律师。诉讼前置程序仲裁的仲裁员不仅可以由退休法官、执业律师担任,而且可以由这些特定行业的专家们担任。

二、仲裁和解与调解

在以仲裁方式解决争议的过程中,仲裁当事人可以自行对他们之间的争议协商解决,达成和解协议。也可以由仲裁员、仲裁庭,或者调解员帮助他们协商如何解决争议,达成协议。

（一）仲裁和解

仲裁和解,是指在当事人向仲裁机构申请仲裁后,即在仲裁程序中,当事人双方经过协商,对争议解决达成协议,并终结仲裁程序的行为及其制度。通常,仲裁和解是指当事人在仲裁程序中自行协商解决争议,不必借助中立的第三方的协助,这种传统意义上的和解具有以下特征:

1.和解是当事人自行协商的行为。传统意义上的和解与调解不同,传统意义上的和解强调的是当事人自行解决争议,协商过程中无第三方的介入,无第三方的帮助和建议。和解的过程与和解协议的达成都是当事人双方之间的行为,以及协商的结果。

2.和解既是行为又是结果。和解具有双重含义:一重含义是指当事人为

了解决他们之间的争议所进行的谈判、协商的活动或行为。另一重含义是指双方当事人协商后达成协议并终结仲裁程序的结果,当事人之间的争议不再需要仲裁庭或仲裁员审理、仲裁。而且在仲裁程序中达成这种和解的结果具有约束力,通常由仲裁庭作成和解协议书,该协议书具有与仲裁裁决同等的效力。

但是,在国外,作为 ADR 体系中的一种方式,现代的仲裁和解有时候与调解相联系(诉讼中的和解也如此),除了当事人自行和解以外,还有借助调解达成的和解,即仲裁机构常常建议当事人选择仲裁机构以外的调解机构或调解员,对他们之间的争议以中立的第三方的身份进行调解,帮助他们协商达成和解协议;或者由仲裁员担任调解员调解。当事人达成和解协议,标志着调解成功;若当事人之间达不成和解协议,就标志着调解不成功。其特点是:调解员调解的目的是使当事人达成和解协议,终结仲裁程序。与我国不同,对外国的仲裁机构而言,根据其传统,仲裁庭或者仲裁员不得以调解人的身份对当事人之间的争议进行调解,否则违反"自然公正"和"正当程序"原则。但是如今,已经有许多国家和地区的仲裁法规定仲裁员可以对案件进行调解,例如:新加坡、澳大利亚、印度、日本和我国香港。[①]

通过调解促使当事人达成和解协议,以和解方式结束仲裁的方式为我国国际经济贸易仲裁委员会所采纳的方式,2015 年新修改实施的《中国国际经济贸易仲裁委员会仲裁规则》第 47 条确定了"仲裁与调解相结合"的方式,该条规定:双方当事人有调解愿望的,或一方当事人有调解愿望并经仲裁庭征得另一方当事人同意的,仲裁庭可以在仲裁程序中对案件进行调解。仲裁庭可以按照其认为适当的方式进行调解。经仲裁庭调解达成和解的,双方当事人应签订书面和解协议;除非当事人另有约定,仲裁庭应当根据当事人书面和解协议的内容作出裁决书结案。在仲裁庭进行调解的过程中,双方当事人在仲裁庭之外达成和解的,应视为是在仲裁庭调解下达成的和解。

和解的法律后果。仲裁程序中当事人之间自行达成和解协议的,或者通过中立的第三方调解达成和解协议的,其产生相同的法律后果,即终结仲裁程序,确定和解的约束力。就这点而言,各国仲裁和解大体相同,仅是具体方式有所不同而已。多数规定根据当事人的请求将其和解协议以具有约束力的仲裁裁决的形式确定,有的规定可以将当事人和解的内容纳入仲裁裁决中,或者

---

① 王生长著:《仲裁与调解相结合的理论与实务》,法律出版社 2001 年版,第 85 页。

如果当事人和解后不以裁决的形式确定的,仲裁程序终结,仲裁庭解散。[①]

我国的仲裁和解。我国《仲裁法》第 49 条规定:"当事人申请仲裁后,可以自行和解。达成和解协议的,可以申请仲裁庭根据和解协议作出裁决书,也可以撤回仲裁申请。"2015 年实施的《中国国际经济贸易仲裁委员会仲裁规则》第 47 条第 10 款规定:"当事人在仲裁委员会之外通过协商或调解达成和解协议的,可以凭当事人达成的由仲裁委员会仲裁的仲裁协议和他们的和解协议,请求仲裁委员会组成仲裁庭,按照和解协议的内容作出仲裁裁决。……"该条第 6 款规定:"经仲裁庭调解达成和解的,双方当事人应签订书面和解协议;除非当事人另有约定,仲裁庭应当根据当事人书面和解协议的内容作出裁决书结案。"

我国国际经济贸易仲裁委员会的仲裁和解规定与我国《仲裁法》以及与北京仲裁委员会的仲裁规则中规定的和解有所不同,2015 年我国国际经济贸易仲裁委员会实施的新仲裁规则采取了国际上通行的方法,当事人自行和解,或者经过仲裁委员会调解或仲裁委员会以外的组织调解达成协议解决争议的,一律以和解的方式结束仲裁程序,和解协议的结果由仲裁庭作成裁决书,而非调解书。《仲裁法》及《北京仲裁委员会规则》采用我国习惯的方式,当事人自行达成和解协议的,可以申请撤诉或者可以申请仲裁庭将和解内容制作成裁决书,这种和解不包括仲裁委员会调解的结果。经仲裁委员会调解,当事人之间达成协议的,仲裁庭根据协议制作调解书或裁决书。

(二)仲裁调解

仲裁调解,有两种不同的概念与内容,一种是我国仲裁程序中的情形,一种是外国仲裁程序中的情形。在我国,仲裁调解是指在仲裁程序中,在仲裁员或者仲裁庭的主持下,双方当事人就他们之间的争议,自愿协商,达成协议解决纠纷的行为及制度。在我国,通常情况下,仲裁调解与仲裁和解不同,区别在于是否有仲裁员或者仲裁庭主持,在仲裁员或者仲裁庭的主持下,当事人协商解决争议的是仲裁调解。无仲裁员或者仲裁庭的主持,仅仅是双方当事人自行协商解决争议的是仲裁和解。

1.我国的仲裁调解。调解解决当事人之间的争议,是我国法院和仲裁机构的法定方式之一,如同诉讼,审理案件的仲裁员有权对当事人之间的争议进行调解,我国《仲裁法》和各个仲裁机构规则都规定,仲裁庭可以根据当事人的

---

① 参见王生长著:《仲裁与调解相结合的理论与实务》,法律出版社 2001 年版,第146~151 页。

请求或者在征得当事人同意的情况下按照其认为适当的方式进行调解；调解达成协议的，仲裁庭应当制作调解书或者根据协议结果制作裁决书；调解书应当写明仲裁请求和当事人协议的结果。调解书由仲裁员签名，加盖本会印章，送达双方当事人；调解书经双方当事人签收即发生法律效力。在我国，仲裁庭的仲裁员就是调解员，调解不成的，案件恢复审理，由仲裁庭作出裁决。这点与国外的传统不同，根据"自然公正"原则，调解与仲裁被视为两个不同的程序，他们往往不允许仲裁员担任调解员，担任过调解员的，如果调解失败，恢复仲裁程序的，调解员不得担任仲裁员，甚至不得担任当事人的代理人。但是，这一情况正在改变，现在有为数不少的国家仲裁法规定，如果双方当事人同意，仲裁员可以担任调解员对当事人之间的争议进行调解，调解不成的，调解员恢复仲裁员的身份继续仲裁。

2.国外仲裁程序中的调解。与我国不同，在许多国家的仲裁传统中，仲裁员不可以同时以调解员的身份对当事人之间的争议进行调解，仲裁员应当保持中立，仲裁员如果对当事人之间的争议进行调解就意味着其丧失独立性。当事人之间可以和解，和解不需要仲裁员主持、介入。但是，如前所述，就仲裁制度的发展状况而言，如今也有为数不少的国家和地区规定仲裁员可以充任调解人调解当事人之间的纠纷。

（三）仲裁与调解相结合

"仲裁与调解相结合"是一种复合型的纠纷解决办法，即在仲裁程序中将调解机制予以运用，通过调解的方式解决纠纷。复合型纠纷解决方式是当代社会在国外发展起来的纠纷解决方式，某种意义上也可以说是一种由来已久的方式，是指将调解与仲裁、和解，调解与和解、诉讼几种方式交互应用处理纠纷的方式，例如调解与仲裁相结合，调解与诉讼相结合。其实这种复合型纠纷解决方式是我国的仲裁和诉讼中早已经应用的方式，有差别的是具体程序规范不同。

从各国的规定来看，仲裁与调解相结合可以有广义与狭义之分，广义的仲裁与调解相结合是指以下这些形式[①]：

1.先调解后仲裁（Med-Arb）。当事人有纠纷发生时，可以先申请调解，若调解不成后再进入仲裁程序，由仲裁员作出裁决；若调解成功，也进入仲裁程序，由仲裁员根据当事人达成的协议作出仲裁裁决。这种仲裁裁决称为"合意

---

① 参见王生长著：《仲裁与调解相结合的理论与实务》，法律出版社 2001 年版，第 78 ～79 页。

裁决"或"协议裁决"（consent award)。我国国际经济贸易仲裁委员会和中国国际商会调解中心也采用这种方式。

2.影子调解（Shadow-Mediation)。当事人有争议发生申请仲裁后,如果有调解的愿望和可能,可以启动调解程序,调解员与仲裁员不是同一人担任,调解机构与仲裁机构也是各自独立的机构。若调解成功,当事人之间达成和解协议,仲裁庭可以将达成的和解协议以仲裁裁决的形式确定下来;若调解不成功,争议最终由仲裁机构裁决解决。调解程序与仲裁程序是平行的程序,即调解与仲裁同时进行。

3.仲裁中调解（Arb-Med)。当事人有争议发生申请仲裁后,在仲裁程序中仲裁员可以对案件进行调解,若调解不成,则仲裁程序恢复进行;若调解成功,当事人之间达成和解协议,仲裁庭可以将达成的和解协议以仲裁裁决的形式确定下来。在这样的仲裁与调解相结合的方式中,调解员由仲裁员担任,调解员与仲裁员同一。若仲裁属于机构仲裁,而非临时仲裁,则调解程序为仲裁机构中的调解程序,非仲裁机构外的调解机构的调解程序。这种方式是我国仲裁机构自建立以来一直行使的方式。

国际商事仲裁分为机构仲裁和临时仲裁两种不同形式。机构仲裁,是指当事人根据共同协商达成的协议,将他们之间的争议提交某一常设的仲裁机构所进行的仲裁。机构仲裁又称为"常设仲裁"或"制度性仲裁"。临时仲裁,是指当事人根据共同协商达成的协议,将他们之间的纠纷提交临时组成的仲裁庭或临时指定的仲裁员仲裁的方式。临时仲裁又称为"特别仲裁"。临时仲裁是仲裁最初的形式,19 世纪以后机构仲裁才产生。我国法律许可的是机构仲裁,不许可临时仲裁。

4.先调解后选择方案仲裁。这是一种特别的方式,是指在仲裁程序中的调解若失败,则每方当事人提供一个最后仲裁方案供仲裁庭选择其一作为仲裁结果的方式。这种方式被命名为"调解失败每方当事人提供一个最后仲裁方案"[1]、"最后方案（棒球）仲裁"[2]。这种方式为美国仲裁协会所采用,也是世界知识产权组织仲裁中心所采用的一种方式。世界知识产权组织仲裁中心规则中规定:调解员应以其认为适当的任何方式促进当事人之间的争议事项达

---

① 参见王生长著:《仲裁与调解相结合的理论与实务》,法律出版社 2001 年版,第78~79 页。

② 唐厚志:《正在扩展着的文化:仲裁与调解相结合或与解决争议替代办法（ADR)相结合》,载《中国对外贸易·中国仲裁》2002 年第 2 期。

成和解,但无权将和解强加于当事人;调解员认为当事人之间的任何事项不能通过调解解决时,他在考虑了争议的情况和当事人之间的业务关系之后,可以向当事人推荐他认为最好的争议解决程序或方法,例如可以推荐采取这样的方式:由当事人各方提出各自最后和解方案,据此,通过调解仍然达成和解协议的,则由仲裁员在他们提供的和解方案的基础上仲裁,仲裁庭的任务只限于决定以哪一方当事人提出的方案作为仲裁裁决。这种方式在我国还没有。

5.调解仲裁共存(Co-Med-Arb)。调解仲裁共存是指将调解、影子调解、微型审判[1]等 ADR 方式与仲裁程序相结合的纠纷解决方式。这种方式又称为仲裁与解决争议替代办法(ADR)的其他程序相结合方式。仲裁员在当事人同意的前提条件下,可以提议或建议当事人使用某种 ADR 程序解决他们的争议。如果当事人之间的争议使用某种 ADR 程序纠纷得以解决,当事人再要求仲裁员按照协议的条件作出仲裁裁决。

例如《加拿大仲裁法》规定:"如果当事人同意,仲裁庭的成员可以在制裁中使用调解或类似的技术去鼓励和解解决争议。"

《澳大利亚仲裁法》中规定:

"(1)仲裁协议的当事人;

"(a)可以通过调解或类似的方法寻找和解解决他们之间的争议;或者

"(b)授权仲裁员或公断人作为调解员或其他非仲裁性的中间人……不管是在进行仲裁程序之间或者之后,也不管是否继续进行仲裁。"

《印度仲裁及调解法》规定:"仲裁庭鼓励和解解决争议与仲裁协议并无矛盾,而且仲裁庭经各方当事人同意,可以在仲裁程序过程中任何时候,采用调解或其他程序鼓励和解。"[2]

狭义的仲裁与调解相结合是指上述形式中的第三种形式——"仲裁中调解"(Arb-Med)。根据学者的考察,这种争议解决方式最早来源于我国国际经

---

① "微型审判是有组织的调解的另一种形式,各当事方派出的两位首要执行董事(经理)(简称为 CEO 们)和一位第三者,即调解员,调解员担任主席。各当事方在这个庭上简明地陈述他们的案情。之后,这个庭休庭,并讨论和解的可能性。在讨论中,CEO 们由主席指引和协助,主席视情况而定,可以表示他自己的中立的看法和提出建议。在许多案件中(在美国说是 80%),CEO 们都达成和解……也可以建议在仲裁中在可以采用的时候采用这一快速的和省钱的程序。如果达成和解……和解协议可以纳入按协议条件作出的裁决中。"见前引唐厚志文。

② 唐厚志:《正在扩展着的文化:仲裁与调解相结合或与解决争议替代办法(ADR)相结合》,载《中国对外贸易·中国仲裁》2002 年第 2 期。

济贸易仲裁委员会早期的实践,[①]这是我国仲裁的一个显著特点。在国外,这种方式逐渐获得更多的认同,但是在理论上和实践中最具有争议。

第四节　调解与和解

一、和解

和解是当事人自行解决纠纷的经常使用的方式,当事人往往通过谈判达成共识,解决争议。和解使用范围很广,可以使用于各种场合,如果以诉讼程序为标准,和解可以分为非诉讼和解与诉讼和解。

（一）非诉讼和解

就非诉讼和解而言,广义的概念是指包括仲裁和解在内的非诉讼和解,狭义的概念仅指不包括仲裁和解在内的其他和解。狭义的非诉讼和解在社会生活中适用很广泛,适用于各个领域,适用于各种民事主体之间,无具体程序规范的约束,和解的结果通常也不具有约束力,是当事人自行解决纠纷的比较常见的方式,在社会生活中发挥着极大的作用。

仲裁和解,是仲裁程序中当事人就他们之间的纠纷如何解决,以相互协商的方式,达成协议,解决纠纷的活动。当事人在仲裁程序中达成和解协议,解决纠纷的,在外国仲裁法上,通常是将他们达成的协议记录下来,根据其协议条款制作仲裁裁决书,取得约束力。在我国仲裁法上,则规定当事人可以撤回仲裁申请,或者申请仲裁庭将其和解协议内容制作成裁决书。我国《仲裁法》第 49 条规定:"当事人申请仲裁后,可以自行和解。达成和解协议的,可以强求仲裁庭根据和解协议作出裁决书,也可以撤回仲裁申请。"

（二）诉讼和解

诉讼和解,是指在诉讼过程中,当事人相互之间通过协商,对他们之间争议的如何解决达成协议的行为。虽然在诉讼中纠纷当事人之间处于相互对立的状况,但相互协商解决纠纷也是诉讼中时常发生的行为。民事诉讼是民事主体请求法院行使司法裁判权,对发生在原告与被告之间的民事权利义务关系争议审判的行为。对民事诉讼,法院遵循"不告不理"的原则。提起诉讼、将

---

① 王生长著:《仲裁与调解相结合的理论与实务》,法律出版社 2001 年版,第 79～80 页。

诉讼程序推进或结束是当事人行使诉讼权利的行为,民事诉讼权利是当事人可处分的权利,诉讼中当事人之间争议的民事实体权利也是当事人可根据自己的意愿处分的权利,故在诉讼中达成和解协议解决纠纷而不再需要法院作出裁判的行为是法律许可的行为,而且,在当代诉讼中,在近几十年来许多国家的司法改革中成为法院鼓励的行为。

(三)和解的特征

和解与调解、仲裁、诉讼相比较具有以下几方面的特征:

1.和解是当事人之间的一种争议解决的方式。和解首先是当事人之间的一种争议解决方式,是当事人自行解决争议的方式,通常不需要借助争议解决机构的力量,通常也无须第三方的介入。和解可以发生在诉讼、仲裁程序之外,也可以发生在诉讼、仲裁程序之中。

2.和解协议的达成是当事人双方自愿的行为。和解协议是当事人之间通过互相协商达成的纠纷解决协议,协议条款的达成是当事人自愿的行为,其他任何第三方无权决定如何达成协议。当事人之外的他人的建议至多是当事人供参考的意见,对当事人无约束力。

3.非诉讼和解协议,如果是口头协议通常不具有约束力,协议的履行依赖当事人的自觉,依赖当事人的自我约束力,如果是书面协议通常具有合同的效力。仲裁和解、诉讼和解可产生约束力或者转换形式后产生约束力。当事人也可以通过其他程序使不具有约束力的非诉讼和解协议产生约束力,例如:如果当事人因债权债务纠纷发生争议,经协商、谈判达成和解协议,债权人同意债务延期履行的,当事人可以将他们之间的协议申请公证机构作出赋予强制执行效力的公证债权文书,借助公证程序,使他们之间的和解协议转化为公证债权文书,取得约束力。

仲裁程序中,当事人之间达成的和解协议本无约束力,但是,当代各国仲裁法多规定根据当事人的请求,仲裁庭可以将该和解协议记录下来,根据协议内容制作仲裁裁决书,将当事人之间达成的和解协议转化为具有约束力的仲裁裁决书。

诉讼程序中,当事人之间达成和解协议的,根据我国民事诉讼法规定,当事人可以申请撤诉,也可以申请法院根据和解协议制作调解书。外国民事诉讼法中则有的规定,法院可以将当事人达成的和解协议记录下来,和解协议产生约束力,其效力与法院作出的判决相同,大陆法系国家的民事诉讼法通常这样规定;有的规定则不同,他们将诉讼和解协议视为当事人之间达成的新契约,和解契约中要求写明此诉讼案件终结,写明对同一案件不再起诉,原告向法院申请撤诉,这种撤诉具有禁止再诉的法律效力,以这种方式使诉讼和解产生终结诉讼、禁止再诉、确定新契约的约束力,当事人对新契约若有违反,可以针对新契约提起诉讼,例如《美国联邦民事诉讼规则》这样规定。

(四)和解的性质

和解的性质因和解的类型不同而有所区别,非诉讼和解(不包括仲裁和解),其性质属于合同或契约的性质,无论是纠纷当事人达成了书面的和解协议,或者以新的合同或契约取代产生争议的法律关系,还是口头的和解协议,并即时履行的,只要具备合同成立的条件,就属于合同或契约的性质。

关于诉讼和解的性质,属于私法行为还是诉讼行为,抑或两行为并存,德国和日本的通说采两行为并存说,即和解兼具私法行为和诉讼行为两方面的性质,即兼具司法性和契约性两种性质,[①]因为德国和日本的民事诉讼法规定,当事人之间达成和解协议解决纠纷的,法院通常将他们和解协议的内容记录下来,该和解协议的记录具有与判决同等的效力,因此,诉讼不仅仅是当事人之间的契约行为,更是他们的诉讼行为。而在英美国家的通说采私法行为说,即和解不论是诉讼上的和解还是诉讼外的和解,实质上都是当事人之间达成的契约,具有契约性,因为当事人之间达成的和解协议,不论是否是在法院主持下达成的,都被视为是当事人订立的新契约,和解的结果不是法院将其记录下来,记录的和解协议具有与判决同等的效力,而是原告向法院提出具有禁止再诉法律效力的撤诉申请,即要求其和解协议中约定对同一案件不得重新起诉,诉讼程序终结、如何履行和解协议等内容。[②] 诉讼程序终结后,和解协议当事人若有违反的,根据和解协议的约定,对方当事人可以根据该和解协议向法院提起违约之诉,或者申请仲裁。

二、调解与和解

(一)调解与和解

调解与和解既有联系又有区别,它们的联系表现为:

(1)都是解决纠纷的方式。调解表现为借助第三方的帮助,即通过第三方从中说和、斡旋等方式解决争议,和解是当事人之间自行协商解决争议,它们都是解决纠纷的方式。

(2)结果都表现为当事人之间达成解决争议的协议。无论是否借助第三

---

① 江伟主编:《民事诉讼法专论》,中国人民大学出版社 2005 年版,第 289 页。
② 参见白绿铉著:《美国民事诉讼法》,经济日报出版社 1998 年版,第 109~112 页。

方的帮助,当事人之间的争议得以解决最终都表现为当事人之间达成协议。调解虽然是借助第三方的帮助,但是调解中的第三方,即调解人非纠纷裁判者,非以强制性的裁判方式解决争议,而是促成当事人达成协议,因此,无论调解还是和解,它们最终的结果都表现为当事人之间达成协议解决纠纷。

(3)当事人达成和解协议有时需要借助第三方的调解。这种情况多体现在许多国外的民事诉讼中、仲裁程序中以及调解组织的调解程序中,在这些程序中,经调解人调解解决纠纷,当事人之间达成和解协议的,并不制作调解书结案,而是以和解的方式结案,和解结案的具体方式,不同国家规定各有不同之处,但是赋予和解协议法律效力的规定却是一致的。但在我国的民事诉讼中、非涉外仲裁中,以及诉讼和仲裁之外的其他机构或组织的调解程序中的结果与外国不同,在我国,通过第三方调解解决争议的,结果表现为由调解机构或组织制作调解书,例如法院制作的调解书、仲裁委员会对非涉外案件调解后作出的调解书、公安交通管理部门制作的交通责任事故调解书。唯有在我国国际经济贸易仲裁委员会的仲裁程序中,当事人经独任仲裁员或仲裁庭调解解决争议的,不是制作调解书,而是根据当事人的请求,根据他们之间达成协议的内容制作仲裁裁决,这是为了符合国际惯例,为了符合《承认和执行外国仲裁裁决公约》要求的缘故。

调解与和解,主要有以下区别:

(1)和解是当事人之间的行为与结果,调解是第三方介入情况下的行为与结果,这是两者的主要区别,或者称为根本性区别,特别是在我国法律理论上,这种观点为当代的通说,但是也有少数的学者认为调解与和解本质上一样。

(2)调解除了因适用领域不同而有不同分类,还因调解人或调解机构的不同而有不同分类。例如适用于仲裁领域的为仲裁调解,适用于诉讼领域的为诉讼调解;由行政机构主持的调解为行政调解,由民间组织主持的调解为民间调解。而和解仅因适用领域不同而有不同分类,例如适用于仲裁领域的为仲裁和解,适用于诉讼领域的为诉讼和解。

(二)调解与诉讼和解的关联

诉讼和解,是指在案件系属法院后,当事人在自愿的基础上,对他们之间的争议达成协议,以双方合意的方式解决纠纷,终结诉讼的制度。诉讼和解与非诉讼和解不同,诉讼和解发生在案件系属法院以后,非诉讼和解发生在案件诉诸法院之前,或者法院之外。诉讼和解具有终结诉讼程序的效力,在不同国家和地区,和解结果以各种法律规定的方式确定,有的还可以产生既判力和执行力。

在日本的法院范围内,和解分为诉讼系属后的和解和非诉讼系属的和解(调停),诉讼系属后的和解要求当事人在法院向法官作出相一致的陈述,法院的法官接受他们的陈述后,认为和解成立合法的,将和解笔录载入法院笔录,法院记载的和解笔录即具有与判决同等的法律效力,具有既判力、执行力。而简易法院进行的和解是不以诉讼系属为前提的活动,不属于诉讼上的和解,但是其结果也产生诉讼法上的效力,即和解成立的,将记入法院的笔录,和解笔录产生诉讼法上的效力。

在美国,当事人在诉讼系属后自行和解的,或者在诉讼系属后,经调解人调解达成和解协议的,当事人向法院书记官提交他们双方签署的撤回诉讼的书面协议,即和解契约,以终结诉讼。当事人的和解契约除了应当包括和解的事项、和解的内容外,还应当包括对同一案件撤诉后不得再行起诉、终结诉讼,以及一方当事人不履行和解协议如何救济的内容。

在英国,当事人在诉讼中可以和解,达成和解协议的,可以订立和解合同结束争议。但是,这种方式的缺陷是一方当事人一旦违反协议,对方当事人还得根据和解协议再次起诉。因此,为了使诉讼和解更加有效,当事人还可以向法院申请作出合议判决结束程序。申请合议判决的方式有两种:一种是当事人申请法院将合议事项记录在法院的裁决上,这种裁决具有强制执行的效力;另一种是当事人向法院申请制作 Tomlin 裁定,[①]裁定作出后,如果当事人一方不遵守和解协议,另一方可以申请执行程序。[②]

在我国,诉讼和解是指在诉讼过程中,无法院法官参与,当事人相互之间自行协商达成协议解决争议。诉讼和解是与法院调解有区别的两种不同事物,法院调解是指在审判法官的主持、说服、教育、劝导下,当事人自愿协商达成协议解决争议。两者的区别在于是否有法院法官参与主持,有法院法官参与的为调解,无法院法官参与的为和解。

---

① Tomlin 裁定是以 Tomlin 法官的名字命名的一种和解裁定,当事人对和解事项达成协议,打算终止诉讼请求的,请求法院作出此种裁定,裁定载明:请求人与被告同意在附表上所列的事项,因此命令终止一切针对本项诉讼进一步的程序。如果约定的事项很复杂或者和解的事项超过诉讼请求的范围或者希望协议不公开,就使用这种裁定。如果附表上所列事项被违背,则按下列步骤强制执行:第一,恢复诉讼请求,取得迫使被告遵守和解事项的裁定;第二,如果上述裁定被违背,就实施通常的强制执行程序。见沈达明、冀宗儒编著:《1999 年英国〈民事诉讼规则〉诠释》,中国法制出版社 2005 年版,第 327 页。

② 范愉:《非诉讼纠纷解决机制研究》,中国人民大学出版社 2000 年版,第 252 页。

第三章 调解的价值

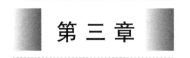

第一节 价值概述

一、价值

关于价值,学界常引用马克思的论述:"'价值'这个普遍的概念是从人们对待满足他们需要的外界物的关系中产生的。"[①]这表明价值是一种关系范畴,是反映其主体与客体之间价值关系的范畴。有学者将这种关系范畴具体解释为:价值是一种表征关系的范畴,体现的是人与外界物的关系,人与物之间的需要与满足的对应关系。同时,价值还是一种表征意义的范畴,体现的是法对其主体有意义的,可以满足主体需求的功能与属性。在哲学界,对价值的含义有多种解说,可谓众说纷纭,有"属性说"、"关系说"和"兴趣说"。还有观念说、实体说、属性说和关系说。[②]

价值在不同领域有不同含义,有经济学意义上的价值,有社会生活意义上的价值,有哲学意义上的价值。《价值学大词典》对此总结为:在现实中,人们使用"价值"一词的内容所指,往往有不同的情况。从理论层次上来说,大体有三种类型:第一种是政治经济学上的价值,是特指劳动产品和商品的内在社会的本质特征。政治经济学上所考察的这种个别意义上的价值,与哲学和其他社会科学所研究的价值没有直接关系,而是政治经济学所特有的概念。第二种是日常生活和一些社会科学中所说的价值,它的特定含义是指"有用"或功利效用。第三种则是在哲学的最高抽象意义上所理解的"价值一般",这里所说的价值是对包括功利、道德、审美等在内的所有具体价值的共同概括,即考

[①] 马克思、恩格斯著:《马克思恩格斯全集》第19卷,人民出版社1963年版,第406页。

[②] 参见李德顺主编:《价值学大辞典》,中国人民大学出版社1995年版,第261页。

察它们的共性。后两种类型的理解本质上有一致性,即都在主客体关系中理解价值,把价值看作是客体的作用同主体需要之间的关系,是客体对主体的某种意义。①

价值的主体是人,价值的客体是物,物是指人的主观世界以外的客观存在,此客观存在不单纯指物质的客体,它是指既包括物质形态又包括意识形态的客体。价值的内容是价值客体对其主体——人的意义。价值的基础是人的需要,即价值产生于人的需求。

二、法的价值

法的价值是价值体系中的一个部分,是价值系统中的一个子系统。

关于"法的价值",学者们有时使用"法律价值"一语,将两者在相同意义上使用,即将"法的价值"与"法律价值"两个概念通用,因学界通说认为"法的价值"与"法律价值"相同。但严格而论,这两个概念应当有所区别,因为"法律"的概念具体而且制度化,"法"的概念抽象,"法"的外延大于"法律"的外延。此处采用通说,即"法的价值"与"法律价值"的含义相同。

对法的价值的理解及定义以对一般价值的理解与定义为基础,但由于学者对价值的解说不同,而导致对法的价值的解说不同。

法的价值有广义的解释,又有狭义的解释。根据广义的解释,法的价值是指法对主体人的所有意义,既包括法的目的性价值,也包括法的工具性价值。法的目的性价值是指诸如法对自由、平等、公平、正义、人的全面自由发展的意义;法的工具性价值是指诸如法在效益、民主、法治等方面的功能与作用。根据狭义的解释,法的价值是指在法的功能与作用之上的,作为功能与作用之目的的至上目标与精神存在。②

法的价值包括哪些内容,学者有不同观点,但是无论有什么观点分歧,人们共同认可的法的价值有以下几方面的内容:秩序价值、公平正义价值、平等价值、自由价值、效益价值、人权价值等。

在我国,对法的价值的研究起步较晚,随着意识形态的解放,20 世纪 80 年代法学界才开始对法的价值的研究。在外国,理论界早已开始了对法的价值学研究,据学者考察,他们对法的价值的研究可以说在法与法学产生之初就开始了,随着社会的进步与发展,法的价值学也不断发展、创新并得以完善。

---

① 李德顺主编:《价值学大辞典》,中国人民大学出版社 1995 年版,第 261 页。
② 参见卓泽渊:《法的价值论》,法律出版社 2006 年版,第 48～49 页。

　　法是人类社会的一种现象,法是人类社会创造的为人类社会服务的一种事物,历史和现实证明法对人类社会有着不可或缺、不可低估的作用,法的价值始终在向世人昭示。法的价值学的研究对一个国家的立法、司法意义重大,研究法的价值主要有以下几方面的意义:

　　第一,提高法学的理性与科学性。法的价值问题是法学理论上的一个重要的问题,20世纪80年代以前,由于人们过于片面强调法的阶级性、强调法在国家机器中的专政作用、强调法对国家政权的巩固作用,忽视法对人的生存、发展作用,忽视法对社会经济的推进、发展作用,忽视法对人、对社会的公平正义的作用等,这个问题在我国法学界一直没有得到应有的重视。80年代以后,在社会变革的浪潮中,人的思想获得了解放,法的价值问题得以正视并重视,法律的科学性被肯定,外国的研究成果被介绍进来,法学界将哲学、社会学中的价值学与法学结合研究,取得了相当的成就。法的秩序价值、公平价值、自由价值、人权价值等等受到理论界的重视,法学获得了理性的发展。

　　第二,促进立法进步。法的价值问题是关于法对人的关系问题,是法对人的意义问题,是法对人的需要的满足以及人关于法的绝对超越。法律意识、法律观念是否对人有利,具体法律规范是否符合或满足人的需要,法律追求什么目的或效果,这些问题需要通过立法体现,通过法律的实施来实现。立法者应当追求法律的正价值,废除负价值的法律,避免零价值法律。立法虽然是具体的行为,但是法的价值体现在其中,人们对法的价值问题认识明确,立法的效果必然良好。因此,法的价值问题研究影响立法,还可以指导立法,促进立法的进步与完善。

　　第三,指导法的实现。法的实现,是指国家制定的法律制度通过法的实施被转化为社会现实的过程与结果。法的实现包括两个含义,一个是法的实施被转化为社会现实的过程,一个是法的实施的结果。法的价值蕴涵在法律制度中,通过法律制度的实施、执行得以体现、得以实现,因而法的实现的过程和结果也是法的价值实现的过程和结果。在一定情况下,法的实现也需要以法的价值为指导,在司法中表现为法官以正确的法的价值观念为指导,准确理解法律规定的精神实质,特别是在法律规定不明确或者法律规定比较原则而缺乏具体内容的情况下,作出公正裁判。法院作出具体司法解释的时候,需要以法的价值为指导,在司法解释中体现法的价值。民众在遵守、应用法律的时候也需要具有正确的法的价值观念,法的价值还需要民众的认同,民众才能够自觉遵守法律。

　　第四,丰富法学理论。法的价值问题是法学领域的一个重要的、深刻的理论问题,这一问题的研究开阔了我们法学研究的视野和法律思维的空间,深化了我们对法的精神实质的认识,提高了我们对法与人及社会之间关系的认识,使我国法学理论研究的内容更加丰富,也使我们的法学研究方法多元化。

第二节　调解的价值

调解是人们通过第三方解决人与人之间纠纷的一种常见方式,调解也是法律领域内的一种民事纠纷解决方式。这种民事纠纷解决方式是在人类社会发展中自然产生的事物,这种纠纷解决方式世代流传,是因为其符合人类的价值追求,满足了人在社会生活方面的现实需要。

调解的价值问题是关于纠纷主体与这种解决问题的方式之间的关系问题。调解的价值在不同的历史时期的表现会有所不同,即不同历史时代的调解,其价值有所差别,例如:在我国封建社会,儒家的无讼思想占统治地位,统治者倡导道德礼教的作用,宣扬以德治国,观念上人们以争讼为耻,故调解解决纠纷,解决民事法律纠纷所要实现的价值以和谐为重,以符合礼教为重。在当代社会,提倡调解解决纠纷是为了缓解法院案件繁多的压力,调和有些情况下情、理、法之间产生的矛盾,实现自由、效益、秩序等价值,也为了实现和谐的价值。

作为解决民事法律纠纷的重要方式,调解的价值主要体现在以下几个方面:

一、调解的自由价值

自由是人们在社会生活中的一种理想,是人们追求的最高价值。自由是人固有的、原始的、最基本的权力,法律的最高价值是自由。自由是相对的,在法律社会中,自由是指一个人能够做他应该做的事情,而不被他人强迫去做他不应该做的事情,是指一个人不受他人的控制和专断意旨,不受他人的干预或限制,自己决定自己的事情。调解所蕴含的主要价值是自愿的价值,调解中的自由价值体现在当事人自愿方面,无论是诉讼调解还是非诉讼调解,这种自愿价值通常体现在两个方面:

1.程序的自愿——程序选择权。调解的程序选择权通常称为程序自愿,是指纠纷当事人是否选择采取调解的纠纷解决方式,及选择调解程序,完全由当事人自己决定,不应当受任何个人或任何组织、机构的强迫。

2.协议的自愿——协议决定权。协议决定权通常称为协议的自愿或者结果的自愿,是指经过调解是否达成协议,以及以什么条件或什么方案达成协议完全由当事人自己决定,调解员、调解机构或者任何其他人都无权代替当事人决定,也无权强迫当事人决定,因为对民事权利当事人依法享有处分权。

二、调解的和谐价值

和谐社会是人们所追求的人类社会的美好前景,构建和谐社会是中国共产党在新时期大力提倡的治国方针。社会和谐是国家发展富强、民族繁荣兴旺、人民生活幸福的重要保障,和谐社会的理想体现了全国各族人民的共同愿望。和谐社会的本质特征应当是人民民主、国家法制,社会公平正义、诚信和平、安定有序、文明富足,人与人平等和睦、人与自然和谐相处等。调解解决纠纷蕴涵有和谐的价值,因为:

1.调解符合中国人的传统观念。诉讼解决争议,是以当事人双方相互对立,法官居中裁判的方式进行,以决胜负。裁判依据的是当事人提供的证据,法官根据证据对争议事实适用法律作出裁判,情理之类的因素不是法官裁判的依据。根据中国人的传统观念和传统文化,大家不太喜欢这种僵硬的、无情的方式,人们更喜欢在不伤和气的情况下,根据法律规范、道德规范和情理来解决纠纷,人们往往在不得已的情况下才选择这种方式解决纠纷。调解就具有这样的功能,调解时法律、道德、情理都是可以考虑的因素。调解解决纠纷,当事人之间的关系不受多少伤害,纠纷不是以简单孰胜孰负的方式解决,而是经过协商、互相让步解决的,这样有利于人们和谐相处。

2.调解具有灵活机动的特点。与诉讼裁判相比,调解的方式灵活多样,调解可以不必拘泥于严肃的法律规范、规则,调解的过程除了可以考虑情理法诸方面的因素外,还可以协调平衡各方面的关系和各方面的利益,有时不仅可以解决当事人之间的争议,而且还可以解决与之相关的问题,这是裁判所不可比拟的。法官依法裁判可以根据法院的权威从法律上了断争议从而结案,但是不一定能够从根源上解决争议,而调解却有这种可能,调解从根源上解决纠纷的可能性程度最高,因为调解的结果是当事人协商的结果,或者是当事人对调解人或调解机构提出的调解方案肯定的结果,调解的结果体现的是当事人的意愿。

三、调解的效率价值

效率是投入产出的相对比值技术经济指标,与效益有区别,效益是不计效率的相对简单的绝对数经济指标。效益是关于是否有盈利的问题,效率是关于盈亏大小的具体百分比数。效率,通常在两种意义上使用,一种是指经济学上的投入和产出比率的关系,即经济效益,投入和产出比越大,则效率越高,反之,则效率越低。在经济领域,人们追求低投入高产出的高效率,追求效率的最大化。另一种是指在其他社会科学上投入和产出比率关系的社会效率。但在非经济学领域,效率与效益时常被通用,例如在法学领域效率与效益就时常通用。

调解解决纠纷的方式在效率方面比较其他方式而言具有优势,与诉讼相比较,对当事人而言,调解的各种诉讼费用支出少,时间耗费少或者说时间效率高,败诉的风险小,当事人对纠纷解决结局明确。即使在诉讼程序中的调解也如此,当事人在诉讼程序中经调解达成协议解决纠纷的,如果是在一审程序中调解的,则上诉程序不会发生,这对当事人而言节约了上诉费、上诉律师费和上诉时间、精力的耗费;对法院而言避免了可能提起的二审程序。如果是在二审程序中调解的,则法院无须继续审理,可以减轻法院的工作量,减少法院诉讼资源的占有。而且,纠纷经调解解决的,当事人即时履行以及自动履行协议的比例比较高,避免了更多的案件进入法院执行庭强制执行,减轻法院的负担,减少司法资源的占有。调解的效率优势显而易见。

四、调解的秩序价值

秩序是社会、国家正常运行的基本保障,秩序是社会生活要求的必备条件之一,是人类生存的基本要求,是人类发展的前提条件。有秩序的社会,特别是有良好秩序的社会是人们理想的状态,是人们普遍赞美的事物。秩序与民主、公正、和谐等价值相关联,秩序与法律密切相关,它是法学家们普遍认同的法的价值之一。美国学者博登海默认为法律有两大价值:一个是追求秩序的价值,另一个是追求正义的价值。[①] 我国的法学家们普遍认为秩序是法的价值之一,是法的基本价值,还有许多学者认为法本身就是秩序。"法在一定意义上说,本身就是为建立和维护某种秩序才建立起来的","法对秩序的意义主要表现在,法为秩序提供预想模式、调解机制和强制保证"。"秩序是法的价值","法没有不为一定秩序服务的","秩序是法的直接追求,从社会的视角看,其他所有的价值都是以秩序价值为基础的法的价值;没有秩序价值的存在,就

---

① ［美］E. 博登海默著,邓正来译:《法理学、法律哲学与法律方法》,中国政法大学出版社 1999 年版,第 205 页。

没有法的其他价值"。①

　　调解于秩序是有益的,如前所述,调解解决争议往往能够从根本上消除当事人之间的纠纷,当事人之间的关系多数情况下可以迅速恢复,即发生纠纷的社会秩序迅速恢复。与"一刀两断"式的裁判解决纠纷方式相比较,"一刀两断"有时容易激化矛盾,当事人之间的纠纷从法律上看是解决了,但是从根源上可能未解决,俗话说"一场官司十年仇",纠纷可能转化到其他领域或者导致其他纠纷产生,例如由民商事纠纷转化为刑事纠纷。

■ 五、调解的公正价值

　　公正在此是指公平正义,包括了公平和正义两个内容,公平和正义在此含义有差别。公平是指平等对待不同的人或者相同的事物。正义的概念多种多样,正义的概念在多种层面上使用,人们比较认同的解释有以下几种:正义是指人们各得其所,正义是一种德行,正义意味着一种对等的回报,正义指一种形式意义上的平等,正义指某种自然的理想的关系,正义指法治或合法性,正义指一种公正的体制。② 公平、正义是人类及人类社会追求的最高价值,公平反映了法律的精神实质所在,正义是法律所追求的崇高目标。

　　法的正义价值理论学说多种多样,有代表性的观点认为法的正义可以分为程序正义与实体正义,另外,近些年来,程序公正与实体公正是我国法学界经常提及的问题,是我国司法改革中的一个主要课题,通常理论界研究的程序公正与实体公正的问题即程序正义与实体正义的问题。

　　程序正义是指解决社会冲突的程序和手段是正义的,法院的司法活动与司法过程应当公平公正,对所有当事人同等对待。实体正义是指法律应当体现人类对正义的追求,法律本身应当是正义的,即在社会资源的分配、利益的分配、义务的分配的制度是公正的、符合人的愿望的。

　　调解是解决社会纠纷、解决民事纠纷的一种主要方式,在程序上和实体上都应当具有公正的价值。首先在程序上应当征得当事人双方的同意,当事人同意以这种方式协商如何解决争议,当事人一方若不同意以此方式解决纠纷的,其他人或者组织、机构都无权强迫。调解人或者调解机构在程序上应当平等对待双方当事人,居中调解,不得有所偏颇。其次在实体上,即如何解决争议,以什么条件解决争议,达成什么样的协议,应当是当事人自由协商的结果,

---

　　① 参见卓泽渊:《法的价值论》,法律出版社 2006 年版,第 390～394 页。
　　② 张文显:《法哲学范畴研究》,中国政法大学出版社 2001 年版,第 202～203 页。

不得有任何强迫。

鉴于调解协议往往是当事人双方互相让步的结果,而且往往是权利人让步,或者有理由一方让步的结果,不是严格适用法律判断的结果,因此,有人批评这种方式是"廉价的正义",而非真正的正义,这种观点虽有一定道理,但是我们认为,在严格适用法律与当事人让步达成协议之间取舍,是当事人根据自己的意愿自行选择的结果,非强制的结果,而当事人的选择往往是综合了各方面的因素和权衡了各种利益后的抉择,是当事人选择的最大利益,这种决定的过程和决定是符合正义的。

第四章　调解的历史沿革

　　美国学者柯恩曾说："中国法律制度最引人注目的一个方面是调解在解决纠纷中不寻常的重要地位。"[①]西方的法律文化孕育了以诉讼为主的纠纷解决机制和观念,而我国形成了诉讼和调解并存的纠纷解决机制。

第一节　外国调解制度的历史沿革

　　当今世界,许多国家都积极鼓励当事人利用调解的方式解决纠纷。由此,以调解为主要内容的 ADR 纠纷解决方式在全球范围内的适用不断拓展。ADR 又称替代性纠纷解决方式,是各种诉讼外纠纷解决方式的总称。这类纠纷解决方式,最早起源于美国,在 20 世纪 70—80 年代,由于商事纠纷激增,导致法院审判工作压力增大,诉讼爆炸,由此兴起发展其他纠纷解决方式,并将其与诉讼一起运用的运动。替代性纠纷解决方式在美国兴起,在日本、澳大利亚等国得到较大的发展,其解决纠纷的方式包括调停制度、劳动争议处理机制、仲裁,以及各种行政的、律师协会主持的和民间性的纠纷解决机构等。

　　在国外,基本上找不到像我国这种与诉讼程序完全融合的调解,在其他国家和地区调解与诉讼程序的结合,调解不是诉讼中的程序,不是法院行使审判权的方式,调解或者是法院附设的制度,或者是独立于法院的程序,调解与诉讼程序存在原则性的区别,有其自身的运作规律和方式,以现代是观点来看,调解属于替代性纠纷解决方式。在国外的民事诉讼法上,当事人合意解决纠纷的方式为诉讼和解,诉讼和解的本意是当事人自行协商解决纠纷,不是在第三方的介入下,由第三方帮助、协调达成协议解决纠纷。但是,它们的诉讼和解与调解关联,通过调解,帮助当事人达成和解协议。以下内容以替代诉讼解

---

　　① 　强世功:《调解、法治与现代性:中国调解制度研究》,中国法制出版社 2001 年版,第 88 页。

决纠纷方式中的调解为主,结合诉讼制度,重点介绍几个比较具有代表性国家的调解制度。

一、日本的调解(调停)制度

在日本调停(即调解)解决纠纷自古有之,"其江户时代,存在着一种私下了结的纠纷解决方式,即由担任管理镇、村或征收地租等代表的士绅或村助理作为处理人,让当事人进行调停,调停如果成立,就由当事人写下私下了结的证明文字呈交奉行"。"被认为与现代的调停制度有直接连续性的是以大正十一年土地及房屋租赁调停法为首的一系列的单行调停法。""这些各种各样的调停法由于昭和十七年的战时民事特别法而有所扩张,与诉讼的协作也变得紧密了。"①大正末期昭和初期的调停立法在当时作为单行法深入到了各个领域。昭和二十六年,即 1951 年,日本以议会立法的形式制定了作为一般性纠纷处理制度的统一的《民事调停法》,确立了解决各种民事纠纷的,当事人通过互让的方式寻求合情合理的纠纷解决方法的司法调停制度。②将家事和劳动争议以外的各种调停制度统一,形成了如今的民事、家事两大调停体系,③调停制度被固定为常设的统一的法律制度。

(一)诉讼外的调停

诉讼外的调停(包括斡旋、咨询)。据统计,截至 1997 年,在日本各种诉讼外民事纠纷处理的机构有 35 个,其中行政性的机构有 19 个,民间性的机构有 16 个。④包括劳动委员会的调停、公害等调解委员会的调停、建设工程纠纷审查会的调停、仲裁机构的调停、交通事故纠纷处理中心的调停或斡旋。这些机构以 ADR 的方式处理诉讼外的民事纠纷,这些机构有的是仲裁机构或斡旋、仲裁机构,有的是咨询或咨询斡旋机构,有的是调解或调停机构。

(二)法院中的民事调停

民事调停是指对于有关民事的纠纷,调停机构进行斡旋、居中调解,以通

---

① 〔日〕小岛武司、伊腾真编,丁婕译:《诉讼外纠纷解决法》,中国政法大学出版社 2005 年版,第 3 页。

② 〔日〕小岛武司、伊腾真编,丁婕译:《诉讼外纠纷解决法》,中国政法大学出版社 2005 年版,第 4 页。

③ 范愉著:《非诉讼程序(ADR)教程》,中国人民大学出版社 2003 年版,第 54~55 页。

④ 范愉著:《非诉讼程序(ADR)教程》,中国人民大学出版社 2003 年版,第 230~232 页。

过当事人互相让步,达成合情合理的以纠纷解决为目的的方案,从而解决纠纷的制度。民事调停的宗旨是以当事人的合意为根本解决纠纷,因此民事调停的案件必须具备当事人对有关的权利义务可行使处分权的性质。^① 法院调停依据《民事调停法》的规定。具体包括以下内容:

(1)民事调停机构与调停委员。民事调停的机构通常是调停委员会,特别情况下也有法官进行调停的例外规定。调停委员会由调停主任法官和 2 名以上的民事调停委员组成。民事调停委员是国家法律规定的法院中的非专职法院工作人员,属于特别职务的国家公务员。民事调停员由日本最高法院在 40 ～70 岁之间的律师、大学教授、原法官、房地产鉴定师、建筑师、医生、税务代理人、注册会计师等专家,或其他在社会上有知识,又有丰富经验的人士中任命。^②

(2)民事调停的程序。程序的启动——当事人申请或法院依职权交付。民事调停原则上由当事人向简易法院申请时开始,例外情况下也可以由当事人双方合意向法院提出申请。另外受诉法院认为适宜时,法院可以依职权将案件交付调停委员会调停。对于民事调停的案件,事实调查实行职权探知主义。^③

(3)调停方案。调停委员可以写成调停方案提出供当事人协商,而且可以说服当事人接受其方案。

(4)调停程序的结束与调停成立的效力。经过调停,当事人双方达成合意,调停成立,其合意记载在调停书上。调停成立,诉讼案件视为撤销。调停书与诉讼和解协议具有同等法律效力,即与确定判决具有同等法律效力,具有强制执行效力。^④ 调停不成立的,案件进入诉讼程序。

另外,根据日本《民事调停法》第 17 条的规定,还允许法院在适宜时作出代替调停的决定。所谓代替调停的决定,是指在双方当事人对纠纷解决协商的意见大致取得一致的共识,仅有少许差异的情况下;或者在事实调查充分,案件是非明了的情况下双方当事人应当达成协议,但因一方当事人固执己见无法达成协议的情况下,法院对案件作出决定以替代当事人达成调停协议。

---

① 范愉著:《非诉讼程序(ADR)教程》,中国人民大学出版社 2003 年版,第 58 页。

② 范愉著:《非诉讼程序(ADR)教程》,中国人民大学出版社 2003 年版,第 61～62 页。

③ 范愉著:《非诉讼程序(ADR)教程》,中国人民大学出版社 2003 年版,第 63 页。

④ 范愉著:《非诉讼程序(ADR)教程》,中国人民大学出版社 2003 年版,第 64 页。

但是,当事人在法院决定告知两周内有权提出异议,提出异议者,法院决定不发生法律效力,案件进入诉讼程序。当事人无异议,决定确定时,决定发生与诉讼和解同等的效力,即与确定判决同等的效力。[①]

(三)法院中的家事调停

日本在第二次世界大战以后,于昭和二十三年(1948 年)颁布实施了《家事审判法》,该法第三章专章规定了调停制度。该法第 17 条、第 18 条、第 19 条规定:家事法院对于有关人事诉讼案件或一般家庭案件进行调停。对这些应当先进行调停的案件,如果有人提起诉讼,必须事先向家庭法院申请调停。如果申请调停而提起诉讼时,法院可以依职权随时将案件交付家庭法院进行调停。但是,法院认为交付调停不合适时,不在此限。[②] 该法规定了家事调停案件的适用范围,受诉法院的调停职权,利害关系人的参加,调停协议的达成及其效力,调停委员会的组成,调停委员的职责、津贴、旅费、住宿费,相当于协议的审判,替代调停的审判及其当事人的异议权,以及调停不成的处理。

(四)诉讼和解

日本《民事诉讼法》规定有诉讼和解制度,与其调停不同,诉讼和解"是双方当事人把他们对请求的主张相互让步的结果在诉讼上进行相一致陈述的行为"。[③] 日本《民事诉讼法》第 89 条、第 265 条、第 267 条规定:法院不管诉讼进行到何种程度,都可以尝试和解,或者使受命法官或受托法官尝试和解。法院或者受命法官或受托法官,在当事人共同提出申请时,为了解决案件可以制定适当的和解条款,将和解条款告知当事人后,当事人不撤回申请,视为当事人之间达成和解,和解记入笔录时,和解与确定判决具有同等效力。[④] 20 世纪80 年代后期,日本法院在实践中创设了"辩论兼和解"程序,即在正式开庭审判之前,在非公开的情况下,法官和当事人围绕椭圆形桌子,以书证为基础,通过口头陈述,使双方当事人交换意见、确定争点,以寻求和解的机会。[⑤] 1996年日本的《民事诉讼法》将"辩论兼和解"规定在准备程序中。

---

① 范愉著:《非诉讼程序(ADR)教程》,中国人民大学出版社 2003 年版,第 64 页。
② 白绿铉编译:《日本新民事诉讼法》,中国法制出版社 2000 年版,第 159 页。
③ [日]兼子 一、竹下守夫著,白绿铉译:《民事诉讼法》,法律出版社 1995 年版,第140 页。
④ 白绿铉编译:《日本新民事诉讼法》,中国法制出版社 2000 年版,第 56、98 页。
⑤ [日]兼子 一、竹下守夫著,白绿铉译:《民事诉讼法》,法律出版社 1995 年版,第86 页。

■ 二、德国的调解制度

（一）调解与诉前调解

根据德国学者的分析，调解在德国经历了一个不同的坎坷迂回的道路，才被确认为合法的、有价值的除了诉讼以外的解决纠纷方式。调解的提倡者花了很多年时间才引起了实务界及社会的关注。尽管很早就有对此话题的讨论，但是直到 20 世纪 90 年代后期，调解运动才受到了不仅仅是学界的关注。现在的司法改革讨论更集中在通过法院附属调解来减少法院待决案件。①

不过，根据德国学者的评论，许多由政府发起的调解程序仍处于幼年时期。这些程序中最有名的要数 Tillman Metzger 在 1996 年建立的德国第一个社会调解中心，中心以美国社会司法中心的概念为基础，资金部分来自社会基金，部分来自私人捐献，以提供培训课程、义务调解员及其他成员的义务工作来营利。中心的调解实践是由教育努力来支持的，这种教育的目的是在社会上发展一种有争论的建设性的文化氛围。其他政府资助的调解项目包括在汉诺威的 Wage[负责受害人与加害人之间的调解（victim offender mediation）]，在波恩的 Föderverein Umweltmediation e.V，该组织负责环境纠纷的调解，以及各种各样的学校调解项目。②

在德国，社会发起的司法中心不仅提供法律建议，也提供调解服务。一般来说，这些服务对那些经济困难者只收取很低的费用或者完全免费。尽管他们大部分的工作都是提供法律建议，但是，这些中心通常被认为是调解组织，这意味着一旦当事人进入调解程序后，就会产生许多法律后果。首先，法定时效停止，其次，当事人间的协议可以申请法院强制执行。"中介人"机构在德国各州有着长远的历史（多于 180 年），它与澳大利亚的组织有所不同，一般说来，由地方政府任命"中介人"办公室的人员，被任命者是很受公众尊敬的人员，这些人自愿工作。Bierbrauer 检验了"中介人"的角色，他得出结论："中介人"提供的纠纷解决程序的特点因个人"中介人"以及管辖区的不同而有很大不同。虽然很多"中介人"工作人员提供的程序与调解有相似之处，但他们的

---

① See Nadja Alexander, Mediation in Practice: Common Law and Civil Law Perspectives Compared, HeinOnline—*Int'l. Trade & Bus.L.Ann.*, Vol.17, No.6, 2001.

② See Nadja Alexander, Mediation in Practice: Common Law and Civil Law Perspectives Compared, HeinOnline—*Int'l. Trade & Bus.L.Ann.*, Vol.17, No.6, 2001.

规则主要表现为询问性的方法,有时也为纠纷当事人提供法律建议。[①]

    2000 年 1 月 1 日,《德国民事诉讼法实行法》第 15a 条生效,确立了德国一些类型的民事诉讼案件诉前强制调解的制度。《德国民事诉讼法实行法》第 15a 条授权各州法院可以规定下列案件,当事人提起诉讼之前必须先向州司法管理机构设置或者其认可的调解机构申请调解,这些案件包括:当事人之间财产争议低于 1500 马克的案件、不涉及经营活动的领地争议案件和没有经过媒体、广播报道的个人名誉损害案件。调解遵循自愿原则、保密原则和调解员独立及中立原则。调解员由律师、公证人、退休法官及其他非法律专业人士担任。调解向当事人收费,调解不成功的费用低于调解成功的费用,调解费用由当事人预付,调解程序结束后结算。调解费用比较经济,不按照争议额比例收费,而是一次性收取。经调解达成和解协议的,和解协议具有法律约束力,当事人可以按照《德国民事诉讼法》第 794 条的规定申请法院强制执行。[②]

    (二)诉讼和解

    为了鼓励当事人多采用协议的方式解决争议,弱化当事人之间的对抗,现代德国的民事诉讼也比较重视当事人和解,而且比较重视庭审前和解,现行《德国民事诉讼法》第 279 条规定:“不问诉讼到何种程度,法院应当注意使诉讼或各个争点得到和好的解决。法院为了试行和解,可以把当事人移交给受命法官或受托法官。”“为了试行和解,可以命当事人到场。如命当事人本人到场,准用第 141 条第 2 款的规定。”《德国民事诉讼法》第 141 条第 2 款规定:法院命令当事人到场时,依职权传唤。即使当事人有诉讼代理人,仍然应当通知当事人到场,而且该传唤可以不必实行法定送达方式,以任何方式均可。

■ 三、美国的调解制度

    (一)诉讼外的调解

    在美国,以调解的方式解决纠纷由来已久,“由受人尊敬的社区成员主持调解是世界上小规模社区解决纠纷的一种主要方式,在美国这个早在新英格兰殖民地时期就已存在的内聚性极强的移民组织或宗教团体的国度,调解更是司空见惯(Auerbach,1983;Merry and Milner,1993;Nader and Todd,1978)”。“上个世纪初,更为广泛的是在 40 年代,在有关劳资谈判纠纷的场合

---

    ①   See Nadja Alexander,Mediation in Practice:Common Law and Civil Law Perspectives Compared,HeinOnline—*Int'l.Trade & Bus.L.Ann.*,Vol.17,No.6,2001.

    ②   章武生、张大海:《论德国的起诉前强制调解制度》,载《法商研究》2004 年第 6 期。

中出现了职业调解员（Aaron et al.，1977）。除此以外，在 50 年之前，已经有一些法院在轻微刑事或家庭纠纷中鼓励适用调解（称之为'调和'）（Galanter，1986）。"20 世纪 30 年代，继劳动纠纷领域开始适用调解后，开始在家事法领域推行调解，1939 年，加利福尼亚州设立了调解法院（Conciliation Court），以调解作为替代审判程序的手段。60 年代，在美国联邦政府的资助下，设立了全国性的"近邻司法中心"（Neighborhood Justice Center）。此后又纷纷出现了社区调解中心。70 年代，社区调解中心逐渐被新出现的"纠纷解决中心"（Dispute Resolution Center）取代。90 年代成立了"司法仲裁调解中心"（Judicial Arbitration and Mediation Service）。①

20 世纪 70 年代，替代性纠纷解决运动的兴起，调解、仲裁以及其他非诉讼解决纠纷方法的使用得以重视，而且，法院也开始涉足 ADR（Alternative Dispute Resolution），以减少当事人的诉讼成本，减缓诉讼迟延。调解被视为为多种利益服务的手段，这种"软处理方式"被 ADR 的拥护者积极推崇。但是，20 世纪 70 年代后期，研究者发现虽然调解的成本很低，公正性比较令人满意，但是，利用这种方式解决纠纷的人却不多。

20 世纪 80 年代，当事人在使用 ADR 解决纠纷方面开始了努力，在商界，各种 ADR 方式被采用，其中包括调解。为了确保 ADR 结果的公平性，立法者增加了一些法定条款。② 1998 年，ADR 通过立法被制度化，调解得到更多的发展。

对各种替代诉讼解决纠纷的推崇，导致法院诉讼程序上的一些变化，在一些奉行"多门"政策、鼓励使用替代性纠纷解决方式的法院，纠纷会被推向各种不同的解决程序渠道，例如：租赁法官（又称"聘请法官"或"私人审判"）、小型审判等。在有些法院，法官被授权将案件交付其他纠纷解决程序处理。在有些州，调解成为儿童监护权、探视权纠纷案件的法庭庭前程序。夏威夷州最高法院甚至在法院受理的案件之外，为一些尚未进入诉讼程序的有关公共政策的纠纷提供调解人。③

与此同时，法院系统之外的包括调解在内的各种纠纷解决方法也在蓬勃

---

① 范愉著：《非诉讼纠纷解决机制研究》，中国人民大学出版社 2000 年版，第 96～100 页。

② 范愉著：《非诉讼纠纷解决机制研究》，中国人民大学出版社 2000 年版，第 96～100 页。

③ 范愉著：《非诉讼纠纷解决机制研究》，中国人民大学出版社 2000 年版，第 10 页。

发展,新的纠纷解决方法出现,例如在统一程序中同时提供调解和咨询性仲裁的"申冤调解"以及成功地代替了传统的劳动仲裁。[1] 在纽约,公共卫生法规定,对有关不去抢救某一病人的命令所产生的争议必须提供调解。

（二）附设在诉讼过程中的调解

法院和公共机构的支持使替代性纠纷解决程序蓬勃发展,同时法官也大力推动纠纷当事人应用这些程序。尽管法院扮演的这一新角色招致了大量的批评,但是,主流的观点支持赋予法院和进行行政裁决的公共机构以替代解决纠纷的功能。[2] 1998 年美国的《联邦替代性解决纠纷法案》(*The Federal Alternative Dispute Resolution Act of* 1998)中要求美国联邦地区法院都推行一个纠纷解决项目,联邦上诉法院提供了调解。许多法院鼓励法官帮助当事人和解,鼓励当事人利用替代性纠纷解决的方式。诉诸法院的案件可以通过很多方式进入替代性纠纷解决轨道中,这些替代性经济法解决方式包括调解、仲裁、早期中立评估、小型审判或者简易陪审团审判。利用这些程序的目的是促使当事人达成和解协议,避免诉讼判决。如果当事人无法通过这些程序达成和解,案件将恢复至诉讼程序。

有些州的制定法要求某些类型的案件必须进入指定的替代性纠纷解决程序,例如有些州的制定法规定所有存在争议的监护案件必须进行调解。[3] 选择哪种替代性纠纷解决程序,由法官自愿裁量,或者由法官、治安法官或律师在审前会议决定。有些州的程序规则或法院规则还授权法院强制当事人参加调解,甚至还规定强制参与为提起诉讼的前提条件。调解的目标是和解。美国的研究者认为调解是最能克服障碍、促成和解的程序。在诉讼过程中通过调解,以及仲裁、早期中立评估、小型审判或者简易陪审团审判,当事人之间达成了和解协议,以诉讼和解的方式结束诉讼。

四、英国的调解制度

大多数社会总是依赖调解,而非主要依赖诉讼解决纠纷或冲突。在英国调解解决纠纷的历史也很悠久,"调解是许多小规模的村落和游牧民族传统的纠纷解决方式:当事人双方在长者的主持下坐下来谈判相关事项。这些调解员倾向于通过利用包括从说服、嘲讽、魔法到贝壳放逐法等各种手段来维持社

---

[1] 范愉著:《非诉讼纠纷解决机制研究》,中国人民大学出版社 2000 年版,第 11 页。

[2] 范愉著:《非诉讼纠纷解决机制研究》,中国人民大学出版社 2000 年版,第 383 页。

[3] 范愉著:《非诉讼纠纷解决机制研究》,中国人民大学出版社 2000 年版,第 390 页。

群的价值观"。① 但是,司法制度发达以后,人们更相信以审判的方式解决纠纷的公平性,调解不被人们重视。

近些年,ADR 的影响以及 ADR 运动的兴起,调解又成为被公认的,既灵活又便宜的替代诉讼的纠纷解决方式,用以解决个人之间的纠纷,商事、工业领域内的纠纷。与诉讼相比较,多数人认为调解是能够更好地保护当事人的利益的纠纷解决方式。支持者认为:"一般说来,与人交往,言语胜于文字,第三者参与之调解胜于人们自身。"②

(一)诉讼外调解

咨询调解仲裁机构的调解。英国的 ADR 在解决劳动争议领域的历史由来已久,咨询调解仲裁机构(Advisory Conciliation and Arbitration Service,即 ACAS)是当前设立的专门机构,解决个人和团体的劳动争议。③

全国律师 ADR 网络的调解。全国律师 ADR 网络(National Network of Solicitors in Alternative Dispute Resolution,即 ADR Net, Ltd.)是处理商事纠纷的民间机构,创建于 1989 年,受理保险公司、会计师以及产业界委托处理的纠纷。由招聘选拔出的律师担任专业调解人。当事人自愿选择该机构进行调解,调解不妨害当事人行使诉权向法院提起诉讼。④

纠纷解决中心的调解。纠纷解决中心(Center for Dispute Resolution 即 CDR)是于 1990 年 11 月建立的由跨国公司和著名专业团体(如律师事务所)支持的独立的、非营利性的民间机构,是英国一个知名的商事争议调解机构,主要受理建筑、保险和信息技术等商业、公用事业领域的纠纷,为当事人提供和解和调解服务,主要程序是调解,采取非对抗形式,追求以当事人自治的方式解决纠纷。⑤ "1999 年,英国通过了鼓励以替代解决争议 ADR 的民事诉讼规则后,该机构获得了长足的进步。由于调解的优越性,很多案件,如建筑类的案件,采取快速处理机制,及时了结了当事人之间的争议。其调解的成功率相当高,如截至 2003 年 7 月底,在涉及政府部门纠纷的调解中,其成功率达

---

① ［英]迈克尔·努尼著,杨利华、于丽英译:《法律调解之道》,法律出版社 2006 年版,第 5 页。

② 弗朗西斯·培根文集(The Essays of Francis Bacon),转引自[英]迈克尔·努尼著,杨利华、于丽英译:《法律调解之道》,法律出版社 2006 年版,第 3 页。

③ 范愉著:《非诉讼纠纷解决机制研究》,中国人民大学出版社 2000 年版,第 250 页。

④ 范愉著:《非诉讼纠纷解决机制研究》,中国人民大学出版社 2000 年版,第 250～251 页。

⑤ 范愉著:《非诉讼纠纷解决机制研究》,中国人民大学出版社 2000 年版,第 251 页。

89％。这样一来,有力地保证了商业活动的正常有序进行,产生了巨大的经济效益和社会效益。现在,该机构本身运转良好,平均每个月受理50件争议案件,人员35人,其中大约有25人管理案件,还开通了在线咨询服务(On-line Enquiry)。2001年12月,该机构搬到了伦敦新的中央商务区办公。近年来,中心年预算为400万英镑,政府象征性地每年给予2000英镑的支持。该中心业务范围并不受限制,培训和教育也是其中主要工作。该中心还十分注重加强与学术机构的联系,探讨理论问题。该中心负责人表示,只要当事人选择其进行仲裁,该中心下一步可以考虑开展办理仲裁案件的业务。"①

英国城市纠纷小组的调解。城市纠纷小组(City Dispute Panel,即CDP)是为金融服务业、商业企业以及那些与他们有商业往来者提供服务,解决纠纷的组织,解决他们在英国或国际商事领域内产生的纠纷。②

英国家庭调解委员会的调解。英国家庭调解委员会(National Family Mediation,即NFM)是专门解决分居或离婚夫妇的子女抚养、财产分割,以及家庭遗产遗嘱、赡养抚养纠纷的非营利机构,该机构在英格兰和威尔士的60个地区设立服务机构。该机构以中立的第三者调解人帮助当事人讨论问题,磋商纠纷解决方案,通过调解的方式帮助当事人,引导当事人找出问题所在,以一种开放的、公平的方式帮助当事人讨论解决问题的方案。它的调解程序是自愿的,当事人可以随时决定停止调解程序。该机构费用低廉,符合法律援助条件的当事人可以申请免费。纠纷的解决通常情况下平均需要3～5次的调解即可结束。③

伦敦仲裁院的调解。过去,在英国的仲裁院调解不被支持,甚至在早些时候仲裁也不被支持。但是,受其民事司法改革的影响,随着ADR日益得以重视,100年以来只受理仲裁案件,不受理调解案件的英国伦敦仲裁院,在1999年10月1日公布了一部《伦敦国际仲裁院调解规则》。根据该规则,当事人可以向其申请仲裁,或者先申请调解。若调解失败,再进行仲裁。④

(二)诉讼过程中的调解

以往,调解解决纠纷在英国不受重视。20世纪末期,英国的民事司法制

---

① 康明:《英国商事调解近况》,http://lad.ccpit.org/wadr,2005-10-08。

② http://www.europarl.europe.eu/conparl/jury/consiliations/cdp-en.pdf.

③ www.nfm.u-net.com.

④ 唐厚志:《国际商事调解的一些情况》,在2001年中国国际贸易促进委员会、中国国际商会调解中心调解员培训会上的讲话。

度中存在的程序缓慢、拖延,诉讼效率低,诉讼耗费大,当事人的案件不能及时获得裁判的弊病日趋严重,使其不得不步入民事司法改革的行列,进行了一系列的改革。英国司法大臣任命沃尔夫勋爵负责改革事务,以实现提高诉讼程序效率,降低诉讼费用,简化诉讼程序,使诉讼术语通俗化等目标。沃尔夫勋爵于 1995 发表了《接近正义:关于民事司法改革的中期报告》,1996 年发表了《接近正义:关于民事司法改革的最终报告》。以沃尔夫勋爵的报告为基础,英国对其民事诉讼法进行了修改,于 1998 年颁布了新《民事诉讼规则》,之后又产生了一系列的改革措施。英国新民事诉讼法的重要变化之一就是鼓励人们采用 ADR 方式解决纠纷,促进当事人和解。[①]

《英国民事诉讼规则》第 1.4 条规定:法院须积极管理案件,积极的案件管理包括:鼓励当事人在诉讼程序的进行中互相合作……如法院认为适当,可鼓励当事人采取可选择争议解决程序(ADR),并促进有关程序的适用;协助当事人对案件进行全部或部分和解。第 26.4 条中规定,在法院案件鼓励的初期阶段:当事人在完成案件分配问题表并提交法院时,可通过书面形式请求法院终止诉讼程序的进行,由当事人尝试通过可选择争议解决方式或其他方式解决纠纷。第 36 章"和解要约"中规定:当事人可以在诉前提出"和解要约",双方当事人(过去规定仅允许被告提出和解要约,原告无权提出)在诉讼中的任何阶段向对方提出"和解要约",对方当事人不接受和解要约的,判决的结果对原告比和解要约更为有利的,法院将判决被告承担原告自和解要约被拒绝后所支出的诉讼费用;反之,和解要约是被告提出的,原告拒绝的,判决的结果对被告比和解要约更为有利的,法院将判决原告承担有关的诉讼费,并责令被告承担全部或部分款项的利息。[②] 规则以此方式促进当事人尽量和解。

诉前议定书制度促进和解。《新民事诉讼规则》引进了诉前议定书制度,是当事人之间早期的诉讼交流信息,当事人双方为诉讼做好充分准备,以便诉讼快速进行,从而克服准备程序阶段传统的、对抗式的、秘密的方式弊端,促进当事人尽量选择适当、耗费低廉、节约时间的 ADR 方式解决纠纷,将诉讼作

---

① 齐树洁主编:《民事司法改革研究》,厦门大学出版社 2004 年版,第 418～419、431 页。

② 见《英国民事诉讼规则》第 36.20 条、第 36.21 条,徐昕译:《英国民事诉讼规则》,中国法制出版社 2001 年版,第 19 页。

为最后的救济手段。[1]

和解与调解。外国的法官不充当调解人,诉讼过程中案件可以调解的,当事人申请或法官决定中止诉讼程序令当事人调解的,案件交由社会上的营利的或非营利调解机构进行调解。英国的新民事诉讼法呈现出了鼓励当事人采用 ADR 方式解决纠纷,鼓励当事人在诉讼中和解解决纠纷。而且,还规定法官有权裁定终止诉讼,令当事人去调解。在调解过程中,若有一方当事人拒绝调解,无理由退出调解的,法官可以裁判其负担某些诉讼费用作为惩罚。若双方当事人争议解决条款中约定先调解,调解不成再诉讼的,法官有权中断诉讼程序,令他们寻求调解机构的调解。[2]

五、法国的调解制度[3]

当今的法国,ADR 因其具有减轻法院负担,可快速、简捷和经济地解决争议的功能被学者和法学家所提倡。但是根据 Emmanuel Gaillard 与 Jenny Edelstein 两位作者的观点,ADR 方式在法国的运用在过去的两个世纪里已经存在了,现在是一种复苏的趋势。这种传统的替代性纠纷解决机制在法国已经存在很长时间了,甚至可以说,这种在诉诸法院之前的可选择的或者是强制的调解制度在法国的司法系统中以不同的时间间隔和不同的表现形式出现至少有两个世纪之久。在法国,运用调解的方式解决纠纷也有很久的实践历史。调解最初的运用是在法国大革命时期,法国的革命者将调解作为解决纠纷的理想方式,1789 年的一项法令规定,当事人在将纠纷诉诸普通民事法庭前必须先经过调解,1855 年的法律规定治安法官在案件审理前必须先试行调解。民事案件的法官在案件审理中寻求调解的解决方式随后被规定于 1906 年的《法国民事诉讼法典》中。然而在 20 世纪初期,强制性的调解经历了下滑阶段,在 40—50 年代作为一项法律的要求一度被抛弃。现在,调解实际上还是被法国的司法官在一定程度上适用,以致《法国新民事诉讼法典》第 21 条仍将可选择的调解作为民事案件法官的一项任务予以明确规定。

此外一项司法外调解运动在 20 世纪 70 年代出现在法国,一部分人被授

---

[1]　毛玲著:《英国民事诉讼的演进与发展》,中国政法大学出版社 2005 年版,第380～381 页;徐昕译:《英国民事诉讼规则》,中国法制出版社 2001 年版,第 19 页。

[2]　康明:《英国商事调解近况》,http://lad.ccpit.org/wadr,2005-10-08。

[3]　以下资料来自 Emmanuel Gaillard,Jenny Edelstein,Mediation in France,*Dispute Resolution Journal*,Nov.2000-Jan. 2001.

权来指导、调解在双方当事人之间的纠纷。这第三方的任务是非监管性的,被称为公正的调解员,他们为纠纷的解决提供便利,促使纠纷在司法程序之外解决。这种法庭职权外的调解在某些方面是很成功的,而且逐渐被制度化,这些内容包括:劳资纠纷(劳动法第 L523-1 条)、租赁纠纷(1989 年 7 月 6 日法律89-462)、个人破产(1989 年 12 月 31 日法律 89-1010,1995 年 2 月 8 日 95-125修正案)以及公司破产(1984 年 3 月 1 日法律 84-148,1984 年 6 月 10 日修正案)。

作为这种由"公正调解员"主持的法庭外调解的相应反应,最新的立法选择再次运用司法调解,但是通过允许法官将他(她)的调解职权委派给他人或者授权在法官的监督下进行以缓和其司法权属性。因此,1995 年 2 月 8 日的法律 95-125 以及相关法令授权法官可以指定第三人参加双方的预备调解,同时受法官的监督。1995 年的法律首次在立法中涉及调解。1995 年的法律以及相关的 1996 年 7 月 22 日的法令所指的司法调解是完全的可选择性调解,需经过双方当事人的同意任命第三方调解员帮助他们解决纠纷(比如提出一个解决争议的方案)。自从 1995 年的法律以及相关的 1996 年 7 月 22 日的法令实施以来,巴黎上诉法院以及格勒诺布尔法院已经决定系统地指定调解员,直至纠纷进入特定的法庭之前。这些法院要求调解员介入的时间是庭审时间确定之日。

六、新加坡的调解制度

现在的新加坡,不仅有专门的调解机构为当事人调解商业纠纷,而且在司法领域提倡调解。新加坡司法制度强调调解解决诉讼当事人的纠纷,以避免不必要的法庭诉讼,评论者认为这与亚洲人有"和为贵"的精神一致。现在新加坡法院的民事案件,要求诉讼当事人必须在庭审前参加审前会议,设法达成和解协议。[①] 1994 年,民事纠纷调解通过法庭调解中心首先被纳入初级法庭,从那时开始,小额索偿法庭、家事法庭、少年法庭和社区发展青年及体育部内的赡养父母审判庭就惯常地引导实施调解。《法庭规则》(Cap 322,Rule 5,1999 Rev Ed)提供了充足的机会给 ADR 介入,甚至允许在诉讼程序启动后介入。例如调解,当事人或者其诉讼代理人既可以向法庭申请将事件提交至调解程序处理,也可以直接向新加坡调解中心申请。新加坡的 ADR 实践获得

---

① 李涛:《新加坡共和国的法律制度和司法机关》,载《南京检察调研》2002 年增刊(第 17 期),http://www.yfzs.gov.cn/ 。

了政府的支持,目的是使新加坡成为一个世界性主要的纠纷解决中心,以及防止新加坡变成一个好讼的社会。1997 年成立了新加坡调解中心(Singapore Mediation Center,简称 SMC)。1997 年颁布《社区调解中心法令》,它使社区调解充当先锋,让社区调解在种族多元和宗教多元的新加坡成为一种有效的平息纷争的手段。[①]

第二节　我国调解制度的历史沿革

调解制度在中国的产生与发展有其深厚的思想和社会基础,从古至今,调解都是我国解决民事纠纷的重要机制,了解我国调解制度的渊源及其发展演变的历史,对我国现代调解制度的构建具有重要意义。

一、我国古代的调解制度

我国古代没有专门的法院,只有具有社会治理综合职能的"衙门",州县长官是兼职的法官。"衙门"运用调解解决民事纠纷,发展至明清时期,调解已经成为解决纠纷的基本手段。调解产生于古代无讼的法律文化之中,寄托着古代统治者对建立和谐社会的美好理想。调解制度适用于古代中国小农经济下的宗法家族社会,同时,又是封建社会统治者实践其"德主刑辅"政治主张的重要方式。我国古代时期,将调解称为"调处"。尽管两者只有一字之差,但含义却各不相同。古代的"调处",不是基于当事人的自愿,而是带有强制成分;[②]而现代意义上的调解,要求必须尊重当事人的意愿,以当事人的自愿为前提条件,这是两者之间的主要区别。为保持概念的统一性,本书对两者不作区别,统一称为"调解"。

古代调解的方式亦多种多样,依主持者身份的不同,大体可以分为民间调解、官批调解和官府调解。民间调解属于诉讼外调解,明清时称为"私休",包括乡里调解、宗族调解、邻里亲友调解等。乡里调解,是指乡老、里正对其一乡、一里所发生的民事纠纷或轻微刑事案件进行的调解。宗族调解,是指宗族成员间发生纠纷时,族长依照家法、族规进行的调解。官批调解,是指官府在审理案件时,如认为情节轻微,不值得传讯,或认为事关亲族关系,不便公开传

---

① http://www.singaporelaw.sg/content/LegalSystChi1.html♯section9.

② 郑秦:《清代司法审判制度研究》,湖南教育出版社 1988 年版,第 218 页。

讯,即可批令亲族人加以调处,并将调解结果报告官府的一种调解形式。官府调解,又称司法调解或诉讼内调解,是指行政长官对民事纠纷和一些轻微的刑事案件,以调处的方式加以处理的形式。①

我国古代调解的历史源远流长,早在西周的铜器铭文中,就已经有调解的记载。秦汉以来,司法官多奉行调处息诉的原则。至两宋时期,随着民事纠纷的不断增多,调处呈现制度化的趋势。明清时期,调处已臻于完善阶段。②

在周代的官制中,就设有"调人之职",即专门负责调解事务的官员,在诉讼中,司法官首先告知被告所要承担的法律责任,并进行调解,调解不成时作出判决。在调解过程中,有过错的一方需要向对方承认错误,提出赔偿方案,如果能为对方所接受,案件即可终结;如果方案不能为对方所接受,则由司法官判决。③

在我国宋代,用调解的方式解决纠纷亦称为"和对",这种解决纠纷的方式在当时很受重视。主要是基于两个方面的原因:一是出于儒家的"无讼"思想,"听讼,吾犹人也,必也使无讼乎";二是"和对"可以避免当事人因诉讼而支付额外的费用和延误农业生产。④ 基于"无讼"理念的追求,认为词讼之兴有损封建道德,因此,地方官在解决民事纠纷时,把"息诉"作为主要目标,力劝当事人调解结案。

元朝由于田宅典当盛行,出现大量的财产转移现象,从而导致民间土地争讼大量增加。为了减少地方司法机关案件积压的压力,化解争讼,增强亲朋邻里间的和睦,稳定社会和国家统治,官府倡导用调解解决纠纷。据史料记载,司法机关的调解,多由司法官当堂进行。调解息讼被看成为官的一种政绩,因此,司法官员在审判实践中,十分重视和推行调解。⑤

明清时期,调解已经成为解决纠纷常用的基本手段。在我国明代,调解是民事诉讼程序的必经阶段,民事纠纷一般要先经过调解,调解不成的,才能由官府审理,即调解是民事诉讼的前置程序。当时,在乡里设有"申明亭",宣教礼仪道德,并由里长、里正调处有关民间诉讼。⑥ 调解达成的协议对双方当事

---

① 刘艳芳:《我国古代调解制度解析》,载《安徽大学学报》2006 年第 2 期。
② 张晋藩主编:《中国民事诉讼制度史》,巴蜀书社 1999 年版,第 15 页。
③ 张晋藩主编:《中国民事诉讼制度史》,巴蜀书社 1999 年版,第 16 页。
④ 《论语·颜渊》,转引自杨荣馨主编:《民事诉讼原理》,法律出版社 2003 年版,第 497 页。
⑤ 张晋藩主编:《中国民事诉讼制度史》,巴蜀书社 1999 年版,第 124 页。
⑥ 张晋藩主编:《中国民事诉讼制度史》,巴蜀书社 1999 年版,第 157 页。

人具有法律上的约束力,当事人不得以相同的事实和理由重新提起诉讼。此外,明代还有一个重要的民间调解组织即乡约,它是乡村百姓成立的一种民间组织。每约设有约正和约副二人,负责维持本约内成员间的权利义务关系和本约的共同利益,及时调解纠纷。案件经过乡里、约里调解后仍不能解决的,才交给官府处理。官府受理后,仍然要进行调解。

清代的调解,分为州县调解与民间调解。州县调解是州县地方官在诉讼中主持和参与的调解。根据《大清律例》的规定,乡村里老有权调停有关家庭关系和不动产纠纷,地方里老解决不了的其他纠纷都要提交给州县长官,他们既是整个辖区的主审法官,也是当地的行政首长。在某些情况下,即使当事人所争事体微小,也可以将其直接呈交官府,而不需先经过地方上调解。尽管清代的法律没有规定调解是民事诉讼的必经程序,但在实践中,"纠纷的解决还是通常由社区中有影响的人物、诉讼当事人的邻居或官府成员主持的调解来加以裁决,甚至在纠纷已呈官府衙门后也是如此"。[1]

从调解制度的发展和演变过程可以看出,上述各种形式的调解,尽管在主持人员和效力上存在差异,但是有一点是相通的,即纠纷的着眼点并不是确定或维护什么人的权利,而是要明辨善恶,平息纷争,重新恢复理想的和谐。儒家的"无讼"思想虽可作为理想去追求,但没有纠纷的社会是不存在的。由于社会存在会产生社会矛盾,社会要稳定,纠纷就务必被及时解决,而现实社会中并没有一种界定主体权利、义务的实体法规范和一套适用法律、定分止争的程序,这时,调解就成了别无选择的选择。在调解过程中,主持人利用自身的权力,依据以"礼"为核心的道德标准,对纠纷的是非曲直作出判断,对当事人进行教化,某些时候还可以对"理亏"者施以刑罚。其目的当然不是保护某个人的某项权利,而是维护、恢复遭到破坏的道德—法律程序,因为法律的作用不是为人们满足私利提供合法的渠道,恰恰相反,它要尽其所能抑制人们的私欲,最终达到使民不争的目的。[2] 由此可见,古人可以没有类似西方的审判制度,却不能设想没有任何解决纠纷的正式或非正式的机制和措施。

■ 二、我国边区根据地的调解制度

我国边区根据地的调解制度,渊源于抗日战争时期的陕甘宁边区和各个

---

① 强世功编:《调解、法制与现代性:中国调解制度研究》,中国法制出版社 2001 年版,第 97 页。

② 梁治平:《寻求自然秩序的和谐》,中国政法大学出版社 1997 年版,第 203 页。

解放区人民政权的司法制度。20 世纪 30 年代末,由于日本帝国主义的入侵导致国际矛盾尖锐,而人民内部的矛盾相对缓和,党的政策已由"消灭"地主阶级转向相对缓和的减租减息政策。为了加强团结,调解开始在解决民事纠纷中具有重要意义。当时,社会矛盾分为人民内部矛盾和敌我矛盾。由于人民内部矛盾具有非敌对性,不适宜通过强制性手段解决,而比较适合运用说服、教育的方式,化解矛盾,解决纠纷,以促进社会团结和政治稳定。

为了适应这一需要,各边区政府大力提倡和积极推进解决民事纠纷的调解制度,颁布并实施了大量的调解法规。例如,1942 年晋西北行政公署发布的《晋西北村调解暂行办法》、陕甘宁边区人民政府发布的《陕甘宁边区民刑事案件调解条例》、1945 年山东省人民政府发布的《民事案件厉行调解的通令》,以及 1946 年冀南行署发布的《冀南区民刑事调解条例》等。这些法规不仅明确规定民事纠纷应当尽量采用调解的方式解决,而且规定了调解的原则、方式以及调解的效力等内容,使调解向制度化和法律化发展。

这一时期的调解制度在形式上,主要包括民间自行调解、群众团体调解、政府调解和司法调解四类。其中前三类属于诉讼外调解的范畴,而第四类则属于诉讼中的调解,并发展为著名的"马锡五审判方式"。

民间自行调解,是指由双方当事人出面,或当事人的亲属出面,邀请邻居、亲友或群众团体,根据具体情况,提出调解方案,劝导双方平息纠纷。

群众团体调解,是指依靠群众团体解决纠纷。基本形式又分为两种类型:一种类型是设立专门的调解组织,如在村里或商会内设立调解委员会或调解小组,由政府代表、组织负责人和地方公正人士组成。这种专门组织可以说是以后调解委员会的前身。另一种类型是由各种群众团体直接进行调解,通常是由群众团体的负责人出面,对民事纠纷进行调解。

政府调解,是指由基层人民政府主持的调解。基层人民政府进行调解时,或由区长、乡长等直接出面;或邀请劳动英雄、公正人士等参加;或在政府领导下,成立专门的调解机构。政府调解虽然在性质上具有行政调解的特征,但实际上与群众团体组成的专门性的调解组织并无明显的不同,因此仍属于人民调解的性质。政府组织的专门性调解机构同群众团体所设的专门调解组织一样,是以后建立的人民调解委员会的前身。

司法调解,是指由各级司法机关所进行的调解,即法院调解。抗战时期,根据新的司法政策,陕甘宁边区高等法院、各分庭、县司法处都被赋予调解民间纠纷的职能。《陕甘宁边区民刑事案件调解条例》第 11 条规定:"系属法庭之案,得由法庭以职权依据本条例之规定进行调解,或指定双方当事人之邻居、亲友或民众团体在外从事调解。"以上法律规定,实际上规定了两种不同的通过调解解决纠纷的方式,即法庭直接调解和法庭指定调解。法庭直接调解也称庭内调解,是指法庭依职权进行的调解,于调解成立后,制作调解笔录,送达双方当事人结案。法庭指定调解也称庭外调解,主要是指审判人员在法庭外会同当事人的邻居、亲友等参加的调解,是当时司法调解的主要形式,也是马锡五审判方式的重要内容之一。主要是司法干部走出法庭,深入农村,调查研究,为群众解决纠纷。形式上包括法庭指定双方当事人的邻居、亲友,当地公正士绅、长者、劳动英雄和群众团体等进行调解;指定区、乡政府调解;审判人员会同当地干部、群众代表及双方亲友邻居共同进行调解。

此外,陕甘宁边区还定期派出推事,协同县司法处裁判员一起到农村纠纷多发地区,集中办案。在这一过程中,调查和立案,法官断案和群众参与,审判、调解和判决实际上是融为一体的。有学者认为:"法庭指定调解的形式与日本、我国台湾地区的法院附设民事调解制度,以及美国法院附设 ADR 中的调解在运作方式和功能上非常相似,虽然与审判程序相互衔接,但由不同的主体主持。然而,以后这种形式并未发展为独立的法院附设调解,而是直接与庭内调解合二为一,这或许是造成今天我国调解机制中缺少法院附设调解的原因所在。"①

三、新中国的调解制度

新中国成立后,为了巩固新建立的政权,我党设定了经济重建和全面社会变革的宏大规划,调解继续受到党和人民政府的重视。这一时期,虽然各种形式的调解方式并存,但是,人民调解委员会的调解和人民法院的诉讼调解占主要地位。

(一)人民调解委员会的调解

人民调解是一项具有中国特色的法律制度,它源远流长,久盛不衰,具有深厚的历史渊源。人民调解属于民间调解的范畴,产生于我国原始社会。当时,对于人们相互之间,各氏族、部落之间发生的纠纷,通常由当事者所在氏族或部落的首领主持下进行协商加以解决。当时的调解制度是一项社会制度,解决纠纷的依据,一般是按社会长期形成的习惯、舆论和原始的道德规范,解

---

① 强世功编:《调解、法制与现代性:中国调解制度研究》,中国法制出版社 2001 年版,第 120 页。

决纠纷的方法主要是调停、劝导。这就是最古老的调解制度的表现形式。^①虽然民间调解是人民调解的渊源,但是后者并非前者的重复,而是经过了对其去粗取精,弃旧和改造的过程,创造性地发展了历史上的民间调解,经过多年的实践,最终形成了崭新的人民调解制度。

我国人民调解制度萌芽于第一次国内革命战争时期。当时,共产党领导下的反对封建的农民组织和一些地区建立的局部政权组织中设立了调解组织,调解农民之间的纠纷。例如,1922 年澎湃同志领导广东海丰农民成立了"赤山约农会",农会下设"仲裁部",就地调解处理婚姻、钱债、业佃直至产业争夺。1926 年 10 月,中国共产党湖南区第六次代表大会通过的《农民政纲》第 7 项规定:由乡民大会选举人员组织乡村公断处,评判乡村中之争执。

第二次国内革命战争时期,1931 年 11 月,中华苏维埃共和国中央执行委员会第一次全体会议通过的《苏维埃地方政府暂行组织条例》第 17 条规定:乡苏维埃有权解决未涉犯罪行为的各种争议问题。当时的调解制度具有以下两个特点:一是调解的内容以不涉及犯罪的民间纠纷为限,二是具有广泛的群众性。

从抗日战争、解放战争时期,直至新中国成立之前的这一阶段,是具有中国特色的人民调解制度的形成阶段。从 1937 年至 1940 年间,由于各抗日根据地民主政府广泛推行调解工作,积累了丰富的经验,为调解的制度化和法律化创造了条件。从 1941 年开始,各抗日根据地和解放区人民政府,相继颁布了适应本地区有关调解工作的条例、指示、决定、办法等。例如,1941 年 4 月 18 日山东抗日民主政府发布的《调解委员会暂行组织条例》、1942 年 3 月 1 日晋西北行政公署发布的《晋西北村调解暂行办法》、1943 年陕甘宁边区人民政府发布的《陕甘宁边区民刑事案件调解条例》,以及 1944 年晋察冀边区行政委员会颁布的《关于加强调解工作与建立区调处工作的指示》等。这些条例、指示、决定、办法等的颁布和施行,加强了人民调解工作在社会生活中的地位,使调解工作有了遵循的依据,进一步促进了调解工作的发展。^②

新中国人民调解制度的发展过程,大体上经过了确立和发展完善两个阶段。

1.确立阶段

新中国成立后,人民调解工作继承和发扬了老解放区调解工作的优良传

---

① 江伟、杨荣新主编:《人民调解学概论》,法律出版社 1990 年版,第 22 页。

② 江伟、杨荣新主编:《人民调解学概论》,法律出版社 1990 年版,第 27～28 页。

统,并使人民调解制度最终得到确立。据不完全统计,从中华人民共和国成立到 1954 年,先后发布过人民调解条例、指示、决定、办法的有苏北、平原、松江、河北、甘肃、山东、云南、江西、新疆、内蒙古、武汉、天津等。1953 年,第二次司法工作会议通过决议,决定在全国范围内有领导、有计划地建立和健全基层群众性调解组织。截至 1953 年,华东区已有调解委员会约 46000 个,占全部乡数的 80%;华北区的山西和河北,约有三分之一至二分之一的县建立了区村调解委员会或联村调解站;中南、西南的绝大部分地区处于典型试验阶段。[①]1954 年 2 月 25 日,政务院颁布了《人民调解委员会暂行组织通则》,全面系统地规定了人民调解委员会的性质、任务、组织领导、职权范围、工作原则、工作方法和纪律等,标志着我国人民调解制度作为一项法律制度在我国正式确立,成为全国各地开展人民调解工作的法律依据。

2.发展完善阶段

1957 年以后,阶级斗争扩大化,调解组织和调解工作逐渐为调处组织和调处工作所代替,使之成为专政的机构和措施。1966 年"文化大革命",人民调解制度被当作"阶级调和"的"修正主义"货色被取消。

党的十一届三中全会以后,人民调解制度进入了一个新的发展阶段。1980 年 1 月,全国人民代表大会常务委员会公布了《人民调解委员会暂行组织通则》。1981 年,司法部召开了第一次全国人民调解工作会议。1982 年 3 月,《中华人民共和国民事诉讼法(试行)》颁布,明确地规定了人民调解制度。同年颁布的《中华人民共和国宪法》(以下称《宪法》)也对人民调解制度作出了规定。《宪法》第 111 条规定:居民委员会、村民委员会设人民调解、治安保卫、公共卫生等委员会,办理本居住地区的公共事务和公益事业,调解民间纠纷,协助维护社会治安,并且向人民政府反映群众意见、要求和提出建议。以上法律规定,重新确定了人民调解制度的地位。

1989 年国务院颁布的《人民调解委员会组织条例》指出,人民调解是依靠人民群众的力量实行自我教育、自我管理、自我服务,解决民间纠纷的一种自治活动,是一项具有中国特色的法律制度。该条例对人民调解委员会的设置、任务作出了符合我国实际的、科学的规定,加强了人民调解委员会的组织建设和业务建设,把我国的人民调解工作推进到新的历史发展阶段。

2002 年 9 月 24 日,中共中央办公厅、国务院办公厅转发了《最高人民法

[①]　韩延龙:《我国人民调解工作的三十年》,载《人民调解在中国》,华中师范大学出版社 1986 年版,第 71 页。

院、司法部关于进一步加强新时期人民调解工作的意见》,要求各级党委、政府切实加强对人民调解工作的领导和指导,促进人民调解工作的改革和发展。2002 年 11 月 1 日,《最高人民法院关于审理涉及人民调解协议的民事案件的若干规定》和司法部《人民调解工作若干规定》同时公布施行。最高人民法院的司法解释明确了人民调解协议具有的法律约束力,把人民调解协议认定为"具有民间合同性质"。司法部的规定则进一步明确了人民调解委员会的设置、组成和运行机制,调解民间纠纷的范围、方式和分工,调解民间纠纷的程序和要求,人民调解协议的订立和履行。同时要求乡镇、街道司法所以及司法助理员应当加强对人民调解工作的指导和监督。最高人民法院和司法部的这一举措,实现了人民调解制度和诉讼制度的对接。

2004 年 2 月 13 日,最高人民法院、司法部下发了《关于进一步加强人民调解工作切实维护社会稳定的意见》,要求各级人民法院、司法行政机关以"三个代表"重要思想为指导,坚持立党为公,执政为民,进一步加强新时期人民调解工作,切实维护社会稳定。

(二)法院的诉讼调解

新中国成立以后相当长的时间里,由于种种原因,我国没有民事诉讼法典,调解制度继续受到重视。研究我国法院诉讼调解的历史,通常认为,我国法院调解制度自新中国成立至今大致经历了以下三个阶段:

1."调解为主"阶段

这一阶段主要指,新中国成立后至 1982 年《中华人民共和国民事诉讼法(试行)》颁布施行时期。1963 年,最高人民法院召开了第一次全国民事审判工作会议,在会议上,总结了新民主主义革命时期的司法实践和新中国成立以来的审判工作经验,制定了《关于民事审判工作若干问题的意见》,提出了"调查研究,就地解决,调解为主"的民事审判工作十二字方针。1964 年又将该方针发展为"依靠群众,调查研究,调解为主,就地解决"的十六字方针。所谓"调解为主",是指法院审理民事案件应当尽量采用调解方式,以调解结案。这一审判工作方针,对我国民事审判活动产生了重大的影响。在以后的几十年里,民事审判工作的开展均依此方针,此方针对以后的民事诉讼立法也产生了深远的影响。"文化大革命"期间,我国民事诉讼立法基本处于停滞状态,直至1978 年,民事诉讼立法活动才进入了全面恢复和发展阶段。在此期间,1979年 2 月最高人民法院发布的《人民法院审判民事案件程序制度的规定(试行)》中再一次明确规定:处理民事案件应坚持调解为主,凡是可以调解的,就不用判决,需要判决的,一般也要先进行调解。处理离婚案件,必须经过调解。调解要尽量就地进行。在当时社会生活高度政治化、法律控制手段极为薄弱的历史背景下,强调调解的做法适应了形势的需要,取得了很好的社会效果。

2."着重调解"阶段

这一阶段主要指,1982年《中华人民共和国民事诉讼法(试行)》颁布施行至1991年《中华人民共和国民事诉讼法》颁布实施时期。20世纪80年代初期,当国家从"文化大革命"的浩劫中逐渐苏醒,并意识到只有建立完善的社会主义民主和法制,国家才能长治久安时,一味强调调解的思路就显得不合时宜了。为了提高民事诉讼中审判的地位,避免造成审判与调解的对立,1982年《中华人民共和国民事诉讼法(试行)》将"调解为主"的提法改为"着重调解",并作为民事诉讼的一项基本原则加以规定。《中华人民共和国民事诉讼法(试行)》第6条规定:"人民法院审理民事案件,应当着重调解;调解无效的,应当及时判决。"法律这样规定,具有两方面的益处,一方面可以避免调解和判决的对立,另一方面可以突出法院审判机关的性质。因为"调解为主"的提法在司法实践中容易使人在理解上产生片面性,即一般认为,"为主"是相对于"为辅"而言,既然强调"调解为主",那么,是否意味着法院审判"为辅"?然而,从人民法院是审判机关的性质看,人民法院的审判不可能"为辅",因此,"调解为主"的提法缺乏相对性,需要改变。从我国调解制度的历史发展来看,调解不仅是中华民族的优良传统,也是解决纠纷的一种行之有效的方式,如果案件能够调解而当事人也愿意调解的,人民法院应当尽量用调解方式结案。因此,立法规定应当"着重调解"。但是,应当看到,在《中华人民共和国民事诉讼法(试行)》施行的过程中,虽然"着重调解"的法律规定在用语上避免了调解与判决的对立,但实质上仍然保持着调解优先的倾向性。虽然对司法实践中的强制调解、变相调解以及强制达成调解协议的情况有所改变,但是,并没有从根本上解决问题,强制调解、变相调解等问题依然存在,需要法律纠正与调整。

3."自愿合法调解"阶段

这一阶段主要指,1991年《中华人民共和国民事诉讼法》颁布施行至今。为了适应我国社会政治、经济、文化的发展,为了提高民事诉讼中人民法院审判地位,纠正强制调解的弊病,1991年《中华人民共和国民事诉讼法》又将"着重调解"改为"根据自愿和合法的原则进行调解"。《中华人民共和国民事诉讼法》第9条规定:"人民法院审理民事案件,应当根据自愿和合法的原则进行调解;调解不成的,应当及时判决。"法律修改的原因主要是,为了纠正个别人认为"着重调解"就是"着轻判决"的思想意识,也是为了解决法院在调解过程中存在的强迫调解、违法调解、片面追求调解率以及久调不决等问题。上述问题

的产生,从根本上说,都是由于违反自愿和合法原则造成的。因此,立法者意识到,调解的关键不是能不能够调解的问题,而是愿不愿意调解的问题。所以,修改后的《中华人民共和国民事诉讼法》把当事人自愿调解作为首要原则确定下来。根据此项原则,即使是能够调解结案的案件,如果当事人不愿意通过调解的方式结案,法院就不能强行调解。立法修改的目的,不是否认法院调解,而是为了把法院调解纳入法制的轨道,使其能够健康地发展。①

为了完善调解制度,使调解制度在司法实践中切实得到贯彻施行,发挥其应有的作用,2002 年以后,一些司法政策性的规定相继出台。2003 年最高人民法院通过的《关于适用简易程序审理民事案件的若干规定》(该司法解释已经于 2020 年修订)中,对应当先行调解的案件作出了明确的规定。2004 年最高人民法院通过的《关于人民法院民事调解工作若干问题的规定》(该司法解释已经于 2020 年修订),对法院调解制度的地位、价值,以及有关具体制度作出了明确的规定,使我国法院调解制度日臻完善。

---

① 杨荣馨主编:《民事诉讼原理》,法律出版社 2003 年版,第 501～502 页。

第 五 章　调解的基本原则

调解作为民事纠纷解决机制广泛地存在于社会生活的各个领域,适用于诉讼程序中、仲裁程序中,适用于诉讼程序与仲裁程序之外。调解虽然适用领域不同,但是作为一种独立的争议解决方式或机制,必须遵循以下几项基本原则,这是调解这种纠纷解决机制本身所要求的。

第一节　自愿原则

自愿原则是调解应当遵循的首要原则和基本原则,无论是哪种类型的调解都必须遵循,这是由调解的性质所决定的。

一、自愿原则

自愿原则,是指在解决纠纷时,调解人或调解机构的介入必须经过纠纷当事人双方同意,或者法院、仲裁机构对案件采取调解方式进行时必须经过双方当事人同意,不得违背任何一方当事人的意愿,以及调解协议的达成必须是双方当事人协商同意的结果,不得有任何强迫的原则。自愿原则通常包括程序意义上的自愿和结果意义上的自愿,结果意义上的自愿在我国民事诉讼法学上被称为实体自愿。

(一)程序意义上的自愿

程序意义上的自愿,是指采取调解的方式解决纠纷,即调解程序的启动应当决定于双方当事人共同的意愿,任何一方不得受强迫而进入调解程序。

《人民调解法》第 3 条规定,人民调解委员会调解民间纠纷,应当遵循下列原则:(一)在当事人自愿、平等的基础上进行调解;(二)不违背法律、法规和国家政策;(三)尊重当事人的权利,不得因调解而阻止当事人依法通过仲裁、行政、司法等途径维护自己的权利。此条规定中的"在双方当事人自愿平等的基础上进行调解","尊重当事人的诉讼权利,不得因未经调解或者调解不成而阻

止当事人向人民法院起诉"就是程序自愿的要求,"在双方当事人自愿平等的基础上进行调解"的规定同时也包含了实体上的自愿。

我国司法部制定的《人民调解工作若干规定》第 4 条规定中要求,调解应当在当事人双方自愿平等的基础上进行,不得因纠纷未经调解或者调解不成而阻止当事人向人民法院起诉。该《规定》第 6 条规定当事人有权自主决定接受、不接受或者终止调解,第 23 条规定"人民调解委员会根据纠纷当事人的申请,受理调解纠纷。当事人没有申请的,也可以主动调解,但当事人表示异议的除外"。

我国《仲裁法》第 51 条规定:当事人自愿调解的,仲裁庭应当调解。调解不成的,应当及时作出裁决。这条规定就是立法者对调解程序自愿的要求。《中国国际贸易促进委员会/中国国际商会仲裁规则》第 47 条规定:"在仲裁过程中,双方当事人有调解愿望,或一方当事人有调解愿望并经仲裁庭征得另一方当事人同意的,仲裁庭可以在仲裁程序进行过程中对其审理的案件进行调解。""仲裁庭在进行调解的过程中,任何一方当事人提出终止调解或仲裁庭认为已无调解成功的可能时,应停止调解。""如果调解不成功,仲裁庭应当继续进行仲裁程序,并作出裁决。"这条规定体现了调解程序自愿的要求。

我国《民事诉讼法》第 96 条规定:"人民法院审理民事案件,根据当事人自愿的原则,在事实清楚的基础上,分清是非,进行调解。"这是立法者对诉讼调解程序自愿的要求。

(二)协议结果的自愿

协议结果的自愿在诉讼法学上通常称为实体自愿,是指纠纷双方当事人经调解达成解决争议的协议必须是他们真实的意思表示,不得是任何他人或组织、机构的强制的意思表示。虽然,调解人或者调解组织或机构,在调解的过程中,可以提出纠纷如何解决的建议供纠纷双方当事人参考,但仅仅是供当事人参考而已,不得强加于当事人。

对此,我国《人民调解法》第 3 条作出了规定,如前所述。《人民调解法》第 22 条规定,"人民调解员根据纠纷的不同情况,可以采取多种方式调解民间纠纷,充分听取当事人的陈述,讲解有关法律、法规和国家政策,耐心疏导,在当事人平等协商、互谅互让的基础上提出纠纷解决方案,帮助当事人自愿达成调解协议。"这条规定要求调解协议的达成应当尊重当事人的意愿,调解员的职责仅限于"帮助当事人达成协议",不得有所僭越。我国《仲裁法》第 51 条规定,《中国国际贸易促进委员会/中国国际商会仲裁规则》第 47 条规定中包括了协议结果自愿的内容。我国《民事诉讼法》第 96 条明确规定:调解达成协议，必须双方自愿，不得强迫。

二、自愿原则的理论根据

自愿原则，是由当事人协商解决争议的方式的性质所决定的，是由民事权利的性质所决定的，是当事人根据处分原则对其民事权益行使处分权的特征所决定的。因为调解这种纠纷解决方式不同于诉讼，不具有强制性，调解人或调解组织的职责仅限于接受纠纷双方的委托，对他们之间的争议给予调停、斡旋，通过劝导、说服等方法，无任何权利给予任何强制性的裁决。调解这种纠纷解决方式也不同于仲裁，仲裁是纠纷双方根据约定，授权仲裁机构，对他们之间的争议作出权威性的判断，并受仲裁裁决约束。所以自愿原则是调解的首要原则。因此，发生纠纷的民事主体的民事权利的行使、处分应当由他们决定，根据自己的意愿处分，他人无权干预。纠纷在实体上如何解决应当由权利人自主决定，他人无权决定、无权干预。

另外，因民事纠纷是民事权利义务关系在当事人之间发生争议而产生的，民事权利属私权性质，又根据私权自治的原则，决定了这种纠纷可以采取调解的方式解决。

三、对自愿原则的理解

调解应当自愿是一条根本性的原则，本无可非议，但是，针对某些类型的案件应当先行调解的规定，有些学者提出自愿原则是否仍然为调解的基本原则的疑问。《民事诉讼法》第9条规定："人民法院审理民事案件，应当根据自愿和合法的原则进行调解；调解不成的，应当及时判决。"法院在审理民事案件的程序中，一方面当事人有权请求调解，另一方面法院也可以主动征询当事人的意见，问他们是否愿意调解，若当事人拒绝调解，法院不得违背当事人的意志强行调解。2020年最高人民法院的司法解释——《关于适用简易程序审理民事案件的规定》第14条规定："下列民事案件，人民法院在开庭审理时应当先行调解：（一）婚姻家庭案件；（二）劳务合同纠纷案件；（三）交通事故和工伤事故引起的权利义务关系较为明确的损害赔偿纠纷；（四）宅基地和相邻关系纠纷；（五）合伙协议纠纷；（六）诉讼标的额较小的纠纷。""但是根据案件的性质和当事人的实际情况不能调解或者显然没有调解必要的除外。"就这条规定，有学者认为调解的自愿原则发生了本质的变化，提出该规定与调解自愿的原则相悖，与调解合意解决纠纷的属性相悖，主张调解自愿原则应当取消。我们认为此观点虽然有一定道理，但因此主张取消调解自愿原则的主张不够妥

当。我们认为调解的自愿原则不可取消,首先,因为这是由调解解决纠纷的本质属性决定的,如前所述,调解不同于诉讼、不同于仲裁。其次,虽然最高人民法院关于诉讼调解的司法解释规定,对适用简易程序的六种案件法官可以先行调解,但是,这种先行调解的规定,仅仅在程序启动上而言,在实体上它并不改变当事人自愿的原则,如果当事人拒绝调解的,法院也不得坚持调解拒绝作出判决,上述规定中"根据案件的性质和当事人的实际情况不能调解或者显然没有调解必要的除外"就包括了这种含义;如果当事人无法达成调解协议的,法院也不得强迫。另外,对仲裁调解和非诉讼调解而言,通常并没有强制调解的规定,先行调解的规定仅适用于诉讼调解。

第二节　合法合理原则

对诉讼案件而言,法院作出的判决必须合法,非诉讼调解协议、诉讼调解协议是否也必须合法呢? 两者合法的含义是否一致呢? 调解的性质与法院判决的性质不同,他们解决纠纷的依据是否必须相同呢? 我们认为可以有所不同,因为解决纠纷方式的性质不同。

一、诉讼调解的合法原则

对法院判决而言,合法是必然的要求,法律规范是法院作出判决的准则、依据,只有在法律规范缺失的情况下,法院才可能依据法律原则、法理、惯例等作出判决。诉讼调解是否也应当如此呢? 当事人在诉讼程序中达成的调解协议是否也应当向法院作出的判决那样以法律规范为准则呢? 我们认为不然。

对诉讼调解,我国《民事诉讼法》第9条规定了合法原则。诉讼调解的合法原则包括两方面的含义,一是程序合法,二是实体合法。程序合法是指法院在调解的过程中应当遵守民事诉讼法的规定,不得因案件采取调解方式解决纠纷而不遵守民事诉讼法的程序规定,例如审判法官若有回避情形的仍然应当依法回避。实体合法是指当事人之间达成的调解协议应当符合法律规定。

但是,如何理解诉讼调解合法原则中的"合法",特别是实体合法,理论上可采用不同的标准。一种是指严格的合法性,即当事人的诉讼行为、调解协议的内容符合法律的具体规定,如同适用法律裁判的结果。例如:对违反合同约定的违约行为,违约方应当依法承担违约责任,对因侵权行为给权利人造成损失的,侵权方应当停止侵害、赔偿损失,无论是判决还是调解,其结果相同。另一种是指宽泛的合法性，即当事人的行为、调解协议的内容以不违反法律的禁止性规定为合法。例如：对违反合同约定的违约行为，违约方应当依法承担违约责任，对因侵权行为给权利人造成损失的，侵权方应当停止侵害、赔偿损失，但调解达成协议的结果可以与判决不相同，作为权利人可以通过让步放弃自己的部分权利，对违约方可以要求其承担部分违约责任，对侵权方可以要求其停止侵权、赔偿部分损失。

虽然当事人之间的争议根据其自愿调解解决，调解协议根据当事人的意愿达成，调解的过程与当事人达成调解协议并非不受任何约束，但是，这种约束在程序上是严格意义上的合法，而在实体上却可以是宽泛意义上的合法。即合法原则包括程序合法和实体合法两方面的内容，从严格意义上而言程序合法性与实体合法性应当采用不同标准，程序合法应当是严格的合法性，实体合法应当是宽泛的合法性。程序上严格的合法性，例如：当审判法官有应当回避的情形时，无论是判决还是调解，都应当依法回避，不得因调解而例外。

■ 二、非诉讼调解的合法原则

合法原则是民事诉讼法对诉讼调解的要求，在程序意义上是指严格的合法，在实体意义上是指宽泛的合法，而非严格的合法。对非诉讼调解是否也应当如此，我们认为可以有所不同。

《仲裁法》、仲裁机构的仲裁规则和其他法律、法规、部门规章并未作出规定强调合法原则。仲裁调解、其他类型的调解则要求不同，调解人或者调解机构，在这些非诉讼调解进行时，应当依据法律、法规、规章等法律规范，还可以参照道德规范、习俗、行业惯例等帮助第三人解决争议；对当事人而言，达成调解协议应当符合法律、法规等法律规范，也可参照道德规定、习俗、行业惯例等，但是不得违反法律禁止性规定，不得违反社会公共利益和善良风尚，不得损害国家、集体、其他公民的利益。《人民调解法》第21条第1款规定："人民调解员调解民间纠纷，应当坚持原则，明法析理，主持公道。"由此可见，非诉讼调解应当遵循合法合情合理原则，简称合法合理原则。

对仲裁调解而言，因有仲裁程序规范的约束，所以，其程序上应当是严格的合法，但在实体上应当是合法合理。对其他非诉讼调解而言，程序上与实体上都应当以合法合理为原则。

合法是各种类型调解的基础之一，调解人的调解工作离不开以法律规范为准则，促使当事人协商解决争议，必然要以法律规范为协商说理的前提，当事人之间在调解人的主持下相互谈判必然离不开法律规范，正如西方学者所

言"在法律的阴影下谈判"。但是,法律规范并不是调解的唯一依据,许多情况下,情理、习惯、道德规范往往都是调解人调解和当事人谈判的筹码。在社会生活中,我们常常会看到这种现象,对当事人之间发生的纠纷,如果我们以法律为尺度会作出一方有理的判断,但是,以情理、道德等为尺度则会作出另一方有理的判断。有些时候,在纠纷面前理与法不一致,得理者可能不合法,合法者可能不得理,其产生的原因是各式各样的,有善意的原因,也有非善意的原因。法院判决必须依法,为了实现整体的正义,可能无法实现个案的正义。而调解却可以避免这种法与理的矛盾,只要当事人达成的协议不违反法律的禁止性规定,不损害国家、集体或其他公民的利益即为合法。所以,在非诉讼调解中应当遵循合法合理的原则。

第三节 公平合理原则

公平合理原则,是对非诉讼调解所要求的基本原则之一。公平合理原则,是指在调解程序中,调解组织、调解人主持调解时应当公平对待纠纷双方,调解方案、调解协议应当公平合理。公平合理原则主要有以下几方面的含义:

一、当事人的民事权利平等

纠纷当事人民事权利平等,调解组织及调解员应当重视这一因素,民事调解程序中的公平原则是由民事权利平等的性质决定的,公民的民事权利平等是在罗马法时期就已经确定的一条基本原则,罗马法给予所有自由人以平等的法律人格,自由民权利能力平等,法律不承认对某个人或某个阶层的特殊权力。这项原则是自然法精神的体现,后来适用于所有民事主体,至资本主义社会,平等原则同契约自由等原则不仅被视为法律的基本原则,而且被规定在法典中被进一步具体化。平等原则要求每一个公民都应当具有独立的人格和平等的法律地位,都在法律上享有平等的权利,并且平等地受法律保护。民法上的平等原则自然地延伸到程序法上,每一个公民、每一个民事主体不仅在民事权利上平等,同样在民事程序法上也应当平等。

平等是我国《民事诉讼法》第 8 条规定的基本原则。通常,诉讼调解的基本原则是指调解的特有原则,如自愿原则、合法原则。调解的基本原则中通常不强调当事人平等,是因为当事人平等原则被视为法律的一般原则,即法律的共有原则,而非调解的特有原则。因此,我们认为诉讼调解的平等原则不言而喻,同样仲裁调解的平等原则不言而喻,对非诉讼调解而言,更应当强调平等原则,防止损害当事人利益现象的发生。《人民调解法》第 3 条规定,人民调解委员会调解民间纠纷,应当遵循下列原则:(一)在当事人自愿、平等的基础上进行调解;(二)不违背法律、法规和国家政策;(三)尊重当事人的权利,不得因调解而阻止当事人依法通过仲裁、行政、司法等途径维护自己的权利。《人民调解委员会组织条例》第 6 条也规定,人民调解委员会的调解工作应当遵守以下原则:(一)依据法律、法规、规章和政策进行调解,法律、法规、规章和政策没有明确规定的,依据社会公德进行调解;(二)在双方当事人自愿平等的基础上进行调解;(三)尊重当事人的诉讼权利,不得因未经调解或者调解不成而阻止当事人向人民法院起诉。《中华人民共和国海上交通事故调查处理条例》第 20 条规定:"对船舶、设施发生海上交通事故引起的民事侵权赔偿纠纷,当事人可以申请港务监督调解。""调解必须遵循自愿、平等的原则,不得强迫。"

二、公平地对待纠纷当事人双方

因当事人民事权利平等,调解组织和调解人应当公平地对待他们,不得对某一方有所歧视,不得损害某一方当事人的利益,不得在当事人之间有所偏袒,始终保持调解者中立的地位和态度。调解组织和调解人是应当事人的申请,帮助当事人协商解决争议的中间人,公平对待当事人是对他们的基本要求。

三、公平合理地协商

调解虽然是当事人双方互相让步协商解决争议,一般情况下让步应当是相互的,但是,即使通过让步达成协议也不是无限制地让步,让步应当在公平合理的范围内进行。调解组织与调解人应当遵循这项原则,调解过程中向当事人提出建议时,应当公平合理,可以综合考虑情、理、法诸方面因素,不应当单纯为了追求调解目的以致显失公平,或者出现严重不合理的情况。

公平合理原则为非诉讼调解普遍要求遵循的原则,《中国国际贸易促进委员会/中国国际商会调解规则》第 5 条规定:"调解应根据合同的规定,依照法律,参照国际惯例,根据客观、公正和公平合理的原则进行,以促进当事人互谅互让,达成和解。"2006 年发布实施的《军队文职人员人事争议调解办法》第 3 条规定:"调解应当遵循及时、公平、合理的原则,以国家、军队的有关规定和聘用合同为依据,查明事实,分清责任,说理疏导,解决纠纷。"

第四节 非公开原则

非公开原则,又称为保密原则、不公开原则,是指调解组织调解民事纠纷应当仅在当事人之间进行,通常与案件无关的其他公民不得旁听,新闻媒体不得采访、报道,当事人在调解过程中为达成调解协议或者和解而妥协所作的陈述、承认,不得在以后的诉讼程序中作为对其不利的证据披露、使用。

一、非公开原则的产生

过去,在我国法院民事诉讼调解程序法律规范中,本无非公开原则的规定。2004 年 9 月 14 日最高人民法院制定的《关于人民法院民事调解工作若干规定》第 7 条第 1 款的规定有了新发展,理论界因此有学者认为这是关于调解非公开原则的规定,并建议今后修改民事诉讼法时确立这项原则。《关于人民法院民事调解工作若干规定》第 7 条第 1 款规定:"当事人申请不公开进行调解的,人民法院应当准许。"我们认为不仅如此,其实在 2002 年最高人民法院制定的《关于民事诉讼证据的若干规定》中已经出现非公开原则的内容,《关于民事诉讼证据的若干规定》第 67 条规定:"在诉讼中,当事人为达成调解协议或者和解的目的作出妥协所涉及的对案件事实的认可,不得在其后的诉讼中作为对其不利的证据。"①

在非诉讼调解领域,非公开原则已经有规定,例如:1998 年我国交通部印发的《汽车维修质量纠纷调解办法》第 18 条第 2 款规定:"调解应以公开方式进行。"从外国和我国其他地区的调解规定来看,非公开原则为普遍实施的原则。例如我国台湾地区的"著作权争议调解办法""消费争议调解办法""性骚扰事件调解办法"等均规定调解程序"得不公开"即不公开,而且规定调解委员对调解事件应保守秘密。

我们认为非公开原则作为调解的一项基本原则具有其合理性,非公开原则应当作为调解的一项基本原则,主要理由如下:

第一,公开原则是对审判的要求,非对调解的要求。非公开是针对公开而

① 2002 年最高人民法院《关于民事诉讼证据的若干规定》已经修改,并于 2020 年 5 月 1 日开始实施。第 67 条规定因为在《最高人民法院关于适用民事诉讼法的解释》第 103 条规定,因此新《民事诉讼证据规定》取消该条规定。

言,公开又是针对审判而言。为了司法的民主与公正,为了使民众、社会参与司法、监督司法,在法制发展的进程中产生了公开审判的原则。公开审判是诉讼制度文明的要求和标志,是司法文明的标志。在西方中世纪,封建的教会审判和领主审判是不公开进行的,不仅不对民众和社会公开,甚至不对当事人公开。西方资产阶级革命时期,专制的秘密审判制度受到了激烈抨击,随着资产阶级革命的胜利,人权保障制度得以确定,公开审判制度获得确定。新中国的民事诉讼严格遵循公开审理原则。但是,调解与审判不同,特别是非诉讼调解与审判不同,没有公开接受民众监督和社会监督的必要。虽然长久以来,诉讼调解在我国是作为审判员行使审判权的方式,但是,现代诉讼理念认为,诉讼调解的最本质特征仍然是双方当事人合意解决纠纷,而非法官行使审判权的行为,因此,诉讼调解就没有必要强调公开进行。即使根据这样的观点——调解是当事人合意解决纠纷与法官行使审判权相结合的行为,法官行使审判权进行调解,其审判权也非完全意义上的审理裁判权。法官的审判权体现在程序上,更体现在对实体问题的裁判上,调解所体现的审判权应当是程序意义上的审判权,而非完整的实体意义上的审判权,因此,即使诉讼调解也不应当以公开为原则,非诉讼调解更是如此。

第二,调解的本质是在调解人的主持下,当事人之间协商解决纠纷的过程,当事人的商业信息或个人隐私需要保密。民商事案件多涉及商业秘密或商业信息、个人隐私,当事人之间发生的民商事权利义务争议,往往具有对外保密的需要,特别是他们之间相互让步协商的过程多具有对外保密的需要,通常不宜对民众公开、对社会公开。

第三,对调解、协商过程中的情况保密,有利于鼓励当事人协商解决争议。通过调解,尽量促使当事人以协商的方式达成协议解决纠纷,对当事人、对法院都是可以首先考虑的低成本的纠纷解决方式。无论是诉讼调解还是非诉讼调解,对调解采取保密原则,可以使当事人摆脱顾虑,相互积极协商以达成协议,消弭纷争。

二、非公开原则的内容

非公开原则应当包括两方面的内容:

第一,调解的过程不向公众和社会公开。案件调解进行时,仅允许当事人、当事人双方的代理人、证人、鉴定人、翻译等与案件有关、必须参加调解的参与人参加或出席,与案件无关的其他人不得参加、不得旁听,新闻媒体人员不得旁听、不得对外报道案件的进展情况。

第二,当事人在调解过程中为达成调解协议或者和解而妥协所作的陈述、承认,不得在以后的诉讼程序中作为对其不利的证据使用。调解组织与调解人有为当事人保密的义务,对当事人在调解过程中为达成调解协议或者和解而妥协所作的陈述、承认,对其不利者,调解组织或调解人不得在今后的诉讼中作为证人提供或者作为证据提供,对方当事人也不得向法院提供此证据,而且法院对当事人提供的这种证据应当不予采纳。

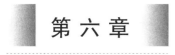
第六章　调解法律关系

第一节　调解法律关系概述

一、调解法律关系的概念

　　法律关系是法理学的一个基本范畴,"法律关系"这个概念问世以来,19世纪很长一段时期几乎是仅作为大陆法系民法学的一个概念存在。后来,西方法学家们将这个概念引入法理学,从此法律关系成为法学的一般概念。但是,在西方的法理学著作中,"法律关系"始终是作为"权利"和"义务"的下位概念,"十月革命"胜利后,苏联的法学家将法律关系作为"权利"和"义务"的上位概念,这种观点深深地影响了我国法学理论。[①] "法律关系是法律规范在指引人们的社会行为、调整社会关系的过程中所形成的人们之间的权利和义务关系。"[②]法律关系是社会关系之一种,根据列宁的学说,社会关系应当划分为"物质社会关系"和"思想社会关系"两种,法律关系归属于思想社会关系。但是,有学者认为法律关系属于哪种应当具体分析,法律关系应当既是物质关系,又是思想关系。[③] 调解是调解组织、调解人与纠纷当事人之间的社会活动和行为,诉讼调解、仲裁调解受诉讼法和仲裁法的规范,人民调解、行政调解受其部门规章的调整,调解法律关系是一种客观存在。我们认为,调解法律关系是调解法律规范在指引调解主体的调解行为,调整调解组织、调解人、纠纷当事人在调解纠纷的过程中,调解组织、调解员与纠纷当事人及其他参与人之间,以及纠纷当事人、其他参与人之间形成的权利义务关系。

　　① 　张文显著:《法哲学范畴研究》,中国政法大学出版社 2001 年版,第 94～95 页。
　　② 　张文显著:《法哲学范畴研究》,中国政法大学出版社 2001 年版,第 98 页。
　　③ 　张文显著:《法哲学范畴研究》,中国政法大学出版社 2001 年版,第 100 页。

二、调解法律关系之主体构造

调解法律关系主体的构造问题,是关于该法律关系是谁与谁之间的法律关系的问题。鉴于调解法律关系问题在理论上几乎处于空白状态,尚未引起学界的注意,因此没有不同学说出现,还未达到不同学说相互争论的程度。而在民事诉讼法学领域,关于民事诉讼法律关系的主体构造的理论研究比较发达,学说有多种,有"一面关系说"、"两面关系说"、"三面关系说"和"多面关系说"。一面关系说认为,民事诉讼法律关系是原告与被告之间的关系,法官只起仲裁的作用。两面关系说认为,民事诉讼法律关系是法院与原告和被告之间的关系,而原告与被告之间没有直接的诉讼法律关系存在。三面关系说认为,民事诉讼法律关系是法院与当事人之间,以及当事人彼此之间存在的法律关系。多面关系说认为,民事诉讼法律关系是指,以法院与当事人之间的法律关系为主导,人民法院、检察院、当事人诉讼代理人及其他诉讼参与人相互之间,以诉讼权利义务为内容,并受民事诉讼法律关系所调整的一种多面关系。借鉴民事诉讼法律关系说的理论,我们认为其多面关系说比较合理,因此,调解法律关系是指调解组织与当事人之间、与当事人的代理人及调解参与人之间以及他们相互之间在调解程序中形成的权利义务关系。

三、研究调解法律关系的意义

法律关系是法律上的权利义务关系,处于法律关系之中的主体之间通过行使各自的权利、履行各自的义务为法律行为。法律规范是静态的、抽象的,法律行为、法律事件是动态的、具体的。研究法律关系主要具有以下几方面的意义:

第一,理论研究方面的意义。法律关系是法学的一般概念,法律关系是各部门法学中的一个子项,是各部门法学中的一个组成部门,因此,在调解法学领域中也是一个不可缺少的内容。但是,在调解法学领域,对调解法律关系的研究一直不为人们重视,调解法律关系的研究比较薄弱,故需要充实这方面的理论研究,需要从理性的角度加强对调解学的研究,需要从理性的角度对调解这种社会活动、法律行为进行经验总结,进行得失分析,以求发展完善。

第二,发展和完善调解法律规范的意义。从立法角度观察,诉讼调解、仲裁调解、人民调解及某些行政调解有各自的调解程序性规定,但是,这项规定有其不足,为了鼓励、引导人们多采取调解的方式处理争议,这项调解程序规范还需要改进、完善。而研究调解法律关系,就是研究调解过程中的权利义务关系,这种研究对改善、发展调解法律规范很有价值。另外,还可以避免调解行为,特别是非诉讼调解行为的随意性、不规范性,以利于保护当事人的合法权益,发挥调解机制的积极作用。

第三,指引、规范调解行为方面的意义。调解法律关系是关于调解程序运行中的权利义务规范,调解组织、调解人、纠纷当事人应当遵循规定,按照规定行使权利,履行义务,以法律规定为准则决定自己的行为及其法律后果,以法律规定为准则判断自己的行为和他人的行为及其法律后果。

第二节　调解法律关系的主体

法律关系是由主体、客体和内容三要素构成的,法律关系是主体间的权利义务关系,由此可见,法律关系的主体是其中最重要的因素,如果没有主体,那么权利义务就无任何意义,犹如"皮之不存,毛将焉附?"调解法律关系也如此。

一、调解法律关系主体

调解法律关系的主体,是指由调解法律规范确定的,在调解解决纠纷的活动中,有资格为调解行为,依法享有权利并承担义务的组织、机构、个人、法人和非法人团体等。

调解法律关系主体具有多元化的特征,既包括调解者,又包括被调解者及其他参与人。在我国,调解者通常以组织的形式出现,例如法院、仲裁机构、行政机关、群众性组织、行业协会等。被调解者,可以是自然人、法人、非法人组织等。

法院。法院是国家设置的,代表国家行使司法裁判权的国家机关,依法审理民事、刑事、行政案件。根据我国《民事诉讼法》《刑事诉讼法》和最高人民法院《关于执行〈中华人民共和国刑事诉讼法〉若干问题的解释》的规定,法官可以对民商事案件进行调解,对刑事自诉案件进行调解。传统观念认为,调解在我国是法官行使审判权的一种方式。① 法官既是审判员又是调解人,当事人在法官的调解下,通过协商对争议达成协议的,由法院制作调解书结案,调

---

① 传统观点认为,调解是法院行使审判权的一种方式,时下的观点一认为,调解是法院行使审判权和当事人行使处分权结合的方式,时下的观点二认为,调解是当事人行使处分权合意解决纠纷的方式。多数学者持观点一。

解书与判决书有同等法律效力。因此,在我国,法院是调解法律关系的主体。

仲裁机构。仲裁机构,在我国被称为仲裁委员会或仲裁院,是根据当事人双方的授权,对当事人约定的争议事项审理并作出裁决的民间机构。根据我国《仲裁法》的规定,仲裁庭有权对当事人之间的争议进行调解,仲裁员既是仲裁员,又是调解员,经调解当事人之间达成协议解决争议的,可以根据当事人的请求制作裁决书,对非涉外仲裁当事人达成的调解协议,仲裁庭可以制作调解书。此外,在我国还有由劳动行政部门代表、同级工会代表、用人单位方面的代表组成的劳动争议仲裁委员会,审理劳动争议案件和人事争议案件,根据《劳动争议仲裁调解法》第42条规定,劳动争议仲裁庭在作出仲裁裁决前,应当先行调解。因此,在我国,仲裁庭是调解法律关系的主体。

行政机关。行政机关是国家设置的,行使国家行政职能、执行国家法律、组织和管理国家行政事务的国家机关,在我国,许多行政机关还有权对其行政管辖权范围内的民事主体的民事纠纷进行调解,这种调解称为行政调解。行政调解可定义为:行政机关或法律、法规授权的具有管理公共事务职能的组织,根据当事人的申请,对该行政机关管辖的行政事务范围内产生的民商事纠纷,居中协调,促进当事人友好协商、互谅互让、达成协议,解决争议的制度。例如:根据《道路交通安全法》第74条规定,对交通事故损害赔偿的争议,当事人可以请求公安机关交通管理部门调解,也可以直接向人民法院提起民事诉讼。经公安机关交通管理部门调解,当事人未达成协议或者调解书生效后不履行的,当事人可以向人民法院提起民事诉讼。《中华人民共和国治安管理处罚条例》第9条规定:“对于因民间纠纷引起的打架斗殴或者损毁他人财物等违法治安管理行为,情节轻微的,公安机关可以调解处理。”《中华人民共和国环境噪声污染防治法》第61条第2款规定:“赔偿责任和赔偿金额的纠纷,可以根据当事人的请求,由环境保护行政主管部门或者其他环境噪声污染防治工作的监督管理部门、机构调解处理;调解不成的,当事人可以向人民法院起诉。当事人也可以直接向人民法院起诉。”我国农业部发布的《渔业水域污染事故调查处理程序规定》第16条规定:“因渔业水域污染事故发生的赔偿责任和赔偿金额的纠纷,当事人可以向事故发生地的主管机构申请调解处理,当事人也可以直接向人民法院起诉。”《中华人民共和国海上交通事故调查处理条例》第20条第1款规定:“对船舶、设施发生海上交通事故引起的民事侵权赔偿纠纷,当事人可以申请港务监督调解。”第22条规定:“调解由当事人各方在事故发生之日起三十日内向负责该事故调查的港务监督提交书面申请。港务监督要求提供担保的,当事人应附经济赔偿担保证明文件。”由此可见,在我国,行政调解的主体是政府和行政机关主管部门。

人民调解委员会。我国的人民调解委员会是规模最大的、政府设置的、网络化的调解解决民间纠纷的群众性组织。我国国务院制定发布的《人民调解委员会组织条例》第 2 条第 1 款规定:"人民调解委员会是村民委员会和居民委员会下设的调解民间纠纷的群众性组织,在基层人民政府和基层人民法院指导下进行工作。"《人民调解法》规定,人民调解委员会是依法设立的调解民间纠纷的群众性组织。村民委员会、居民委员会设立人民调解委员会。企业事业单位根据需要设立人民调解委员会。人民调解是我国社会生活中解决民间纠纷的主要方式之一。人民调解委员会是调解法律关系主体。

行业协会。在我国还有一些行业协会组建的调解组织,调解行业内的民事纠纷,例如苏州市洗涤行业协会、苏州市消费者协会组建的洗涤行业消费争议调解委员会,其制定有《苏州市洗涤行业消费争议纠纷解决办法》。中国国际贸易促进委员会/中国国际商会调解中心,调解国际国内商业、海事海商领域中发生的纠纷,其制定有《中国国际贸易促进委员会/中国国际商会调解规则》。

纠纷当事人。调解法律关系的主体可以分为两大类型:一类是调解者,如上所述;另一类是纠纷当事人及其他参与人。纠纷当事人是人们意识中当然的调解主体,没有纠纷就没有纠纷当事人出现,没有纠纷当事人的申请,就不会有调解程序的启动。纠纷当事人包括自然人、法人、非法人组织。非法人组织又称非法人社团、其他组织。

其他参与人。调解程序进行中,可能需要一些案外人或者组织的协助,当事人可能需要代理人代理,有时可能需要翻译,有的案件可能需要有专业鉴定机构鉴定,鉴定人因此出席调解会议,这些人员和组织称为其他参与人,他们参加到调解程序中,必然享有一定权利,同时承担一定义务,因此他们也是调解法律关系的主体。

二、调解当事人

因民事权益发生纠纷申请调解者称为纠纷当事人,刑事自诉案件也适用调解,故调解当事人还应当包括刑事自诉案件双方当事人。由此可见,调解的当事人既包括民商事纠纷当事人,又包括刑事自诉案件当事人。对刑事自诉案件而言,其当事人为具有刑事责任能力和限制责任能力的自然人。对民商事案件而言,其当事人为具有民事权利能力的自然人、法人和那些依法成立,有一定的组织机构和一定的财产,但又不具备法人资格的其他组织。根据民

事诉讼当事人的定义,民事诉讼当事人是指因民事权利义务关系发生争议,以自己的名义实施诉讼行为,并受法院裁判约束的人。调解当事人可以定义为——调解当事人是指因民事权利义务关系发生争议,或者因轻微刑事纠纷,根据自愿,以自己的名义接受调解组织调解的人。

在此,我们采用权利保护当事人说,不采用利害关系当事人说。因为根据现行法律的规定,当事人不仅包括为保护自己民事权益的人,也包括为保护其管理的他人财产权益的人,例如:遗产管理人、破产程序中的管理人、企业清算组。利害关系当事人说认为,当事人必须是与案件争议有直接利害关系的人,这种学说具有局限性,按照这种学说,现代法律规定的遗产管理人、破产程序中的管理人、企业清算组就无法以自己的名义进入诉讼,被管理人的权益无法获得保护。权利保护当事人说认为,诉讼当事人不仅包括与案件有直接利害关系的当事人,还包括那些无直接利害关系,但是对争议的民事权益享有管理权和支配权,需要以其名义诉讼的人。这种观点就可以全面涵盖对案件争议事项有直接利害关系的当事人和对争议的民事权益享有管理权和支配权,需要以其名义诉讼的人。另外,在此我们采用实体意义上的当事人概念,不采用程序当事人概念。因为程序当事人是针对诉讼而言之物,非诉讼调解与诉讼不同,如果程序当事人与实体当事人不符,不会发生程序法上的效果,即其申请不会被产生程序法上效力的裁判驳回。如果当事人仅仅是程序上的当事人,非实体当事人,即当事人不适格,在非诉讼调解程序中,调解机构不必作出有程序法效力的驳回诉讼的裁定,案件终结即可。而在诉讼调解程序中或仲裁调解程序中出现这种情况,法院因此作出驳回诉讼的裁定不是就调解而言,而是针对诉讼而言,仲裁亦然。程序当事人说是近些年民诉学界学者提出的新说,是对当事人适格理论的另一种层面的解释,加深和丰富了人们对当事人适格理论的认识,这种观点认为:有时,起诉与被诉的人不一定是讼争的权利义务主体,或者对争议的民事权益享有管理权和支配权,需要以其名义诉讼的人。是否是讼争的权利义务主体或者对争议的民事权益享有管理权和支配权,需要以其名义诉讼的人,在诉讼之初不一定能够判断,只有经过审理后,法院方能判断,但在此之前,在诉讼上他们已经而且应当具有诉讼当事人的地位,这样的人不能不承认他们诉讼当事人的地位,只是因为他们可能不是讼争权利义务的主体而被法院驳回诉讼。实体意义上的当事人,是指起诉与应诉的人应当是讼争权利义务的主体,或者是对争议的民事权益享有管理权和支配权,需要以其名义诉讼的人。程序当事人以程序法为判断标准,实体当事人以实体法为判断标准,这种当事人就是当事人适格理论的适格当事人,即正当当事人。

三、当事人适格

当事人适格，又称为正当当事人，是指在一个具体的诉讼中，有资格作为原告或被告起诉或应诉，具有诉讼实施权，并受本案裁判约束的人。在西方的诉讼法学理论中，当事人适格属于诉讼要件之一。诉讼要件是指受诉法院对案件实体争议有权作出判决的前提条件，包括以下九个方面的内容：(1)当事人实际存在；(2)具有当事人能力；(3)当事人适格；(4)当事人实施起诉行为；(5)实施了有效送达；(6)不属于重复诉讼；(7)具有诉的利益；(8)属于法院裁判权范围；(9)属于审理本案的法院管辖。① 调解也存在当事人是否适格的问题，调解当事人应当是纠纷的正当当事人，与纠纷有利害关系，或者因对争议的民事权益享有管理权和支配权，需要以其名义诉讼的人。与诉讼程序不同，如果调解当事人不适格，调解组织并不需要作出裁定驳回原告起诉。在调解程序中，遇有当事人不适格的，可能这一方当事人不同意调解，只要当事人不愿意调解的，这种当事人就不会成为调解当事人进入调解程序；或者，在调解程序进行中发现当事人不适格的，调解程序结束，并不需要作出任何法律裁判。所以，调解当事人应当是适格当事人。

四、调解程序当事人能力

当事人能力，在我国民事诉讼理论上称为当事人的诉讼权利能力，是指民事主体能够作为诉讼当事人的资格，即在诉讼中成为原告或被告的资格，这种资格源于诉讼法的规定，我国《民事诉讼法》第51条规定："公民、法人和其他组织可以作为民事诉讼当事人。"在调解程序中的当事人能力应当与诉讼、仲裁当事人能力一致，对诉讼调解而言，其当事人能力就是民事诉讼法所规定的，对仲裁调解而言，其当事人能力就是仲裁法所规定的。我国《仲裁法》第2条规定："平等主体的公民、法人和其他组织之间发生的合同纠纷和其他财产权益纠纷，可以仲裁。"调解当事人能力，目前在我国的立法上尚无集中的、明确的规定，在立法上属于空白地段。虽然如此，但是根据法律原理，具有调解当事人能力的也应当是公民、法人和其他组织。其他组织即其他非法人组织。

当事人能力与正当当事人或当事人适格不同，当事人能力是就一般情况而言的民事诉讼主体的资格，而正当当事人或当事人适格是就特定的个案而

---

① 张卫平著：《民事诉讼法》，法律出版社2004年版，第272页。

言的民事诉讼主体资格。调解也如此，调解当事人既要具有当事人能力，又要属于正当当事人。

当事人能力与民事权利能力不同，民事权利能力是指民事主体作为民事法律关系主体，享有民事权利和承担民事义务的资格或能力。民事权利能力渊源于民法的规定，我国《民法通则》仅规定了公民和法人的民事权利能力，没有规定非法人组织的民事权利能力，形成了非法人组织在民事权利能力与民事诉讼权利能力上的分离。根据我国《民法典》和《民事诉讼法》的规定，公民、法人是既具有民事权利能力，又具有民事诉讼权利能力的主体，即对公民、法人而言，其民事权利能力与民事诉讼权利能力相统一，调解当事人既包括我国《民法典》规定的自然人、也包括营利法人、非营利法人、特别法人以及各种非法人组织。

第三节　调解法律关系客体

一、调解法律关系客体概念

法律关系的客体，是指法律关系主体之间权利义务所指向的对象，是法律关系的构成要素之一。调解法律关系客体与诉讼法律关系客体有区别，因为诉讼法律关系是与法院审判权有关系的问题，法院的司法审判权包括审理和裁判的权利，在我国，法院还有强制执行权。调解法律关系，调解组织不享有审理裁判权，它的权利是根据双方当事人的申请，在双方当事人之间劝说、协调、斡旋，促使和帮助当事人达成协议解决争议。调解组织的权利和地位与法院的权利性质不同，调解组织没有强制性的权利，法院具有强制性的权利，法院根据国家法律的授权为司法裁判行为，调解组织是根据当事人的委托或授权为调解行为。因此，调解法律关系的客体虽然也是调解主体之间的调解权利义务所指向的对象，但是此对象与彼对象不完全相同。

调解法律关系客体，对调解组织和调解当事人而言，是指发生争议的案件事实，当事人主张所依据的法律、法规、习惯、惯例、情理、道德规范等。对当事人和其他参与人而言，是指发生争议的案件事实，法律、法规、习惯、惯例、情理、道德规范等。对调解组织和其他参与人而言，主要是指案件事实。

■ 二、调解客体

调解客体,是与调解法律关系客体不同的事物,如同诉讼标的与诉讼法律关系的区别,调解的客体,是指当事人申请调解组织调解的纠纷。

哪些纠纷可以申请调解? 根据调解的性质分析,并非所有民商事纠纷都可以调解,那些当事人有权处分的民商事权益争议可以调解,当事人无权处分的民商事权益争议不适用调解,例如:无效婚姻不可以经过调解,不可以以双方当事人达成协议的方式使其有效。最高人民法院《关于适用〈中华人民共和国民法典〉婚姻家庭编的解释》(一)中第 11 条第 2 款规定,对婚姻效力的审理不适用调解,应当依法作出判决。

(一)民商事纠纷

可申请调解的案件主要是民商事权利义务争议,法院调解的案件包括法院可以受理的所有民商事案件,仲裁机构调解的案件包括仲裁机构可以受理的所有民商事案件,劳动争议和人事争议仲裁机构调解的案件包括其可以受理的所有劳动争议案件和人事争议案件,人民调解委员会调解的案件包括《人民调解法》第 2 条、《人民调解委员会组织条例》第 5 条规定的"民间纠纷"。关于"民间纠纷",根据《人民调解工作若干规定》第 20 条的规定,是指"发生在公民与公民之间、公民与法人和其他社会组织之间涉及民事权利义务争议的各种纠纷"。同时该规定第 22 条还规定:人民调解委员会不得受理调解法律、法规规定只能由专门机关管辖处理的,或者法律、法规禁止采用民间调解方式解决的纠纷,不得受理人民法院、公安机关或者其他行政机关已经受理或者解决的纠纷。行政调解机构可调解的案件包括法律规范确定的它们可以受理的民商事案件。

(二)刑事自诉案件

根据我国刑事诉讼法的规定,法院对刑事自诉案件可以调解。刑事案件的调解,是指在法院审判人员的主持下,刑事案件自诉人就被告人的犯罪行为给其人身权或财产权造成的损害,向被告人提出赔偿的要求,若双方经协商达成协议,法院不再追究被告人的刑事责任。调解必须自愿,调解不成的,法院应当依法开庭审理后作出判决。

2018 年修正的《刑事诉讼法》第 212 条规定:人民法院对自诉案件,可以进行调解;自诉人在宣告判决前,可以同被告人自行和解或者撤回自诉。被害人有证据证明对被告人侵犯自己人身、财产权利的行为应当依法追究刑事责任,而公安机关或者人民检察院不予追究被告人刑事责任的案件不适用调解。

2021年3月1日实施的最高人民法院《关于适用〈中华人民共和国刑事诉讼法〉的解释》对刑事附带民事诉讼案件以及自诉案件调解进行更为具体规定。

在调解之外，《刑事诉讼法》还规定，刑事自诉案件，自诉人可以与被告人和解。根据最高人民法院《关于执行〈中华人民共和国刑事诉讼法〉适用的解释》第329条规定，判决宣告前，自诉案件的当事人可以自行和解，自诉人可以撤回自诉。第411条规定，对第二审自诉案件，必要时可以调解，当事人也可以自行和解。调解结案的，应当制作调解书，第一审判决、裁定视为自动撤销。当事人自行和解的，依照本解释第三百二十九条的规定处理；裁定准许撤回自诉的，应当撤销第一审判决、裁定。。

第四节　调解法律关系的内容

如前所述，在西方的法理学著作中，"法律关系"始终是作为"权利"和"义务"的下位概念，"十月革命"胜利后，苏联的法学家将法律关系作为"权利"和"义务"的上位概念，这种观点深深地影响了我国法学理论。因此，按照我国的通说，法律关系的构成要素还有法律关系的内容，即调解法律关系的要素还包括调解法律关系的内容。

一、调解法律关系内容的概念

法律关系的内容，通常是指法律关系主体依法所享有的权利与应当承担的义务。调解法律关系的内容，是指调解法律关系主体，即调解者与纠纷当事人所享有的权利和应当承担的义务。法律关系主体不同，其所享有的权利和承担的义务不完全相同。在调解这样的法律关系中，调解组织虽然与纠纷当事人都属于调解法律关系的当事人，但是它们各自在调解法律关系中享有的权利和承担的义务性质多有不同，纠纷当事人双方在调解法律关系中享有的权利和承担的义务基本相同，这是由于调解组织与纠纷当事人在调解法律关系中所处地位不同所导致的结果。调解法律关系主体在调解程序中的权利与义务内容，反映出它们在调解中的地位。

调解法律关系的内容应当是由调解法律规范所确定的，因调解法律规范众多，有的规定简明扼要，有的规定比较详细具体，所以在不同的调解领域，调解主体的权利和义务表现出不同的状态。

二、调解组织、调解人在调解程序中的权利和义务

在诉讼调解中,法院享有以下的诉讼权利:审查案件事实的权利,认定证据的权利,询问当事人的权利、释明的权利,控制调解进程的权利,说服劝导当事人的权利,向当事人提出具体调解协议建议的权利。法院应当履行下列职责或义务:保障当事人行使诉讼权利的职责,遵循调解自愿、调解合法原则的职责,秉公执法的职责,遇有应当回避的情形而依法回避的义务。

在仲裁调解中,仲裁员享有以下程序性权利:审查案件事实的权利,认定证据的权利,询问当事人的权利、释明的权利,控制调解进程的权利,说服劝导当事人的权利,向当事人提出具体调解协议建议的权利。仲裁员应当履行下列义务:保障当事人行使程序权利的义务,遵循调解自愿、调解合法原则的义务,不得强迫当事人调解的义务,保持公平正义的义务,遇有应当回避的情形而依法回避的义务等。

在其他调解程序中,调解组织和调解员通常享有以下程序性权利:按照规定条件受理的权利,要求当事人提供必要的证明材料的权利,调查取证的权利,在法定情况下依法终止调解的权利,说理劝导当事人的权利,审查调解协议是否合法的权利等。调解组织和调解员通常应当遵循以下程序性义务:保障当事人自愿的义务,不得强迫当事人调解的义务,保障调解合法的义务,保守秘密的义务,遵纪守法的义务,遵守职业道德、职业纪律的义务,遇有回避的情形依法回避的义务。

三、当事人在调解程序中的权利和义务

纠纷当事人在调解程序中通常享有以下程序性权利:调解自愿的权利,申请与纠纷有利害关系或者与纠纷另一方当事人有利害关系的调解员回避的权利,要求调解组织和调解人保密的权利,请求不公开调解的权利,提供证据、充分陈述的权利,退出调解的权利等。调解受理后,按照规定提供证明材料的义务,遵守合法原则的义务,诚实信用的义务,依法行使权利的义务等。

四、其他参与人在调解程序中的权利和义务

调解程序中的其他参与人包括两部分:一部分是受调解组织邀请协助调解的组织或个人,另一部分是当事人邀请的证人、委托的鉴定人、翻译、专家辅助人等。对协助调解者而言,他们在调解中享有的权利主要有:要求当事人提

供必要的证明材料的权利,说理劝导当事人的权利,向当事人提供建议的权利,审查调解协议是否合法的权利等。协助调解者应当遵循以下程序性义务:不得强迫当事人调解的义务,保守秘密的义务,遵纪守法的义务,遵守职业道德、职业纪律的义务,遇有回避的情形依法回避的义务。

第七章　调解组织与调解员

第一节　调解组织

一、调解组织概念

调解组织，是指根据法律规定，或者合法成立，经过当事人双方申请，可以对当事人之间的纠纷调解，说服、劝导纠纷当事人相互协商，达成协议，解决争议的各种机构。"根据法律规定"，是指对法院、仲裁机构等，根据《民事诉讼法》《刑事诉讼法》《仲裁法》《公证法》和《劳动法》的规定，法院有权对审理中的民商事案件、刑事自诉案件进行调解；仲裁委员会有权对仲裁程序中的商事争议案件进行调解；公证机构根据公证当事人的请求，对履行过程中发生争议的公证事项进行调解；劳动争议仲裁委员会有权对审理中的劳动争议案件进行调解。"或者合法成立，经过当事人双方申请，可以对当事人之间的纠纷调解"，是指法院、仲裁委员会以外的调解组织。这种组织与法院、仲裁委员会不同：第一，它们是为了调解民商事纠纷或者某种类型的民商事纠纷专门设立的组织，法院、仲裁委员会不是为调解民商事纠纷专门设立的组织。第二，它们调解案件与法院、仲裁委员会不同，它们为调解行为，是因为纠纷当事人的申请，若无纠纷当事人的申请，它们通常不会调解。尽管有些法律规范规定，调解机构可以主动调解，但是，如果当事人任何一方不同意调解，它们就应当停止其试探性的调解行为，否则违反调解自愿的原则。而法院、仲裁委员会为调解行为，是对处于诉讼程序或司法程序中的案件，根据当事人的申请，或者主动征得当事人的同意所进行的行为。

调解组织，可以有两种意义上的概念，一种是广义的，一种是狭义的。广义的包括法院、仲裁机构和专门的调解组织；狭义的仅指专门的调解组织，例如人民调解委员会、中国国际商会调解中心，还有设在各种行政机关内调解民商事纠纷的行政调解机构。法院、仲裁机构这样的调解组织，严格意义上应当

称为有权调解纠纷的机构,这类调解组织的主要职能不是调解,法院的职能主要是行使国家司法裁判权,对案件审理裁判,调解是其附带的职能。仲裁委员会的职能是根据当事人的授权,即根据双方当事人的自愿达成的仲裁协议,对当事人之间的纠纷审理裁判,调解是它的附带职能。因此调解组织又可以这样分类,以是否是专门设立的调解组织为标准,分为有权调解纠纷的组织和专门的调解组织两种。

二、我国的调解组织

根据以上对调解组织的分类,我国的调解组织可以分为两大类:一类是有权调解纠纷的机构,另一类是专门的调解组织。

(一)有权调解纠纷的机构

法院。法院是国家设立的,行使司法审判权的国家司法机关,根据我国《法院组织法》的规定,人民法院的任务是审判刑事案件和民事案件,并且通过审判活动,惩办一切犯罪分子,解决民事纠纷,保卫国家政权,维护社会主义法制和社会秩序,保护社会主义的全民所有的财产,劳动群众集体所有的财产,保护公民私人合法所有的财产,保护公民的人身权利、民主权利和其他权利,保障社会主义革命和社会主义事业的顺利进行。《民事诉讼法》中规定:人民法院审理民事案件,应当根据自愿和合法的原则进行调解;调解不成的,应当及时判决。《民事诉讼法》第八章还专门规定了调解应当遵循的基本原则、调解的审判组织形式、调解书的制作及其例外、调解书的内容等等。《刑事诉讼法》中规定:人民法院对自诉案件,可以进行调解。虽然法院可以调解解决纠纷,但是法院的职能与专门调解组织的职能不同,法院的主要职能是审判,调解是法院的附带职能。因此,法院属于有权调解民商事纠纷、刑事自诉案件的机构。

仲裁机构。仲裁,是指双方当事人在争议发生前或发生后达成协议,将纠纷提交非政府设立的中立的第三方机构裁决,并且同意受裁决约束的争议解决方式。仲裁机构的职责是根据纠纷双方当事人的仲裁协议,对他们之间的争议审理后作出裁决。仲裁机构也可以对当事人之间的纠纷进行调解。但是,设立仲裁机构不是为了调解纠纷而设立,与调解组织不同,仲裁机构的主要职责是仲裁。过去,在西方国家,通常仲裁机构不能对纠纷进行调解,现在虽然可以调解,但是,许多国家的仲裁机构的仲裁规则规定,调解人不可再做本案的仲裁人。我国自新中国成立以来,仲裁机构就一直有权对纠纷进行调解,调解人就是仲裁庭的仲裁员,两种身份合一,但是,尽管如此,根据仲裁法和仲裁规则的规定,仲裁机构的主要职能还是审理案件、对争议作出裁决。所以,仲裁机构属于有权调解商事纠纷的机构。对劳动争议仲裁委员会来说也一样,但劳动争议仲裁委员会调解的案件性质与商事仲裁机构调解的案件性质不同,它调解的是劳动争议案件。

行政机关与行政机关中的监督管理部门。在我国,有许多行政机关都有权调解与其监督管理事项有关的民商事纠纷。我国多由许多行政机关管理部门或者监督管理部门具有调解功能,调解与该行政机关管辖的行政事务有关的民事诉讼纠纷,这种状况是由我国的社会主义国家性质和以公有制为基础的所有制所决定的,也还有计划经济时代的习惯因素。行政机关或者其监督管理部门的调解,是调解特定领域的当事人之间发生的民商事纠纷。行政机关调解民商事纠纷,有些有具体和比较详细的程序规定,有些则仅有一些原则规定。例如:根据《道路交通安全法》第 74 条规定,对交通事故损害赔偿的争议,当事人可以请求公安机关交通管理部门调解,也可以直接向人民法院提起民事诉讼。经公安机关交通管理部门调解,当事人未达成协议或者调解书生效后不履行的,当事人可以向人民法院提起民事诉讼。例如:根据我国林业部颁布的《林木林地权属争议处理办法》第 4 条规定,林权争议由各级人民政府依法作出处理决定。林业部、地方各级人民政府林业行政主管部门或者人民政府设立的林权争议处理机构(以下统称林权争议处理机构)按照管理权限分别负责办理林权争议处理的具体工作。例如:根据我国《治安管理处罚条例》第 9 条的规定,公安机关可以调解处理因民间纠纷引起的打架斗殴或者毁损他人财物等违反治安管理规定情节轻微的行为。这些调解程序规定得比较原则。

公证机构。在我国,公证机构为公证处,法律规定公证行为由公证处实施,公证处的公证事务由公证处的公证员具体办理。公证员是指符合规定条件的,在公证机构从事公证业务的执业人员。公证机构是依法设立,依法独立行使公证职能、承担民事责任的证明机构。公证是公证机构根据当事人的申请,依照法定程序对民事行为、有法律意义的事实和文书的真实性、合法性进行证明的活动。调解是公证机构的一项附属职能。根据我国《公证程序规则》第 56 条规定,经公证的事项在履行过程中发生争议的,出具公证书的公证机构可以应当事人的请求进行调解。经调解后当事人达成新的协议并申请公证的,公证机构可以办理公证;调解不成的,公证机构应当告知当事人就该争议依法向人民法院提起民事诉讼或者向仲裁机构申请仲裁。

(二)专门的调解组织

人民调解委员会。我国的人民调解委员会,是根据我国《村民委员会组织法》和《城市居民委员会组织法》下设的调解民间纠纷的群众性自治组织。我国《村民委员会组织法》第2条第2款规定:"村民委员会办理本村的公共事务和公益事业,调解民间纠纷,协助维护社会治安,向人民政府反映村民的意见、要求和提出建议。"第25条规定:"村民委员会根据需要设人民调解、治安保卫、公共卫生等委员会……"我国《城市居民委员会组织法》第3条中规定的居民委员会的任务有"调解民间纠纷"。第13条规定:"居民委员会根据需要设人民调解、治安保卫、公共卫生等委员会……"《人民调解委员会组织条例》第5条规定:"人民调解委员会的任务为调解民事纠纷,并通过调解工作宣传法律、法规、规章和政策,教育公民遵纪守法,尊重社会公德。"由此可见,我国的人民调解委员会是专门的纠纷调解组织。

行业协会调解组织。在世界上许多国家,行业协会设立有专门的争议调解组织,调解行业间当事人之间的纠纷,我国也有一些行业协会设立专门的调解组织调解行业间当事人之间的纠纷。例如:根据我国《消费者权益保护法》的规定,消费者和经营者发生消费者权益争议的,可以请求消费者协会调解。又如:根据我国《证券法》第166条的规定,证券协会履行的职责之一是对会员之间、会员与客户之间发生的纠纷进行调解。例如中国国际贸易促进委员会/中国国际商会调解中心,该中心是规模较大,目前在全国有42家分支机构的,已形成全国网络化的专门调解商事、海事纠纷的调解组织。调解中心自1987年成立至今,还先后与德国、美国、阿根廷、英国、瑞典、韩国、日本、加拿大、中国香港和澳门等多个国家和地区的相关机构签署了合作协议,建立了合作调解关系,2004年初与美国公共资源中心共同组建了中美联合商事调解中心。2012年修订后实施的《中国国际贸易促进委员会/中国国际商会调解规则》规定:为了使用调解的方式解决产生于商事、海事等领域的争议,特制定本规则;本规则适用于当事人之间在贸易、投资、金融、证券、知识产权、技术转让、房地产、工程承包、运输、保险以及其他商事、海事等领域的争议的调解。这些争议包括:(1)国际或涉外的争议;(2)涉及香港特别行政区、澳门特别行政区和台湾地区的争议;(3)外商投资企业相互之间以及外商投资企业与中国其他法人、自然人及/或经济组织之间的争议;(4)其他国内争议。调解中心备有调解员名册,调解员由调解中心聘请在贸易、投资、金融、证券、知识产权、技术转让、房地产、工程承包、运输、保险以及其他商事、海事等方面及/或法律方面具有专门知识及/或实际经验的、公道正派的人士担任。该规定还具体地规定了其机构设置、调解员和调解程序规范。

其他组织。在我国有些行政机关下设的事业单位可以调解相关当事人之间的民商事纠纷,例如《上海航运交易所管理规定》,上海航运交易所是不以营利为目的,为航运业务提供交易场所、设施、信息的事业法人。《上海航运交易所管理规定》第 29 条规定:交易双方在交易过程中发生争议,可以自行协商解决或者申请航运交易所调解,也可以依照有关法律、行政法规的规定申请仲裁或者提起诉讼。根据 2021 年 11 月 19 日修订实施的《中国金融期货交易所违规违约处理办法》第 48 条、第 49 条规定,期货市场参与者之间发生期货交易纠纷的,可以自行协商解决,也可以提请交易所调解。交易所设立调解委员会,其常设办事机构设在交易所法律部门。

三、调解组织的设置及其人员组成

对非专门设立的,但是有权调解的机构而言,其组织的设立是按照各自法律规定设立,例如法院是按照我国《法院组织法》的规定设立其机构,聘任法官等;仲裁委员会是按照我国《仲裁法》的规定设立其机构,聘任仲裁员。法院与法官、仲裁委员会与仲裁员的设立或聘任是根据他们的审判或仲裁职责设立或聘任的。与此不同,专门的调解组织的设置是根据调解工作的需要设置,其人员的组成由该组织的法律规范作出规定。

1989 年国务院颁布实施的《人民调解委员会组织条例》规定,村民委员会和居民委员会下设人民调解委员会,人民调解委员会由委员三至九人组成,设主任一人,必要时可以设副主任。人民调解委员会的委员由村民委员会委员和居民委员会委员兼任,此外还可以由群众在这些委员之外选举产生一些调解员。

2002 年司法部发布的《人民调解工作若干规定》关于调解组织的设置,在第 10 条中规定:人民调解委员会采用下列形式设立:(1)在农村村民委员会、城市(社区)居民委员会中设立;(2)在乡镇、街道设立村民委员会或居民委员会;(3)根据需要,在企业事业单位内设立;(4)根据需要,设立区域性的、行业性的人民调解委员会。人民调解委员会的设立及其组成人员,应当向所在地司法行政管理机关备案。人民调解委员会由委员三人以上组成,设主任一人,必要时可以设副主任。人民调解委员会可以以自然村、居民小区、工厂车间等为单位,设立调解小组。

《人民调解工作若干规定》规定,人民调解委员会委员、调解员统称调解员,由群众选举产生或者由调解委员会聘任。乡镇、街道人民调解委员会委员

由本乡镇、街道辖区内设立的村民委员会、居民委员会、企业事业单位的人民调解委员会主任,本乡镇、街道的司法助理员,在本辖区、街道辖区内居住的懂法律、有专长、热心人民调解工作的社会志愿人员担任。

中国国际贸易促进委员会/中国国际商会调解中心(以下简称调解中心),是中国国际贸易促进委员会/中国国际商会组织设立的专门的常设调解机构,贸促会系统还在地方设立了 40 多个地方调解中心,中国国际贸易促进委员会/中国国际商会调解中心对地方调解中心实行统一业务指导和管理。调解中心与地方贸促会调解中心统一适用中心调解规则。根据《中国国际贸易促进委员会/中国国际商会调解规则》的规定,调解中心设主席一人,副主席若干人,顾问若干人。上述人员组成主席会议,为调解中心的领导机构和决策机构。调解中心设秘书处和国际业务处等办事机构,在秘书长的领导下,负责中心的行政管理工作和日常事务以及国际交流与合作。调解中心备有调解员名册,调解员由调解中心聘请在贸易、投资、金融、证券、知识产权、技术转让、房地产、工程承包、运输、保险以及其他商事、海事等方面及/或法律方面具有专门知识及/或实际经验的、公道正派的人士担任。

第二节　调解员的任职条件与聘任、职业道德与执业纪律

调解员是指专门的调解组织中有资格从事调解工作的人员。在我国法院的调解程序中,为调解行为的人就是法官,没有法官与调解员之分;在我国的仲裁程序中,实行仲裁与调解相结合,为调解行为的就是仲裁员,没有仲裁员与调解员之分。在我国行政机关的调解中,如果该行政机关不是另行设立有调解组织的,那么行政机关中的有关公职人员就是调解员,两者身份合一;如果该行政机关另行设立有调解组织的,那么调解工作由该调解组织中的调解员进行,调解员与该行政机关的公职人员不同。因而,在我国,调解员是针对专门的调解组织而言,不包括法院、仲裁委员会和可以调解民商事纠纷的行政机关。但是,在时下的民事司法改革中出现的两种情况则另当别论,一是根据最高人民法院的司法解释,法院调解可以委托社会调解组织或其他组织进行,这种情况下,调解员与法官分属不同的机构,法官与调解员身份不同一。最高人民法院 2020 年修订的《关于人民法院民事调解工作若干问题的规定》第 1条规定:"根据民事诉讼法第九十五条的规定,人民法院可以邀请与当事人有

特定关系或者与案件有一定联系的企业事业单位、社会团体或者其他组织,和具有专门知识、特定社会经验、与当事人有特定关系并有利于促成调解的个人协助调解工作。""经各方当事人同意,人民法院可以委托前款规定的单位或者个人对案件进行调解,达成调解协议后,人民法院应当依法予以确认。"二是有些法院在尝试立案前,根据当事人的自愿先由人民调解组织调解,在这种情况下法官与调解员分属不同的机构。

在西方普通法国家,调解是法院附设的 ADR 程序之一种,调解员是调解程序中专门从事调解工作的人员,与法官分属于不同的系统,因而,他们的调解员与法官属于不同机构的不同身份的两种人。在普通法国家,根据传统,仲裁员与调解员的身份不得同一,即调解员不得同时担任仲裁员,否则构成严重的程序错误,因为调解员在调解的过程中从当事人那里获得了一些应当保密的信息,若在随后的仲裁程序中作为仲裁员会影响其作出公正裁决,保密性是仲裁程序的一大特点。因此大多数的仲裁机构的调解规则规定,调解员不得担任仲裁员。

一、调解员的任职条件

我国没有统一的调解法,调解法律规范通常由各调解组织自行制定。调解员的任职条件通常也是由各调解组织自行制定,或者在相关法律中规定。有些规定得很原则、简单,有些则规定得比较具体,但是就总体而言,与《法官法》对法官任职条件的规定、《仲裁法》对仲裁员任职条件的规定和《公证法》对公证员任职条件的规定相比较,调解员任职条件的规定或者简单,或者几乎没有具体规定。这种状况与调解的性质有关系,因为调解员不是法官、不是仲裁员、不是公证员,调解员不享有裁判权、裁决权,不行使证明职能,仅仅是在当事人之间劝说、斡旋、传递信息,协助他们和解达成协议,因此对调解员的要求不需要很高。《中国国际贸易促进委员会/中国国际商会调解规则》中仅规定"调解中心备有调解员名册,调解员由调解中心聘请在贸易、投资、金融、证券、知识产权、技术转让、房地产、工程承包、运输、保险以及其他商事、海事等方面及/或法律方面具有专门知识及/或实际经验的、公道正派的人士担任。"没有具体规定调解员的其他任职条件。《人民调解委员会组织条例》仅有第 4 条一个条文规定了调解员的任职条件,该条规定:"为人公正,联系群众,热心人民调解工作,并有一定的法律知识和政策水平的成年公民,可以当选人民调解委员会委员。"2002 年司法部制定的《人民调解工作若干规定》第二章"人民调解委员会和人民调解员"中第 14 条规定:担任人民调解员的条件是:为人公正,

联系群众,热心人民调解工作,并有一定的法律知识、政策水平和文化水平。乡镇、街道人民调解委员会委员应当具备高中以上文化程度。从上述规定来看,不同领域的调解员需要具备的条件不完全一样,例如中国国际贸易促进委员会/中国国际商会调解中心的调解员需要具备专门知识,而调解民间纠纷的人民调解员则不需要这样的专门知识。

虽然我国目前还没有调解员条件的完善的规定,但是我们认为作为调解员应当具备以下基本条件:

1.品德条件。为了保障调解工作的顺利进行,为保障调解的客观、公正、公平合理,调解员应当具有公正心,对调解工作有热情,为人正派,作风端正,遵纪守法。

2.民事行为能力条件。民事行为能力条件是指调解员必须具有民事行为能力,首先应当是成年人,有最基本的知识,有一定的判断是非能力,能够帮助当事人达成协议解决争议。其次,作为成年人还应当是具有完全民事行为能力者,即在智力和精神健康状况方面正常。

3.年龄条件。作为调解员,应当有能力帮助当事人解决纠纷,这就需要调解员达到一定年龄条件,使其具备基本的解决纠纷能力,而且,调解工作还要求调解员具有一定的知识与工作水平。假设调解员应当具有高中以上文化,仅有高中文化还不够,还应当有一定的工作经历,通常高中毕业18岁,因此,18岁还不够,假如加上两年工作经历的条件,那么至少应当20岁。如果调解员应当具有大学文化水平,还应当有几年的工作经历,或者有一定的职称,那么通常大学毕业22岁,加上工作经历或者职称,其年龄条件应当高于22岁。

4.文化条件。调解员应当具有一定的文化条件,即受教育程度的要求。但是,对不同领域的调解,其文化程度的要求会不同,例如对人民调解委员会调解员的文化程度的要求可以放宽,但是对中国国际商会调解中心的调解员文化程度的要求就需要达到一定水平,以适应工作的需要。

5.专业等知识条件。对有些领域的调解可以不需要专门的知识条件,例如调解普通民间纠纷的人民调解委员会的调解员,但是对有些领域的调解则需要专门知识或者专业知识条件,例如根据《中国金融期货交易所违规违约处理办法》调解金融期货交易纠纷,交易所董事会下设的调解委员会调解员就一定要具备金融期货专业知识。

调解员的聘任。调解员通常实行聘任制,首先由希望从事调解工作的人向调解组织提出申请,然后由调解组织审核或者考核后聘任。通常聘任应当有一定期限。另外,对因身体健康状况无法继续从事调解工作,或者由于有违法违纪抑或违法犯罪行为的调解员,还应当有解聘免职制度的规定。关于人民调解员的聘任,《人民调解工作若干规定》第16条规定:人民调解员任期三年,每三年改选或者聘任一次,可以连选连任或者续聘。人民调解员不能履行职务时,由原选举单位或者聘任单位补选、补聘。人民调解员严重失职或者违法乱纪的,由原选举单位或者聘任单位撤换。

■ 二、调解员应当遵守的职业道德和执业纪律

职业道德是社会道德之一种,是一定社会道德、原则、规范在职业行为和职业关系中的特殊表现,是从业人员在职业活动中应当遵守的道德规范和应当具有的道德观念、道德情操和道德品质。执业纪律是指调解员在执业活动中必须遵守的行为准则。为了保障调解的质量,为了保障调解行为的客观、公正、公平合理,为了推动调解纠纷解决方式的良性发展,使调解业在社会生活、民事交往、经济流转中发挥积极作用,调解员应当遵循职业道德,遵守执业纪律。调解员的职业道德和执业纪律是在调解事业发展过程中逐步形成并逐渐完善的行业规范。

中国国际贸易促进委员会/中国国际商会调解中心制定的调解员守则如下:

(1)调解员应当以事实为依据,以法律为准绳,在查清事实、分清是非责任的前提下,独立、公正地调解案件。

(2)调解员不代表任何一方当事人。

(3)调解员必须按照调解规则规定的程序办理案件。

(4)调解员应当事先商定调解进程方案;由一位调解员调解时,也应事先拟订调解进程方案。

(5)调解员应当认真、详细地审阅和研究案件的全部文件和材料,抓住案件争议的关键性问题。

(6)调解员应当从法律上和业务上向当事人客观地讲释案情,帮助当事人分析争议的要点和当事人各自的责任,引导当事人在互谅互让的基础上,逐步减少分歧,缩短距离,以期最后达成和解协议。

(7)调解员在调解过程中,应当十分耐心地进行调解工作。

(8)调解员在调解过程中,不得有偏向一方当事人的言行,应尊重由当事人自愿达成和解协议的原则。

(9)如果调解成功,调解员就应及时地制定调解书;如果调解失败,调解员也应及时地声明调解程序的终止并以书面通知当事人。

　　(10)调解员应当严格保守秘密,不得对外透露任何有关案件实体和程序上的情况,包括案情、调解过程、调解商议、调解结果等情况。

　　(11)在当事人申请调解之前就案件实体问题向当事人提供过咨询意见的任何人,不得担任案件的调解员。

　　(12)调解员在调解失败之后,在其后的仲裁程序中,不得充当任何一方当事人的仲裁代理人。

　　司法部制定的《人民调解工作若干规定》第17条规定了人民调解员必须遵守的纪律如下:

　　(1)不得徇私舞弊。

　　(2)不得对当事人压制、打击报复;

　　(3)不得侮辱、处罚纠纷当事人;

　　(4)不得泄露当事人隐私;

　　(5)不得吃请受贿。

　　《人民调解工作若干规定》第18条规定了人民调解员必须遵循如下职业道德:人民调解员履行职务,应当坚持原则,爱岗敬业,热情服务,诚实守信,举止文明,廉洁自律,注重学习,不断提高法律、道德素养和调解技能。

第 八 章　调解费用

诉讼应当向法院交纳和支付诉讼费用,仲裁应当向仲裁机构交纳仲裁费用,同样,调解向调解组织交纳调解费用也是合理的。但是,诉讼调解、仲裁调解的费用与其他调解的费用不同。根据我国民事诉讼法的规定,当事人向法院提起诉讼,应当由原告预交诉讼费,关于其他诉讼费用的支付,如果是申请财产保全、申请司法鉴定等申请费用,通常由申请人先支付,诉讼结束时再根据诉讼费用的负担规定,由应当负担的当事人负担。在诉讼中,当事人若经过调解解决纠纷的,诉讼费用的负担由当事人协商承担,协商不成的,由法院决定。故诉讼调解费用的交纳、支付适用诉讼费用的交纳、支付的规定。同理,申请人向仲裁机构申请仲裁,是按照仲裁法的规定,由申请人先交纳仲裁费,仲裁程序中其他费用的支出,按照规定执行,仲裁程序结束时,由仲裁机构对仲裁费用的承担在仲裁裁决书中作出裁决,当事人之间的纠纷若经过仲裁机构调解解决的,仲裁费用的承担由双方当事人决定。诉讼调解的费用与仲裁调解的费用包括在诉讼费用或仲裁费用的交纳中。其他调解则不同,其他调解不是在诉讼程序中或仲裁程序中的调解,因此,当事人申请调解,如果该调解机构规定应当收费的,则先由申请人预交调解费用;如果该调解机构规定不收费的,则无调解费的支出。

第一节　调解费用概述

一、调解费用的概念和意义

调解费用,是指当事人请求法院、仲裁机构、行政机关或专门的调解组织调解,依照规定向这些机构交纳与支付的程序性费用。调解费用与诉讼费用、仲裁费用类同,是当事人向调解组织交纳的程序性费用。诉讼调解的调解费用被包括在诉讼费用中,仲裁调解的调解费用被包括在仲裁费用中,如前所述。

向当事人征收调解费用的合理性主要体现在以下几方面：

1. 对诉讼调解而言,收取调解费用,以减少国家财政支出。对诉讼调解而言,当事人虽然经协商达成协议解决争议,但是诉讼调解是在法院主持下进行的,是在诉讼程序中的事项,仍然占用了国家司法资源,消耗了国家财政支出,而且,诉讼是为了维护民商事当事人的私利,因此向当事人收取调解费用是合理的,从社会全局来看,体现了一种公平。但在诉讼中,诉讼调解的费用不是独立的,其收取种类和收取标准包括在诉讼费用的规定之内。

2. 对仲裁调解和专门调解组织而言,收取调解费用,以利于仲裁机构及专门调解组织的生存。仲裁机构是依法设立的解决商事争议的民间机构,仲裁机构的生存与运转依靠必要费用的支持,向当事人收取仲裁费,是仲裁机构生存的主要保障。同理,专门的调解组织也如此。仲裁程序中,当事人虽然经协商达成协议解决争议,但是我国的仲裁调解是在仲裁机构的主持下进行的,是在仲裁程序中的事项,仍然占用了仲裁机构的资源,消耗了仲裁机构的财政支出,因此向调解解决争议的当事人收取调解费用为符合情理之事。专门的调解组织与仲裁机构类同,都是依靠必要费用的支持而运转,向当事人收取仲裁费,是其生存的主要保障。

3. 对行政机关调解而言,收取调解费用,以利于减少国家行政费用支出。对行政机关的调解而言,收取调解费用,可以减少国家行政费用的支出。在我国有许多行政主管机关可以调解相关的民商事纠纷,行政机关调解这些纠纷必然会占用行政机关的资源,例如办公经费、行政机关公职人员的工作时间、行政机关的办公场地等,这些都会增加行政机关的行政支出,因此收取必要的调解费用具有合理性。但是是否收取调解费用,由具体法律作出规定。多数情况下,行政机关调解不向当事人收取费用。

二、有偿调解与无偿调解

并非所有调解组织都实行收费制度,在我国,有许多调解是不收费的,特别是那些有权调解民商事的行政机关,相关的法律、法规规定它们在行使行政监督管理职权的同时,可以对其监督管理范围内的民事主体间的纠纷进行调解,但是,这些法律法规不要求向当事人收取调解费用。我国的人民调解委员会调解纠纷实行免费制度,不向当事人收费。《人民调解委员会组织条例》第11条明确规定:"人民调解委员会调解民间纠纷不收费",第13条还规定:人民调解委员会的工作经费和调解委员的补贴经费,由村民委员会或者居民委员会解决。2002 年司法部制定的《人民调解工作若干规定》第 8 条也规定："人民调解委员会调解民间纠纷不收费。"

在国外,有些具有公益性的专门的调解组织调解纠纷,不向当事人收取调解费用。有些营利性的纠纷解决组织,则向当事人收取费用。例如有的律师事务所为当事人调解纠纷,向当事人收取费用,有些专门的调解组织为当事人调解纠纷,向当事人收取费用。例如:英国的"CEDR",中文译作"有效争议解决中心",调解纠纷时向当事人收取费用。中国国际贸易促进委员会/中国国际商会调解中心实施调解收费制度,我国的人民调解委员会调解纠纷则不向当事人收取费用。

与诉讼费和仲裁费相比较,调解组织向当事人收取的调解费比较低廉,以利于当事人选择调解方式解决争议。

另外,为了鼓励当事人调解解决争议,诉讼调解与民事诉讼实行不同的收费标准。2006 年 12 月 8 日国务院通过并公布,2007 年 4 月 1 日起施行的《诉讼费用交纳办法》第 15 条规定:"以调解方式结案或者当事人申请撤诉的,减半交纳案件受理费。"因为多数情况下法院调解结案的工作量比判决结案的工作量小,以调解方式结案的案件减半交纳诉讼费考虑了这样的因素,所以减半收取诉讼费。

三、调解费用的构成

我国法律规定的诉讼费用是指当事人在诉讼中应当向法院交纳的费用,包括案件受理费;各种程序申请费;证人、鉴定人、翻译人员、理算人员在人民法院指定日期出庭发生的交通费、住宿费、生活费和误工补贴。与世界上有些国家不同,律师费和当事人为诉讼支出的差旅费等不纳入诉讼费用之内。

根据我国诉讼费用构成的惯例,若为诉讼调解,则调解费用的构成与诉讼费用的构成相同。若为仲裁调解,则调解费用的构成与仲裁费用的构成相同。若为专门调解组织的调解,则调解费用由调解程序费、调解的其他费用两部分构成。调解程序费是指申请调解的当事人向调解组织支付的费用,其他费用是指那些当事人在调解中因聘请证人、鉴定人、翻译人员、理算人员而发生的费用,调解组织为调查取证或异地调解而支出的差旅费等。

第二节　调解费用的预交与负担

不同的调解,调解费用的预交与负担有所不同。若为诉讼调解,则不采用"调解费用"名称,与诉讼一样统称为诉讼费用,其预交和负担与诉讼费用的预交和负担相同。若为仲裁调解,则也不采用"调解费用"名称,与仲裁一样统称为仲裁费用,其预交和负担与仲裁费用的预交和负担相同。专门调解组织的调解费用的预交与负担另有规定。

目前,除法院、仲裁委员会外,行政机关调解和专门调解组织的调解,规定收费的有:

中国国际贸易促进委员会/中国国际商会调解中心调解商事纠纷,规定向当事人收取调解费用。港务监督调解海上交通事故纠纷的收取调解费。渔港监督调解海上渔业交通事故纠纷的,规定向当事人收取调解费。交通部港监局调解长江干线水上交通事故的,规定向当事人收取调解费。

1990年交通部发布的《中华人民共和国海上交通事故调查处理条例》中规定:凡申请港务监督调解的,应向港务监督交纳调解费。

1997年农业部修订后发布的《中华人民共和国海上渔业交通事故调查处理规则》中规定:对渔业海上交通事故引起的民事纠纷,当事人可以向渔港监督申请调解。凡申请渔港监督调解的,应向渔港监督缴纳调解费,收费标准,由农业部会同国家物价局、财政部制定。

1996年交通部发布实施的《长江干线水上交通事故民事纠纷调解办法》中规定:事故当事方可在事故发生之日起五日内向事故发生地的港监提交书面调解申请,申请人按港监要求预交了事故估损总额0.5％调解费的,港监受理案件。

但是,随着我国市场经济制度的发展壮大,当事人对民商事纠纷寻求相关行政管理机关调解的需求日益减少,对这些民商事纠纷,当事人绝大多数寻求仲裁或诉讼途径解决,以致专利管理机关调解处于名存实亡状态。因为行政机关对民事纠纷调解后达成的协议不具有约束力,当事人可以因反悔而不执行、不履行调解协议,所以,当事人绝大多数寻求有约束力、有法律效力的仲裁或诉讼救济途径。

一、调解费用的预交

案件受理费的预交。对于法院调解,当事人预交的是诉讼案件受理费,案件受理费由原告预交,若被告反诉的,被告预交反诉的案件受理费。对于仲裁调解,当事人预交的是仲裁案件受理费。对于专门调解组织和行政机关调解,申请人有的需要交纳调解费,有的不需要交纳调解费,是否交纳决定于法律、法规或部门规章规定调解是否收费。

根据中国国际贸易促进委员会/中国国际商会调解中心收费规定,调解中心及各分会调解中心依照规定标准向当事人收取调解费用。通常当事人双方在争议发生前或发生后达成调解协议,共同申请调解的,则由申请人及被申请人按照调解规则所附调解收费表的规定分别预交调解费的 50％。如申请人在提出调解申请时尚未与被申请人取得联系,或双方尚未就以调解的方式解决争议达成一致,则申请人在提交前述材料的同时按照调解规则所附调解收费表的规定先预交调解费的 50％。调解中心收到调解申请书及其附件后,经审查完毕,立即转送给被申请人一式一份。被申请人应在收到上述文件之日起 15 日内确认同意调解,并在调解中心的调解员名册中选定或委托调解中心代为指定一名调解员,同时按照调解规则所附调解收费表的规定预交调解费的 50％;如果被申请人不同意调解,则不必付费,调解程序不再进行。该收费规定还规定:若调解程序因故中止,调解中心可根据调解工作的进展情况和实际开支,适当返还当事人预交的部分调解费。

1997 年 12 月 25 日农业部修订发布的《中华人民共和国渔业海上交通事故调查处理规则》第 26 条规定:凡申请渔港监督调解的,应向渔港监督缴纳调解费,收费标准,由农业部会同国家物价局、财政部制定。

1996 年发布实施的《长江干线水上交通事故民事纠纷调解办法》中规定:事故当事方可在事故发生之日起五日内向事故发生地的港监提交书面调解申请。港监收到事故调解申请后应进行审查,符合下列条件的可立案调解,否则不予受理:

(1)在规定时间内递交书面调解申请的;

(2)按港监要求预交了事故估损总额 0.5％调解费的;

(3)按港监要求提供了有关经济担保的或有足够证据证明自己有支付能力的;

(4)属于港监调解范围的事故。

■ 二、调解费用的负担

对于法院调解，当事人达成协议解决争议的，诉讼费用的负担由当事人双方协商解决，就诉讼费问题协商不成的，由法院决定并载入调解书。对于仲裁调解，当事人达成协议解决争议的，仲裁费用的负担由当事人双方协商解决，与法院调解不同，仲裁法没有规定当事人就仲裁费用的负担协商不成仲裁庭有权决定。

中国国际贸易促进委员会/中国国际商会调解中心调解纠纷，调解员应根据案情和调解的结果，确定当事人承担的调解费用比例，当事人另有约定的除外。调解过程中，因聘请有关行业的专家参与调解工作，所产生的费用，由当事人承担；调解在调解中心以外的其他地点进行的，由此产生的费用，由当事人承担；调解员认为确有必要到外地察看调查的，调解人员的食宿、交通等实际费用，按照合理的标准向当事人收取。

调解渔业海上交通事故纠纷的，根据《中华人民共和国渔业海上交通事故调查处理规则》第26条规定：当事人经调解签署调解协议书的，调解费用按责任比例或约定的数额分摊；调解不成的，由当事各方平均分摊；调解过程中，当事人要求撤销调解的，调解费用由申请撤销方承担。因事故的调查、处理或调解而产生的交通费、电讯费、差旅费和其他费用按实际支出纳入事故调查处理费内，由事故当事人按事故责任比例分担，事故纠纷由渔港监督调解，已交纳调解费的，上述费用不再收取。

调解长江干线水上交通事故民事纠纷的，根据《长江干线水上交通事故民事纠纷调解办法》中的规定，港监机关受理事故调解的决定一经作出，不论调解是否开始、中止或完成，申请人均有义务支付港监机关为受理调解所开支和发生的实际、合理的成本费用，以及当事各方申请人所应承担的不少于50％的调解费用和主管机关控制下的海难救助费用。而且该《办法》还规定：申请人不愿承担上述费用，故意拖延滞纳时，港监机关可向法院申请强制执行。

第九章　诉讼调解

第一节　诉讼调解概述

一、诉讼调解的概念与特征

诉讼调解，又称法院调解，是指在法院审判人员的主持下，双方当事人就他们之间发生的民事权益争议，通过自愿、平等地协商，互谅互让，达成协议，解决纠纷的诉讼活动。诉讼调解不同于其他的调解，例如人民调解委员会的调解、行政调解以及仲裁程序中的调解等。诉讼调解是发生在诉讼程序中，由法院审判人员主持的调解，是当事人根据自愿，经过相互协商，合意解决纠纷的方式。诉讼调解是富有中国特色的一项纠纷解决制度，法官不仅是参与者，而且还是主持者，与外国不同。

我国的诉讼调解主要具有以下特征：

1.诉讼调解是在法院审判人员的主持下，当事人相互协商解决纠纷的诉讼活动。"调解"一词与"和解"相比较，体现了由第三方作为中立者从中协调、帮助、劝导纠纷双方协商解决争议的含义及特征。根据我国人民法院的司法传统和《民事诉讼法》的规定，法院审判人员有权对民事诉讼当事人之间的纠纷进行调解，即以说服、教育的方式劝导、协助当事人协商解决争议。说服教育时主要以法律规范为根据，辅之以道德规范、习惯、情理等，公平合理地主持当事人协商。与外国法的规定和传统习惯不同，特别是与英美法系国家规定和传统习惯不同，法官可以鼓励当事人自行协商解决争议，但是他们不允许审判案件的法官参与、介入当事人协商解决争议的活动，法官不得对当事人的争议为调解行为，否则违反程序公平原则，与法官中立者的地位冲突。我国的诉讼调解具有鲜明的特色，合乎中国社会的传统，成为人民法院的司法传统。

2.诉讼调解贯穿于民事诉讼程序的全过程。人民法院根据审理民事案件的需要，根据案件的具体情况，能够调解的随时都可以进行调解。从案件的立

案阶段、审理前的准备阶段、开庭审理阶段,直至法院宣判之前,调解都可以进行。

3.诉讼调解是人民法院审理民事案件,解决民事纠纷的一种结案方式,是与诉讼和解并存的一种结束诉讼的方式。判决并非民事争议诉讼的唯一结果,法院虽然是国家设立的行使审判权的机关,但是,并不排除在审判过程中,当事人协商解决纠纷,而且,当事人在诉讼中以协商解决他们之间争议的方式,使诉讼程序结束,成为诉讼程序中的一个不可忽视的方式。在我国法院的诉讼程序中,法官有权对当事人之间的争议进行调解,当事人之间也可以自行和解,和解是我国民事诉讼法规定的一种制度、一种终结案件审理的方式。

4.诉讼调解是法院行使职权与当事人行使权利相结合的行为与结果。调解是法院行使职权的行为,还是当事人行使处分权双方合意解决争议的行为与结果,这个问题在我国民事诉讼法学发展的历史上有不同的认识,以往传统的观念认为调解是法院行使审判权的一种方式,强调的是法院的职权,忽视了当事人双方合意的性质。20世纪90年代以后,民事诉讼法学界越来越多的学者意识到并提出调解不应当仅视为法院行使审判权的行为,更应当看到和承认调解是当事人双方在诉讼中合意解决争议的行为。更有甚者认为,诉讼调解就是当事人行使权利的行为与结果。我们认为,在我国,诉讼调解是法院行使职权与当事人行使权利相结合的行为与结果。

■ 二、诉讼调解的性质

关于法院调解的性质问题,如前所述,调解是法院行使职权的行为,还是当事人行使处分权双方合意解决争议的行为与结果,在我国民事诉讼法学的发展史上形成三种不同的学说:一是法院行使审判权说,二是法院行使审判权与当事人行使处分权说,三是当事人行使处分权说。这三种学说分别被称为法院审判行为说、法院审判行为与当事人处分行为相结合说、当事人处分行为说。

审判行为说是我国民事诉讼法学的传统学说,在20世纪90年代初期之前为主流学说,这种学说认为"法院调解,是人民法院依照法律规定行使审判权的一种方式和诉讼活动"。[①] 这种学说认为调解是人民法院在审理民事案件的过程中进行的一项诉讼活动,是人民法院行使审判权,处理民事纠纷,结束诉讼程序的一种结案方式。持不同学说者认为,这种学说具有片面性,它仅

---

① 王怀安主编:《中国民事诉讼法教程》,人民法院出版社1992年版,第178页。

强调法院在调解中的作用,仅看到法院的作用,片面突出强调了法院的作用,忽视了调解是在法院的主持下当事人协商解决纠纷的本质性,忽视了调解与判决的不同性质、不同特征,忽视了调解与判决的区别。另外,这种学说在司法实务中一定程度上产生了负面作用,使有些审判人员在进行调解工作时为了达到调解结案的目的,强迫或者变相强迫当事人达成他们实质上并不愿意达成的调解协议,因此受到了学者们普遍的批评。

法院审判行为与当事人处分行为相结合说以全面的视角考察诉讼调解,对法院审判行为说提出了批评意见,认为应当从法院的审判行为和当事人的处分行为两方面全面观察诉讼调解这一事物,诉讼调解,如果没有当事人相互协商达成协议的行为和结果,就不成其为调解,与判决无异;如果没有法院主持调解工作,也不成其为调解,与诉讼和解无异,因此诉讼调解的性质应当是法院审判行为与当事人处分行为相结合。该学说赞同当事人处分行为说的合理性,但是认为当事人处分行为说也具有片面性,它仅强调了当事人在诉讼调解中的作用,忽视了法院在其中的作用,使诉讼调解与诉讼和解无法区别。我们赞同这种学说。

当事人处分行为说从诉讼调解的实质内核观察,对法院审判行为说提出了相反的观点,认为诉讼调解在本质上是当事人相互协商,经过谈判与利弊权衡,最终达成协议解决争议,以致诉讼程序结束。若无当事人之间的协商或达成协议的结果,法院做再多的调解工作也无法达到目的,无法以调解的方式解决纠纷。当事人经过相互协商,行使程序上的处分权与实体上的处分权,是诉讼调解的必要条件。当事人处分行为说的贡献在于揭示了调解与判决的不同性质,指出了诉讼调解与判决的本质区别,对在我国民事诉讼理论界长期占主导地位的法院审判行为说,以及这种传统的观念进行了必要的修正。但是,这种学说带有片面性,仅着眼于强调当事人行为在诉讼调解中的作用,没有同时正视法院的行为和作用,使诉讼调解与诉讼和解无法区别。

三、诉讼调解在我国人民法院的历史发展

我国的人民法院调解,即诉讼调解肇始于我国新民主主义革命时期。法官积极主动地对当事人说服教育、耐心劝导,促使当事人就纠纷达成协议,在抗日民主政权时期和解放战争时期成为根据地法院和解放区法院处理民事纠纷的主要方式。和平地解决纠纷,避免了民事纠纷发生的矛盾激化,加强了民族团结和人民内部的团结,有利于团结各方面的力量对敌斗争,在特定的历史环境中使法院调解得以扩张适用。

当时,在提倡审判与调解相结合的马锡五审判方式的基础上,提出了"调解为主,审判为辅"的司法方针,但是,由于"调解为主,审判为辅"方针具有片面性,造成了一些不良后果,1945 年陕甘宁边区高等法院作了纠正,此后,边区的民事审判工作只提倡"调解为主",不再提倡"审判为辅"。① 解放战争时期,各解放区法院继承和发扬了老解放区的走群众路线的审判方式,法院调解制度得到继承与发扬。

新中国成立后,法院调解的司法原则继续发扬光大,在新中国民事法制建设的初期发挥着重要作用。同时,为处理好调解与审判的关系,对调解工作中一些过分的做法,通过 1950 年第一届全国司法工作会议,作了一些纠正的工作。

1963 年最高人民法院召开了第一次全国民事审判工作会议,提出了"调查研究,就地解决,调解为主"的民事审判工作十二字方针。1964 年民事审判工作的方针又进一步发展为"依靠群众,调查研究,就地解决,调解为主"的十六字方针。调解在审判中继续受到重视,继续得到强调。

"文革"曾经使法院正常的审判工作一度中断,"文革"结束以后,我国人民法院恢复正常工作,民事审判工作中仍然坚持调解为主的审判方针。1982 年我国第一部民事诉讼法典——《民事诉讼法(试行)》颁布实施,法院调解的原则在一定程度上得以修正,"调解为主"的方针被修正为"着重调解"。因为专家学者对"调解为主"的方针提出了越来越多的不同意见,人们认为法院是国家的审判机关,审判机关应当以审判工作为主要工作,"调解为主"就意味着审判为辅,这种方针与行使国家审判权的法院的性质有矛盾。理论上的不同观点,使专家学者与立法者对调解在诉讼中的特殊地位重新审度。因此,1982年我国制定颁布的《民事诉讼法(试行)》第 6 条规定:"人民法院审理民事案件,应当着重调解;调解无效的,应当及时判决。"此次修改突出了两点内容:一是法院在审理民事案件的过程中应当着重于用调解的方式解决纠纷;二是对于调解无效的,不应久调不决,而应当及时判决。

"着重调解"的用语虽然与"调解为主,审判为辅"、"调解为主"的用语有了质感上的些微不同,但是并没有多少本质上的区别,在人们的意识中,在法院的工作传统上,对调解仍然情有独钟,在法院审理案件的过程中过度注重调解造成的偏差仍然不能克服。学者们对此提出了许多批评,主要认为过度强调调解与法治相冲突,而且指出由于以往过分强调调解,使调解在审判实践中出

---

① 江伟主编:《民事诉讼法学原理》,中国人民大学出版社 1999 年版,第 310 页。

现了种种偏差。例如审判员为了片面追求调解结案率,变相强迫当事人接受调解;审判员不注重认真审查案情,不注重分清是非责任而无原则地"和稀泥"调解结案;为了追求调解率,不注重保护当事人的合法权益,以拖延诉讼或压制当事人的方式逼迫当事人让步而接受调解等等。立法者采纳了这些不同意见,1991 年我国《民事诉讼法》修订时,对法院调解作了重大的修改,《民事诉讼法》第 9 条规定:"人民法院审理民事案件,应当根据自愿和合法的原则进行调解;调解不成的,应当及时判决。"此次修改突出了三点内容:一是人民法院在审理民事案件的过程中可以采取调解的方式解决纠纷;二是调解的过程中要遵循当事人自愿的原则与合法的原则,不得强迫或者变相强迫当事人接受调解;三是调解不成的应当及时判决,而不得久调不决,不得以拖延诉讼的方式变相强迫当事人接受调解。而且,在理论上人们一致认为调解除了必须遵守自愿的原则、合法的原则外,还必须遵循查明事实,分清是非的原则。

此后,理论界对法院调解的制度、存在的问题展开了全方位的分析、批评,并且提出了各式各样的改革方案,促使我国法院诉讼调解制度逐渐完善。2004 年 8 月 18 日,最高人民法院审判委员会通过,同年 11 月 1 日起实施了《关于人民法院民事调解工作若干问题的规定》,该规定共 24 个条文,对民事诉讼调解通过比较详尽的规定作出了进一步的解释,体现了民事司法改革的成果。[①]

■ 四、诉讼调解与诉讼和解的关系[②]

在我国民事诉讼法的规定中诉讼调解与诉讼和解两种制度同时存在,同时成为当事人可以根据程序选择权自由选择的,两种类似的但又有差别的纠纷解决制度。这两种制度的相同之处在于:

第一,两者都是我国《民事诉讼法》中规定的,民事诉讼程序中解决纠纷的方式。我国《民事诉讼法》中既规定有调解制度,又规定有和解制度,诉讼当事人的纠纷既可以通过法院调解解决,又可以自行和解解决。

第二,本质上两者都是通过当事人相互协商的方式,最终达成协议解决纠

[①] 由于《民事诉讼法》经过 2007、2012 两次修订条文顺序变化以及该司法解释有些内容被《最高人民法院关于适用〈民事诉讼法〉的解释》纳入,因此 2020 年该司法解释进行修订。

[②] 本书第二章第四节"调解与和解"是就两者的一般意义而言,此处的诉讼调解与诉讼和解是就我国《民事诉讼法》所规定的两种制度而言。

纷。调解的特征在于法院介入,对诉讼当事人劝导、说理、疏导等,促成当事人达成调解协议。和解则无法院的介入,是当事人自行协商达成协议,解决争议。本质上两者都是经过协商达成协议,区别仅在于是否有法院的介入。

这两种制度的不同之处在于:

第一,如前所述,诉讼调解与诉讼和解的主要区别在于,调解是有法院介入、主持的当事人协商解决争议的制度。和解是当事人自行协商解决争议的制度,没有法院介入,但是根据《关于人民法院民事调解工作若干问题的规定》第1条:当事人在和解过程中申请人民法院对和解活动协调的,人民法院可以委派审判辅助人员或者邀请、委托有关单位和个人从事协调活动。

第二,诉讼调解与诉讼和解的法律后果、结案方式不同,这也是两者之间的主要区别。根据《民事诉讼法》的规定,经过法院调解,当事人之间达成调解协议的,由法院根据达成的调解协议制作调解书,调解书经送达当事人生效后诉讼程序结束,调解书与判决书具有同等法律效力。当事人自行和解的,根据以往的惯例,可以选择撤诉结束诉讼程序,也可以请求法院将他们之间达成的和解协议制作调解书,以调解的方式结案。最高人民法院《关于人民法院民事调解工作若干问题的规定》第2条明确规定:"当事人在诉讼过程中自行达成和解协议的,人民法院可以根据当事人的申请依法确认和解协议制作调解书。……"当事人和解后,原告撤诉的,发生撤诉的法律后果,若为一审程序中和解后撤诉,撤诉的原告在诉讼时效内还可以重新起诉。若为二审程序中和解后撤诉,一审裁判生效,当事人无法再重新提起上诉。

诉讼和解制度也是外国民事诉讼法上规定的制度,但是外国民事诉讼上的和解与我国的诉讼调解不同:

第一,外国民事诉讼法上的和解通常没有审判法官的参与,法官在其中不起主导的、积极的作用,传统的和解就是当事人之间自行协商的行为,和解协议是当事人自行协商的结果。西方法律传统奉行司法消极主义,和解是当事人行使自己的处分权的行为,法官的司法裁判行为应当受当事人处分权的限制,公平原则要求法官应当保持中立,不得主动要求当事人协商解决争议,不得向当事人提出和解方案。如今这一传统已经有所变化,法官由消极者成为鼓励当事人和解的积极者,但是,与我国的诉讼调解不同,他们的民事诉讼法规定审判法官仍然不参与当事人的协商活动,而是由受命法官、受托法官或者治安法官等主持和解。

第二,结案的方式不同。在外国民事诉讼中,当事人和解达成和解协议的,通常由法官将和解协议记入法院笔录,和解笔录具有与判决同等的法律效力,例如日本。或者申请法官制作合意判决,该判决具有强制执行效力,例如英国。或者当事人达成和解契约,提出具有禁止再诉的撤诉申请,例如美国。我国的诉讼调解,是以法院根据当事人达成的和解协议制作调解书为结果,根据《民事诉讼法》的规定,调解书与判决书具有同等法律效力。

外国民事诉讼上的和解与我国民事诉讼上的和解制度也有区别:

第一,法律后果不同。我国的和解的法律后果与外国的不同,我国的诉讼和解不因法院记入笔录而产生与判决同等的法律效力。即使当事人因和解而撤诉,这种撤诉也不具有禁止再诉的法律效力,当事人仍然可以再行起诉。如果当事人达成和解协议,申请制作调解书的,因调解书具有与判决同等的效力,和解因此转化为调解书而具有结案的效力和申请强制执行的效力。

第二,诉讼和解在我国民事诉讼中与诉讼调解并存,根据《中国法律年鉴》的统计数据表示,由于调解为我国民事审判所提倡,诉讼调解的使用率很高,同作为当事人合意解决纠纷的方式,在我国的民事诉讼中,诉讼和解的比例不高。在外国民事诉讼中仅有诉讼和解的制度,作为当事人合意解决纠纷的方式就是和解。随着近些年的民事司法改革,和解的比率越来越高。

■ 五、诉讼调解制度的功能

(一)解决纠纷,结束诉讼程序

如果结果法院调解,当事人之间达成协议解决纠纷的,法院根据当事人达成的和解协议制作调解书,调解书送达后,诉讼程序结束。如在第一审程序中调解结案,因当事人不得对调解书上诉,故第二审程序不会发生。

(二)消除争议,促进和谐

与判决相比较,调解是当事人自愿达成的解决纠纷的协议,不是法院行使裁判权,强行裁判的结果,故调解者,可以真正消除当事人之间的争议,促进当事人和谐相处。判决者,当事人之间的纠纷在法律上虽然解决了,但是他们之间的矛盾往往未真正消除,有时不利于他们之间今后的相处、合作或交往。

(三)弥补法律规定的不足

法律具有相对滞后性,法律一定程度上还难免僵化,另外法律难免有真空地带,诉讼案件遇有诸如此类的问题时,法院作出判决会有一定困难,或者依据现行法律作出的判决会与情理不合,在这种情况下,调解解决当事人之间的纠纷是一种很好的方式。

(四)节约司法资源

就多数情况而言,诉讼调解可以在三个方面节约司法资源:第一,当事人

若在庭审前或庭审中达成协议解决争议的,法庭调查可以不再继续进行,迅速结束案件的审理。第二,若在一审程序中调解结案的,案件的第二审程序不会发生,诉讼可就此结束。对法院而言可以节约司法资源,对当事人而言也可以节约诉讼的各种支出。第三,诉讼调解的案件,有一定比率的当事人会即时履行义务,案件的强制执行程序不会发生。

六、诉讼调解的适用范围

一般的民商事案件都可以适用调解,但是有些类型或性质的案件不适宜调解,而且有些诉讼程序也不适用调解。

（一）可适用调解的案件范围

一般的民商事案件可以适用调解,但是根据最高人民法院的司法解释,下列案件不适用调解的规定:

1.宣告婚姻无效的案件。《最高人民法院关于适用〈中华人民共和国民法典〉婚姻家庭编的解释》(一)中第11条第2款规定,对婚姻效力的审理不适用调解,应当依法作出判决。

2.非诉讼程序案件。《最高人民法院关于适用〈民事诉讼法〉的解释》第143条规定了几类法院不予调解的案件,其中有非诉讼程序案件,即适用特别程序、督促程序、公示催告程序、破产程序的案件,人民法院不予调解。

3.确认之诉案件。《最高人民法院关于适用〈民事诉讼法〉的解释》第143条中规定的,法院不予调解的案件还有确认婚姻关系、身份关系的案件,人民法院不予调解。

4.其他性质不适宜调解的案件。其他性质不适用调解的案件,是指根据案件性质,在上述不适用调解的案件之外的所有案件,例如合同是否有效的案件不适用调解。

是否适用调解是由诉讼案件的性质所决定的,调解是诉讼当事人对发生争议的民事权利处分的行为,案件所涉及的民事诉讼权利可处分的就适用调解,不可处分的就不适用调解。适用非诉讼程序审理的案件,因案件的性质不是两造当事人之间因民事权利义务关系发生争议请求法院裁判,而是请求法院确认某种法律权利或某种法律事实,这些权利或法律事实或者被确认或者被驳回是由法律规定所决定的,当事人不得根据自己的意志确定。确认当事人之间的法律关系是否存在的案件不适用调解,因为法律关系是否存在应当以法律规定为依据,不是由当事人处分的权利。确认当事人之间的法律关系是否有效也不适用调解,因为当事人之间的法律关系是否有效决定于法律规定,而非当事人可以行使处分权处分的权利。

(二)可适用调解的程序范围

调解贯穿诉讼的全过程,即在一审程序中、二审程序中都可以调解。再审案件所适用的程序可能是二审程序,也可能是一审程序,若再审案件原来是经过二审程序后终结的,该案件再审时适用二审程序;若再审案件原来是经过一审程序后终结的,该案件再审时适用一审程序,或者被上级法院提审而适用二审程序,因此说调解也适用于再审程序。

从程序的角度而言,调解不适用于特别程序、督促程序、公示催告程序、破产程序。根据我国《破产法》的规定,破产程序中债权人与债务人可以和解,而不是由法院调解。

七、诉讼和解

(一)诉讼和解的概念

诉讼和解,是指当事人双方在诉讼中,自行协商,自愿达成协议解决纠纷,终结诉讼活动的制度。我国《民事诉讼法》既确定了法院调解的制度,又确定了当事人自行和解的制度。《民事诉讼法》第 53 条规定:"双方当事人可以自行和解。"

和解与调解不同,和解不是在法院主持下进行的解决纠纷的行为,而是当事人在诉讼程序中自行解决纠纷的行为。和解的结果与调解不完全相同。当事人在诉讼程序中达成和解协议后,诉讼可以两种方式结束:一是可以由当事人申请撤诉;二是可以由当事人向法院申请将他们之间达成的和解协议制作成调解书,而获得调解结案的效力,并结束诉讼程序。

我国民事诉讼中的和解与外国民事诉讼中的和解有不同之处,如前所述,其不同之处在于和解的法律后果与差异,由于这个原因,又由于诉讼调解制度很发达,和解在我国民事诉讼中的使用率比较低。

执行和解。执行和解与诉讼和解不同,执行和解是指在法院强制执行的程序中,债权人与债权人(执行当事人),就执行权利义务、执行标的物、执行期限、义务履行方式等自愿、自行协商,达成协议,履行义务的行为和制度。《民事诉讼法》第 237 条规定:"在执行中,双方当事人自行和解达成协议的,执行员应当将协议内容记入笔录,由双方当事人签名或者盖章。一方当事人不履行和解协议的,人民法院可以根据对方当事人的申请,恢复对原生效法律文书的执行。"

执行和解是当事人对法院作出的生效法律文书所确定的权利义务关系行

使民事处分权的结果,执行和解也是当事人行使处分权的行为,但是与诉讼和解不同:第一,执行和解是发生在强制执行程序中的行为和制度,诉讼和解是发生在诉讼程序中的行为和制度。第二,执行和解当事人和解的客体是人民法院作出的裁判文书所确定的权利义务,诉讼和解的客体是当事人讼争的民事权利义务。

(二)诉讼和解的程序

诉讼和解制度在我国民事诉讼法中的规定比较简单,法律条文数量很少。诉讼和解由当事人自行启动,自行进行。达成和解协议后,由当事人决定撤诉,还是请求法院将和解协议制作成调解书,以获得法律效力,以调解的方式结案。为了鼓励当事人自行协商解决争议,为了完善和解制度的规定,最高人民法院在其司法解释中对和解制度作出进一步的解释。2020 年最高人民法院《关于人民法院民事调解工作若干问题的规定》第 2 条规定:"当事人在诉讼过程中自行达成和解协议的,人民法院可以根据当事人的申请依法确认和解协议制作调解书。双方当事人申请庭外和解的期间,不计入审限。""当事人在和解过程中申请人民法院对和解活动进行协调的,人民法院可以委派审判辅助人员或者邀请、委托有关单位和个人从事协调活动。"这条规定包含三方面的程序性内容:

1.将以往的习惯予以确认,当事人达成和解协议后,可以申请法院确认并制作调解书。

2.当事人可以向法院申请庭外和解,诉讼程序暂停,和解所花费的时间不计入法院的审限。

3.当事人和解,可以申请法院予以协调。法院可以派审判辅助人员予以协调,或者委托法院以往的有关单位或个人予以协调,帮助当事人和解以达成和解协议。

(三)诉讼和解的法律后果

如前所述,我国民事诉讼中的和解的法律后果与外国民事诉讼中和解的法律后果有不同之处,当事人和解后可以选择撤诉,也可以申请法院确认并制作调解书。

诉讼和解的后果与当事人结束诉讼的方式有关,若当事人选择撤诉的,在我国并无禁止再诉的法律效力,当事人仍然可以再行起诉,原和解协议发生什么法律效力,法律和司法解释没有确定。这点为现行法律的不足之处,因此专家学者建议完善我国的诉讼和解制度,提高其制度价值。若当事人申请法院确认并制作调解书,则发生调解结案的法律后果,调解书与判决书具有同等法律效力,诉讼程序结束,若为一审程序中的和解,当事人不得上诉。

第二节　诉讼调解的基本原则

法院调解应当遵循一定的原则,根据我国《民事诉讼法》的规定,法院调解必须遵循以下三个原则:

一、自愿原则

(一)自愿原则的含义与内容

《民事诉讼法》第 96 条规定:"人民法院审理民事案件,根据当事人自愿的原则,在事实清楚的基础上,分清是非,进行调解。"第 99 条规定:"调解达成协议,必须双方自愿,不得强迫。……"《最高人民法院关于适用〈民事诉讼法〉的解释》第 145 条规定:"人民法院审理民事案件应当根据自愿和合法的原则进行调解。当事人一方或双方坚持不愿调解的,人民法院应当及时判决。""人民法院审理离婚案件,应当进行调解,但不应久调不决。"

《民事诉讼法》及其司法解释规定调解必须以自愿为原则,因为调解最终是当事人双方以协议的方式,自主解决纠纷,而不是法院行使审判权,以强制的方式解决纠纷。自愿原则包括两方面的含义,既包括程序意义上的自愿,也包括实体意义上的自愿。

1.程序意义上的自愿。程序上的自愿,是指当事人双方愿意以调解的方式解决纠纷,调解由当事人申请,也可以由法官提出建议,但人民法院不能强制进行。

2.实体意义上的自愿。实体上的自愿,是指调解达成的协议,也要出于当事人双方的意愿,协议的内容必须是双方真实意思的表示,不得有任何强迫的成分。

(二)自愿原则的特别规定

《民法典》第 1079 条第 2 款规定:"人民法院审理离婚案件,应当进行调解;如感情确已破裂,调解无效,应准予离婚。"最高人民法院《关于适用简易程序审理民事案件的若干规定》第 14 条规定:下列民事案件,人民法院在开庭审理时应当先行调解,但是根据案件的性质和当事人的实际情况不能调解或者显然没有调解必要的除外:(1)婚姻家庭纠纷和继承纠纷;(2)劳务合同纠纷;(3)交通事故和工伤事故引起的权利义务关系较为明确的损害赔偿纠纷;(4)

宅基地和相邻关系纠纷;(5)合伙纠纷;(6)诉讼标的额较小的纠纷。

根据以上规定,对这七种类型的案件法院可以先行调解,但是案件的性质不适宜调解的,根据案件的具体情况不宜调解的,或者明显没有调解必要的除外。这些规定并不意味着自愿原则的不适用,这些规定仅仅表明,调解程序的开始由法院主动提出,是否调解或者是否达成协议仍然由当事人决定,本质上并不与自愿原则相悖。

二、合法原则

《民事诉讼法》第99条中规定:"调解协议的内容不得违反法律规定。"这是法律确定的合法原则。《最高人民法院关于适用〈民事诉讼法〉的解释》第145条规定:"人民法院审理民事案件应当根据自愿和合法的原则进行调解。当事人一方或双方坚持不愿调解的,人民法院应当及时判决。"合法原则也包括两方面的含义:

(一)程序合法

程序合法,是指调解必须依照《民事诉讼法》的程序规范进行,不得因调解而违反程序性规定。例如为了保障程序公正,当法官有回避的情形时,不得因调解而不回避。又如为了保障程序公正,不得因调解而不向当事人告知其在诉讼中享有哪些诉讼权利,承担哪些诉讼义务。

(二)实体合法

实体合法,是指调解协议的内容应当合法,要符合实体法的规定,不得损害国家、集体和他人的合法权益。

调解协议内容的"合法",不是指严格意义上的合法,而是指一般意义上的合法,即协议的内容只要不违反法律禁止性规定的就是合法,而不是像判决那样严格按照法律规定对双方当事人的权利义务作出判定。对此,最高人民法院《关于人民法院民事调解工作若干问题的规定》第10条规定:调解协议具有下列情形之一,人民法院不予确认:

(1)侵害国家利益、社会公共利益的;

(2)侵害案外人利益的;

(3)违背当事人真实意思的;

(4)违反法律、行政法规禁止性规定的。

这种合法性是由调解的性质决定的,当事人可以在调解的过程中行使民事处分权,调解的结果因此可能与判决的结果不一致。但对当事人达成的调解协议,人民法院仍有审查的必要,发现有违反法律禁止性规定,损害国家、集体和他人合法权益的情形的,不能批准。

三、查明事实、分清是非原则

根据《民事诉讼法》第 96 条的规定,法律要求人民法院审理的案件,必须在事实清楚的基础上,分清是非,进行调解,调解不应当无原则地"和稀泥"。以事实为根据、以法律为准绳,是法院调解必须遵守的原则之一。查明案件事实是分清是非责任的前提,又是法官在调解的过程中对当事人进行说服教育的基础,事实清楚、是非分明有利于纠纷的及时解决。

查明事实、分清是非的原则是现行民事诉讼法规定的原则,1982 年颁布实施的原《中华人民共和国民事诉讼法(试行)》中无此规定。1982 年试行《民事诉讼法》实施的过程中,诉讼调解工作中出现了一些偏差,审判人员为了简便,不注重对案件事实的调查,不注重对法律关系的分析,在双方当事人之间"和稀泥",仅追求调解解决纠纷的结果,甚至调解书简化至仅剩调解协议内容,无案件事实的程度,以至于弱化了法律的严肃性,助长了当时有些法律水平不高的审判人员的惰性,一定程度上成为审判人员强迫或者变相强迫当事人调解的因素。为了纠正这种偏差,现行《民事诉讼法》中增加了调解应当查明事实、分清是非的原则。但是,如今的情况发生了很大的变化,法院审判人员的学历水平大幅提高,法律依据越来越丰富,案件的律师代理比率越来越高,以往的问题不再成为主要的问题,新问题的出现,新诉讼观念的提出,使专家学者认为应当取消查明事实、分清是非的原则,仅坚持自愿原则和合法原则进行调解。

第三节　诉讼调解的程序

诉讼调解虽然是在法院的主持下双方当事人相互协商解决争议,但也应当遵循一定的程序规范。根据我国《民事诉讼法》的规定和最高人民法院的司法解释,诉讼调解的过程与案件的审理过程是融合在一起的,在我国的民事诉讼中,调解不是独立的程序。调解贯穿于案件审理程序的始终,即在诉讼过程中,法院可以在适宜的时机建议当事人进行调解。法院调解的程序可以分为开始、进行和结束三个阶段。

一、调解程序的启动

我国民事诉讼中的调解是在法院的主持下,当事人之间相互协商的行为。根据我国《民事诉讼法》的规定和最高人民法院的司法解释,调解程序的启动有两种方式,既可以依当事人申请开始,也可以由人民法院依职权征得当事人同意后开始。

（一）当事人申请

关于当事人的诉讼权利,我国《民事诉讼法》第 52 条第 1 款规定:"当事人有权委托代理人,提出回避申请,收集、提供证据,进行辩论,请求调解,提起上诉,申请执行。"这条规定表明,当事人有权申请法院调解,即调解程序的开始可以因当事人申请而开始。如果一方当事人申请调解,另一方当事人不同意调解,则法院不得强制。

（二）法院建议

《最高人民法院关于适用〈民事诉讼法〉的解释》第 142 条规定:"人民法院受理案件后,经审查,认为法律关系明确、事实清楚,在征得当事人双方同意后,可以径行调解。"这条规定表明,法院有权向诉讼当事人提出调解的建议,征得当事人的同意后,对当事人之间的纠纷进行调解。根据我国人民法院的司法传统和诉讼观念,大多数情况下法院建议当事人调解解决争议,法院在诉讼程序进行中主动向当事人提出建议,这是调解程序启动经常适用的方式。

二、调解的进行

调解的时间。法院调解可以在开庭审理时进行,也可以在开庭审理前或审理后进行。《最高人民法院关于适用〈民事诉讼法〉的解释》第 142 条规定:"人民法院受理案件后,经审查,认为法律关系明确、事实清楚,在征得当事人双方同意后,可以径行调解。"最高人民法院《关于人民法院民事调解工作若干问题的规定》第 4 条确定:"在答辩期满前人民法院对案件进行调解,适用普通程序的案件在当事人同意调解之日起 15 天内,适用简易程序的案件在当事人同意调解之日起 7 天内未达成调解协议的,经各方当事人同意,可以继续调解。延长的调解期间不计入审限。"即调解进行的时间通常是在答辩期届满后,法院裁判作出前,但是,答辩期届满前,法院征得当事人同意后,可以在答辩期满前进行调解。在答辩期满前继续调解,适用普通程序的案件,其调解的应当在当事人同意调解的 15 日内进行;适用简易程序的案件,其调解的应当在当事人同意调解的 7 日内进行。超过上述期限,若当事人双方同意继续调解的,法院可以继续调解。延长的调解期间不计入审限。"

协助调解。法院可以邀请、委托社会人士或其他单位协助调解,协助调解者与案件或当事人或者有一定联系,或者具有与案件相关的专门知识,或者具有社会经验有利于促成当事人达成协议。委托调解,当事人达成调解协议后,法院应当依法予以确认。《民事诉讼法》第98条规定:"法院可以邀请有关单位和个人协助。被邀请的单位和个人,应当协助人民法院进行调解。"2020年修订的最高人民法院《关于人民法院民事调解工作若干问题的规定》第1条进一步确定:"人民法院可以邀请与当事人有特定关系或者与案件有一定联系的企业事业单位、社会团体或者其他组织,和具有专门知识、特定社会经验、与当事人有特定关系并有利于促成调解的个人协助调解工作。""经各方当事人同意,人民法院可以委托前款规定的单位或个人对案件进行调解,达成调解协议后,法院应当依法确认。"

法院调解可以公开进行,也可以根据当事人的申请不公开进行。审判以公开为原则,但是调解不以公开为原则,因为公开审判是为了将审判活动置于社会的监督之下,是民主司法的要求,为了保障审判的公正性。调解不是法院的审判行为,调解是在法院主持下当事人的协商行为,是当事人行使处分权的行为,没有必要给社会公众监督,反而对当事人行使私权的行为应当给予保护。因此,最高人民法院《关于人民法院民事调解工作若干问题的规定》第7条第1款规定:"当事人申请不公开进行调解的,人民法院应当准许。"

先行调解。在一般的民事案件中,调解不是先行程序,在适用简易程序审理一些类型的案件中,调解应当作为先行程序。最高人民法院2020年修订的《关于适用简易程序审理民事案件的若干规定》第14条规定:下列民事案件,人民法院在开庭审理时应当先行调解:

(1)婚姻家庭纠纷案件;

(2)劳务合同纠纷案件;

(3)交通事故和工伤事故引起的权利义务关系比较明确的损害赔偿纠纷;

(4)宅基地和相邻关系纠纷;

(5)合伙协议纠纷;

(6)诉讼标的额较小的纠纷。

调解的方式。法院对当事人做调解工作时,是否有必要在当事人之间公开进行,专家学者有不同见解,主流观点认为,可以在当事人之间公开进行,也可以不在当事人之间公开进行。我们赞同主流观点。实践中通俗地将这两种方式称为"面对面"与"背靠背"。调解在当事人之间公开进行的,称为"面对

面"调解；调解不在当事人之间公开进行的，称为"背靠背"调解。在外国民事诉讼法学上，"面对面"调解又称为对席调解，"背靠背"调解又称为一方当事人缺席调解。最高人民法院《关于人民法院民事调解工作若干问题的规定》第5条第2款规定："调解时当事人各方应当同时在场，根据需要也可以对当事人分别做调解工作。"

调解的客体范围。调解的客体，是指当事人之间发生争议的、当事人协商、法院主持调解解决的民事权利义务关系。调解的客体范围，是指调解的民事权利义务范围。对诉讼而言，根据处分原则，法院审理裁判的范围限于当事人提出的诉讼请求，法院的审判权受当事人诉讼请求的约束，根据程序公正的要求，法院不得超越当事人诉讼请求的范围审理裁判。调解则不同，调解主要是当事人自行协商的行为，当事人有权决定协商的范围，而且，为了鼓励当事人彻底解决纠纷，提高效率，调解的客体范围可以超越当事人诉讼请求的范围。最高人民法院《关于人民法院民事调解工作若干问题的规定》第7条规定："调解协议内容超出诉讼请求的，人民法院可以准许。"

调解方案的提出。调解过程中，双方当事人都有权提出调解方案供谈判、协商。法院也有权提出调解方案供当事人参考，根据自愿原则，法院提出的调解方案仅供当事人参考，不得强迫或变相强迫当事人接受，法官不应当作出任何暗示，迫使当事人接受调解方案。

部分诉讼请求的先行调解。对当事人之间的民事争议，可以全部调解后达成调解协议，也可以根据具体情况部分调解后，就这一部分达成调解协议，这种调解称为先行调解或部分调解。最高人民法院《关于人民法院民事调解工作若干问题的规定》第14条第1款规定："当事人就部分诉讼请求达成调解协议的，人民法院可以就此先行确认并制作调解书。"

另外最高人民法院《关于人民法院民事调解工作若干问题的规定》第14条第2款还规定："当事人就主要诉讼请求达成调解协议，请求人民法院对未达成协议的诉讼请求提出处理意见并表示接受该处理结果的，人民法院的处理意见是调解协议的一部分内容，制作调解书的记入调解书。"

三、调解的结束

调解的结束有两种可能：一种是经过调解，当事人之间达成协议，调解结束，法院根据协议内容制作调解书，调解书生效后，诉讼程序结束。另一种是虽然经过调解，但是当事人最终未达成协议，当事人一方或双方不愿再调解，根据自愿原则，法院不得强迫当事人继续进行，法院不得久调不决，调解结束，法院继续审理,依法裁判。

四、调解协议与调解书

(一)调解协议与调解书

在我国民事诉讼中,按照《民事诉讼法》的规定,调解协议与调解书是两个有密切联系的但概念不同的事物。调解协议是当事人经过协商达成的解决诉讼争议的,以民事权利义务为内容的诉讼契约。按照我国《民事诉讼法》的规定,法院应当将调解协议记入调解笔录或者法庭笔录,再根据调解协议的内容制作调解书。调解书是法院以其名义,根据当事人达成的调解协议制作的,具有与判决同等效力的法律文书。调解书既是对双方当事人协商结果的记载,又是对人民法院批准当事人调解协议的证明。

通常,当事人之间经过调解达成协议,只能由法院根据调解协议的内容制作调解书,不得制作判决书,即使当事人请求法院根据调解协议制作判决书的,法院也不得制作判决书。但是,唯有无民事行为能力人的离婚案件例外,《最高人民法院关于适用〈民事诉讼法〉的解释》第 148 条第 2 款规定:"无民事行为能力人的离婚案件,由其法定代理人进行诉讼。法定代理人与对方达成协议要求发给判决书的,可根据协议内容制作判决书。"因为,离婚案件的性质与其他民商事案件的性质不同,婚姻关系是否破裂,当事人是否愿意离婚应当由当事人亲自表达,正常情况下代理人不得代替,但是无民事行为能力人的离婚案件的性质又有不同,无民事行为能力人无法正常表达,而法律又允许调解解决,所以作为例外,司法解释如此规定。

(二)调解书的制作与例外

通常,当事人达成调解协议的,法院根据调解协议的内容制作调解书,调解书与判决书具有同等法律效力。但是,有些情况下,当事人达成调解协议后,可以不制作调解书。《民事诉讼法》第 101 条规定,下列案件当事人达成调解协议的,法院可以不制作调解书:

(1)调解和好的离婚案件;

(2)调解维持收养关系的案件;

(3)能够即时履行的案件;

(4)其他不需要制作调解书的案件。

对这些不需要制作调解书的调解协议,法院应当记入调解笔录或者法庭笔录,由双方当事人、审判人员、书记员在笔录上签字或盖章后生效。

调解书由首部、正文和尾部三个部分组成。首部要求写明制作调解书的

人民法院、标题、案件编号,还要求写明当事人及诉讼代理人的基本情况、案由。正文是调解书的主要部分,要求写明当事人的诉讼请求、法院查明的案件事实、调解协议的结果。尾部是调解书的最后部分,通常要求写明调解书经双方当事人签收后即具有法律效力,并由审判人员署名,写明签发的年、月、日,并加盖人民法院的印章,最后由书记员署名。

(三)调解书的补正

法院制作的民事调解书,当事人认为与调解协议不一致的,根据最高人民法院《关于适用简易程序审理民事案件的若干规定》,当事人有权提出异议。对当事人提出的异议,法院审查后认为异议成立的,应当根据调解协议作出补正调解书的裁定,补正其错误。

五、调解担保与违反调解协议的责任承担约定

(一)调解担保

当事人达成调解协议,为保障调解书的履行,可以为调解协议的履行约定担保。《关于人民法院民事调解工作若干问题的规定》确定的担保的方式有两种,一种是当事人自行担保,另一种是由案外人担保。担保应当符合我国《民法典》规定的条件。由案外人担保的,人民法院制作的调解书应当列明担保人,并将调解书送交担保人。调解书经当事人签收生效,担保人不签收调解书的,不影响调解书的生效。

(二)违反调解协议的责任承担约定

当事人达成调解协议时,为保障调解书的履行,可以约定违反调解协议者应当承担违约责任,但是,不得约定一方不履行协议,另一方可以请求人民法院对案件作出裁判的条款。因为调解书作出送达双方当事人签收后生效,约定生效的在约定的时间生效,调解书发生法律效力后,非经法定程序法院及当事人均不得撤销,所以不允许当事人如此约定。《关于人民法院民事调解工作若干问题的规定》第 8 条第 1 款规定:"人民法院对于调解协议约定一方不履行协议应当承担民事责任的,应予准许。"第 2 款规定,调解协议约定一方不履行协议,另一方可以请求人民法院对案件作出裁判的条款,人民法院不予准许。

六、调解协议或调解书的生效方式

(一)法定生效方式

根据《民事诉讼法》第 100 条的规定和司法解释,当事人经调解达成协议

的,应当制作调解书。调解书由审判人员、书记员署名,加盖人民法院印章后送达双方当事人。调解书经双方当事人签收后即具有法律效力。调解书不能当庭送达双方当事人的,应当以最后收到调解书的当事人签收的日期为调解书生效的日期。即凡是需要制作调解书的案件,通常必须将调解书送达当事人,并经当事人签收后,才产生法律效力,签收之前,一方当事人反悔的,调解书不发生法律效力。由于调解书生效的这一特点,所以,送达调解书应采用直接的方式,如果当事人拒绝签收,就表示调解不成立,调解书因此而不发生法律效力。

对不需要制作调解书的调解协议,法院记入调解笔录或者法庭笔录,由双方当事人、审判人员、书记员在笔录上签字或盖章后生效。

（二）约定生效方式

为了发展完善调解制度,最高人民法院发布实施的《关于适用简易程序审理民事案件的若干规定》还规定了调解协议约定生效的方式,即在适用简易程序时,当事人还可以协商确定调解协议的生效时间,当事人达成调解协议后,不必等制作调解书送达双方当事人以后生效,当事人可以共同约定在调解协议上签字生效的生效方式。最高人民法院《关于适用简易程序审理民事案件的若干规定》第15条规定:"调解达成协议并经审判人员审核后,双方当事人同意该调解协议自双方签名或者捺印生效的,该调解协议自双方签名或者捺印之日起发生法律效力。当事人要求摘录或者复制该调解协议的,应予准许。""调解协议符合前款规定的,人民法院应当另行制作调解书。调解协议生效后一方拒不履行的,另一方可以持民事调解书申请强制执行。"

七、调解书或调解协议的法律效力

法院制作的调解书与判决书具有同等法律效力,根据法律规定当事人达成调解协议不必制作调解书的,法院将调解协议记入笔录,调解协议经当事人、法院、书记员签名或盖章后发生法律效力。根据民事诉讼法学原理,判决的效力是指生效判决对当事人、对法院、对其他人的发生的作用。按照大陆法系国家民事诉讼法学判决效力理论,判决的效力有三类:判决的原有效力、判决的附随效力和判决的事实效力。[①] 判决的效力通常多指判决的原有效力,即判决本身的效力,包括:判决的羁束力、判决的确定力、判决的形成力和判决的执行力。因此,调解书和不需要制作调解书的调解协议具有的法律效力如下:

①　张卫平著:《民事诉讼法》,法律出版社2004年版,第115页。

羁束力。羁束力是指调解书、调解协议生效后,制作该调解书、记录该调解协议的法院应当受到约束,非经法定程序,不得自行撤销或变更。调解书、调解协议的羁束力是指它们的不可撤销性,是对制作法院的约束。

确定力。确定力分为形式上的确定力和实质上的确定力,形式上的确定力是指调解书、调解协议生效后,当事人不得以上诉的方式表示不服而请求上级法院撤销或改判。实质上的确定力是指调解书、调解协议生效后,对当事人而言,其不得对调解书、调解协议所确定的事项及同一法律关系再行起诉,或者在其他的诉讼中为相反的主张。对法院而言也不得在以后的其他诉讼中作出与该调解标的相反的判断。判决的实质上的确定力就是判决的既判力,调解书、调解协议的实质上的确定力等同于判决的既判力。

形成力。判决的形成力是指对当事人之间的权利义务关系,法院判决其发生、变更或消灭的效力。对调解而言,是指经过调解当事人达成的协议使它们之间的法律关系发生、变更或消灭的效力。例如,离婚案件当事人经过法院调解达成协议解除婚姻关系的效力,即婚姻关系解除的效力。

执行力。执行力通常是对具有给付内容的调解书、调解协议而言,是指调解书(主要是调解书,通常不包括调解协议,因为不需要制作调解书的案件往往没有履行给付的内容)所确定的给付义务,若当事人拒绝履行的,对方当事人有权请求法院强制执行的效力。

第 十 章　社会调解

　　关于社会调解的概念,学者中有不同看法。第一种看法,学者虽然没有给社会调解下定义,但他们认为社会调解是法院调解、仲裁调解之外的一种调解形式。[①] 第二种看法,学者认为,社会调解是指在法律上不具有调解义务的国家机关、企事业单位、群众团体以及公民个人出于对社会的责任感和社会主义道德,对一定范围的经济纠纷和民间纠纷所进行的调停排解活动。[②] 第三种看法,学者认为,民间性调解,亦可称之为社会性或社会化调解,指民间社会组织所从事的调解活动。[③] 我们基本同意后者说法。鉴于国家和社会二元分离,为区别政府、国家介入的制度化调解机构,我们将具有自发性、非正式性为特色的调解都归为社会调解是合理的。但是,我们同时注意到,虽然当代社会下,民间性和社会性已无本质性区别,但民间性调解仍存在制度化程度不同。因此,我们认为,社会调解,是指在法律上不具有调解义务的国家机关、企事业单位、社会团体和公民的主持下,根据当事人双方的自愿选择,依据法律、法规、社会道德和交易习惯,运用说服、疏导等方式,促使双方当事人达成解决民事纠纷协议的活动。目前从我国来看,社会调解主要包括:律师主持调解、公证调解、乡镇法律服务所调解、行业协会调解[④]以及民间调解等。

　　从这些社会调解形式看,它们具有的共同特点是:

---

　　① 汤维建:《关于制定社会调解法的思考》,载《法商研究》2007 年第 1 期。

　　② 常怡主编:《中国调解制度》,重庆出版社 1990 年版,第 51 页。

　　③ 范愉、史长青、邱金美:《调解制度与调解人行为规范——比较与借鉴》,清华大学出版社 2010 年版,第 30 页。

　　④ 2010 年《人民调解法》制定实施时,考虑到实践中乡镇、街道以及社会团体或者其他组织设立人民调解委员会情况比较复杂,因此并没有将其都纳入人民调解的范畴。根据《人民调解法》第 34 条规定,乡镇、街道以及社会团体或者其他组织根据需要可以参照本法有关规定设立人民调解委员会,调解民间纠纷。也就是说,如果行业协会按照《人民调解法》设立人民调解组织的,我们将其归入人民调解范畴。只有没有纳入人民调解范围的行业性协会调解属于社会调解范畴。

（1）社会调解的主体具有广泛性，不仅包括群众自治性组织，也包括民间组织，甚至自然人。

（2）社会调解的案件具有多样性。包括民间纠纷、民事纠纷甚至轻微违法犯罪行为造成人身、财产损害赔偿纠纷。

（3）社会调解的依据可以是法律、法规、规章甚至政策、社会道德、风俗习惯等。

（4）由于法律、法规没有明确规定社会调解，因此社会调解达成的调解协议没有强制执行力，只能依靠当事人自觉履行。

第一节　律师主持调解

一、律师主持调解的概念

律师调解不但包括律师代理一方在诉讼或仲裁中参加调解的传统模式，而且也应包括在诉讼或仲裁之外，由律师主持调解从而化解纠纷。律师不论代理一方参加调解还是在双方自愿参加基础上主持调解都应是法律许可范围内的正当业务。根据《律师法》第 28 条第 1 款第 5 项的规定，律师有权接受委托，参加调解、仲裁活动。为贯彻落实《中共中央关于全面推进依法治国若干重大问题的决定》以及中共中央办公厅、国务院办公厅《关于完善矛盾纠纷多元化解机制的意见》《关于深化律师制度改革的意见》和最高人民法院《关于人民法院进一步深化多元化纠纷解决机制改革的意见》，充分发挥律师在预防和化解矛盾纠纷中的专业优势、职业优势和实践优势，健全完善律师调解制度，推动形成中国特色的多元化纠纷解决体系，2017 年 9 月 30 日，最高人民法院、司法部联合出台《关于开展律师调解试点工作的意见》（以下简称《意见》）。

律师居间主持调解，即律师根据双方或多方当事人的意愿，接受有关当事人的委托，对纠纷所涉及的法律依据进行解释，促成双方当事人明辨利害关系，互谅互让达成协议，解决争议。

律师主持调解的范围相当广泛，只要是非诉讼法律事务纠纷，律师都可以主持调解，根据《意见》第 7 条，律师调解可以受理各类民商事纠纷，包括刑事附带民事纠纷的民事部分，但是婚姻关系、身份关系确认案件以及其他依案件性质不能进行调解的除外。具体包括：

（1）一般的民事纠纷和轻微的刑事案件；

（2）合同纠纷和其他经济纠纷；

（3）纠纷范围的权益争执。

律师主持调解的案件一般都具备以下特点：当事人双方对协商解决纠纷有诚意，并同意律师居中调解；纠纷所涉及的事实比较清楚，权利义务关系明确，证据确凿充分，纠纷所涉及的各方对事实没有争议；纠纷发生后，对对方不太信任，对对方的律师更存戒备；诉讼效果不好，有的纠纷所涉及的标的不大，诉讼成本高，整个案件诉讼下来不划算，有的顾及亲属或朋友之间原有的情感，不愿意进行诉讼等。当事人除有诚意外，还要有履行协议的实际能力。

律师作为法律专业人士参与调解是一种必然的选择，可以提高纠纷解决的能力以及纠纷解决的合法性，同时可以减少当事人的诉讼成本，节约有限的诉讼资源。律师调解业务作为一项新型的律师业务，在目前试点阶段尚需要不断地探索与实践。

律师调解是律师、依法成立的律师调解工作室或者律师调解中心作为中立第三方主持调解，协助纠纷各方当事人通过自愿协商达成协议解决争议的活动。律师调解可以采用四种工作模式：一是在人民法院诉讼服务中心、诉调对接中心或具备条件的人民法庭设立律师调解工作室，配备必要的工作设施和工作场所。二是在县级公共法律服务中心、乡镇公共法律服务站设立专门的律师调解工作室，由公共法律服务中心（站）指派律师调解员提供公益性调解服务。三是在省级、设区的市级律师协会设立律师调解中心，在律师协会的指导下，组织律师作为调解员，接受当事人申请或人民法院移送，参与矛盾化解和纠纷调解。四是鼓励和支持有条件的律师事务所设立调解工作室，组成调解团队，可以将接受当事人申请调解作为一项律师业务开展，也可以承接人民法院、行政机关移送的调解案件。截至 2020 年底，全国已有 2600 多个县（市、区）开展律师调解试点，建立律师调解工作室（中心）6700 多个。[①]

■ 二、律师调解的性质和方式

律师主持的调解属于民间调解的性质。律师在调解活动中的地位与双方当事人的地位平等，是在双方当事人之间保持中立，是居于他们之中，而不是之上，这同法院调解和行政调解主持人有区别。调解员要平等地为双方当事人提供法律帮助，中立而不偏袒任何一方，尽可能地为各方当事人考虑到各种

---

① 《中国法律年鉴》2020 年卷。

法律风险并提出防范建议,这与调解中当事人的代理有区别。律师在调处中如考虑不周,说错了话,要允许当事人的一方或双方提出批评,并加以改正。这样才能取得双方的信任,为调解成功创造条件。

律师主持调解,工作重点应在"主持"上。双方当事人的争议,能否在短时间内,既凭证据查明事实,又依法分清是非;哪些工作应由当事人在调解前做好准备,哪些必须由律师负责调查;哪些疏导工作要在调解之前做,都要求律师通盘考虑,预先全面作出安排。调解参加人、时间、地点要与当事人协商确定。调解中,既要让双方把话说完,又要避免漫无边际,不得要领;既要让双方充分说理辩论,把道理说透,又要避免伤害感情,竭力创造并保持调解的气氛,保证调解的顺利进行。

律师主持调解,有时只让双方当事人参加;有时还可以邀请双方亲朋好友、单位组织以及其他信任的人参加。参与的人越多,律师越要在"主持"上下工夫,因势利导,发挥律师调解的独特作用,提高调解的水平和艺术。

■ 三、律师调解的优势

1.律师主持的调解有利于弥补诉讼机制的某些缺陷。我们在日常生活中,常常会遇到一些纠纷,有的还是与朋友、邻里和亲属之间发生的,还有的涉及的标的不太大等诸多原因,诉讼可能带来不好的效果。一是伤害亲朋好友之间的感情;二是诉讼成本较高,对己对其他人都不利;三是纠纷出现了不解决,又害怕事态扩大,事情变得更加复杂。在这样的情况下,纠纷、矛盾出现后,当事人都希望通过协商解决,除非迫不得已,一般不会诉诸法院。这是包括律师调解在内的所有调解方式赖以存在的社会基础。

从生活矛盾到商务纠纷,很多都可以通过中间人主持下的调解,来化解矛盾,实现双赢或多赢。在诉讼过程中,当事人往往对法官调解并不领情,认为到了法院就是让法官断案。法官的调解工作不好展开,在实际生活中又确实有大量的案件需要调解,那么这时律师调解就起到了不可忽视的作用。

另外,随着社会不断发展,各类纠纷数量不断增加,涉及的问题也越发复杂,许多纠纷不能得到及时有效的解决,不利于社会的稳定。特别是诉讼机制往往对程序要求较为严格,周期较长,以至于解决纠纷的数量有限,而且,许多纠纷所反映的是当事人间复杂的利益对立与矛盾,简单地通过"法律规定+事实认定=处理结果"的方式作出裁断,并不利于消除纠纷和化解矛盾。况且,由于诉讼当事人之间的对立可能导致法院认定的法律事实往往与客观事实有一定的差距,有可能导致当事人之间矛盾的进一步激化。正是由于诉讼机制的局限性,包括我国在内的许多国家无不在承认和坚持司法最终解决的原则之下,大力发展诉讼外的纠纷处理机制。律师应当利用其独特的优势,使律师调解成为大力提倡的主要的民间解决方式之一。

2. 律师具备专业的法律素养,知晓法律与政策规定。律师具有丰富的办案经验,能对纠纷产生的原因、问题的焦点及是非曲直等作出基本的预测和判断,并根据具体情况提出可行的解决方案,其专业性与法官无异,甚至在某些环节比法官更加专业。由律师主持调解纠纷,可以在一定程度上弥补我国调解队伍力量不够和水平不高的缺陷,防止纠纷的扩大和矛盾的激化,有利于社会治安的综合治理。这种方式深受群众的欢迎。

3. 通过律师调解更容易发现客观事实。律师在调解中的特定身份、特有职能、特殊角色,决定了律师可以较其他人更全面了解 争端情况,容易获得当事人的信任。由于律师调解属于非官方的中介服务性质,没有必须调解成功的压力,也没有作出具有强制法律效力文书的权力,所以当事人更容易坦诚面对律师,较少顾虑还原案件事实可能产生的压力。因此,调解律师往往比法官掌握更多的客观事实。

4. 律师职业的特殊性决定了律师可以直接接触大量的矛盾、纠纷,不仅可以面对当事人委托的,也可以主动走向社会,积极开拓案源,这是其他调解主体所不具备的。

5. 律师调解程序、方式灵活多样。律师调解可以将情理的内容融于解纠机制中,用温和的手段去处理矛盾冲突,在查清事实、分清是非的基础上,用调解机制避免双方剑拔弩张,化干戈为玉帛,化冤家为朋友。律师主持调解,没有原告被告之分,不论输赢,不伤感情,有利团结,能够更早一步化解当事人双方之间的矛盾;律师主持调解解决各类合同纠纷,往往可以取得处理合理、及时以及维护企事业单位长期协作的和睦关系的效果,有助于建设和谐社会。

6. 律师的参与有利于减轻法院的压力。在律师的指导帮助下通过调解解决纠纷,当事人愿意积极履行达成的协议或者合意,从而把大量矛盾纠纷化解在基层,把争端消灭于萌芽状态,避免使其再次转入诉讼程序,减少了司法资源有限而诉讼量激增的冲突。不仅可以减少当事人的经济负担,减轻当事人的诉累,而且有利于缓和社会矛盾,有利于构建更加和谐的社会环境。

■ 四、律师在调解中要注意的问题

实践证明,律师主持调解,要使当事人顺利达成协议,并得到切实充分的履行,一定要做到调解时充分协商,不宠不压;达成的协议要公正、合理,不偏

不倚;协议达成后要协助履行。协议能否达成和履行,不仅有当事人主观的因素,而且有其他客观的因素。为了主持好调解活动,律师应有针对性地开展工作,并注意以下几方面的问题:

1. 主持调解的律师,有义务坚持依法调解原则,严格按法律规定办事。遇有损害社会公共利益的行为或与人类文明准则相违背的行为,要坚决予以抵制。要坚持互相尊重、平等协商,以理服人、以法服人的态度,始终兼顾双方的利益,不偏袒任何一方,公平正直,正确地运用法律。

明确双方当事人的责任是保证工作顺利进行的前提。律师主持的调解工作是在诉讼之外进行,它的法律气氛与法庭上的民事诉讼活动相比有一定的差异。律师在主持这种所谓"私了"工作的情况下,首先应明确双方当事人的责任,使他们充分认识到自己在纠纷中所处的地位,以便进一步开展工作。

2. 调解工作应当坚持当事人自愿原则。当事人自愿选择律师进行调解,是律师调解中心开展调解工作的前提基础。当事人自愿接受调解方案是当事人顺利履行调解协议的保证。

3. 正确分析双方当事人的心理是律师调解工作的关键。调解工作的实质是在法律规定的范围内将双方当事人的不同要求通过平衡使其统一。因此,要想做好这项工作,就必须认真分析当事人的心理,切实了解他们的实际需要,这样才能排除其他非本质的现象,抓住主要矛盾,使问题得到解决。

要了解当事人的思想实际,有针对性地进行工作,解开思想顾虑,争取把一些容易引起双方冲突的问题,在正式调解之前消除,避免双方当面冲突;使当事人能审时度势,适时让步,达成协议。

4. 律师主持调解中私下会晤的运用。私下会晤是指在调解过程中,调解员与某一方当事人及其代理人私下会谈的方法。私下会晤主要有以下作用:

(1)当事人双方各持己见、相互不满、难以自控时,可考虑使用私下会晤,让当事人发泄情绪一吐为快,又避免让对方听到,从而加剧矛盾;当事人对调解信心不足、应付了事或态度不认真时,使用私下会晤宣传调解的益处,可使其端正态度,增强信心,积极合作。

(2)以私下会晤的方式获取信息,主要运用于如下情况:一是平衡机会。为避免当事人语言表达能力不同造成的不公,调解员可考虑使用私下会晤方式,使双方表达信息的机会尽量均等。二是了解隐情。调解员应负有保密义务,争取当事人的信任,而后通过私下会晤获得这些保密信息,在全面掌握案情的前提下有针对性地调解。三是摸清底线。当事人的底线,有可能在私下会晤中探测到。

（3）对当事人来说，单独面对调解员可以消除戒备和心理隔阂，避免不适当、不成熟的意见激化矛盾。事实上，许多调解的主要过程便是调解员和当事人分别讨论方案的过程，在调解员认为双方意见基本趋于一致，不会引发新的矛盾冲突、误解时，再让当事人双方同时坐在调解桌上，效果可能会更好。一方当事人在私下会晤中提出建议，可以由调解员与对方私下会晤时试探其反应。如果调解陷入僵局，调解员可通过私下会晤争取突破当事人原先设定的底线，让当事人的决定更富弹性。

（4）用于处理其他不适宜双方当事人在场的事项，如：调解员需要独立工作时，调解员意见不一致时，需要防范剧烈冲突甚至暴力事件时。

5. 利益回避。调解员不得与任何一方当事人或双方当事人有特殊交往或利害关系。如果所有当事人在知晓该利害关系后仍同意进行调解，则该调解员可以继续。如果利害关系重大，以至于使常人对调解程序的公正性产生根本性的怀疑时，调解员应当谢绝参与调解或发现情况后及时终止调解。如果没有得到所有当事人的同意，调解员日后不得在相关案件中担任某一方的代理人，调解员不得向当事人推荐与调解员有经济利益关系的人员，不得因推荐专业人员、介绍业务而获得任何经济利益。

6. 收费要合理。收费应当在法律规定的范围内，根据调解员的服务、案件类型、复杂程度、所需时间、调解员的专业知识以及当地一般的收费标准来确定。根据《意见》第14条，在律师事务所设立的调解工作室受理当事人直接申请调解纠纷的，可以按照有偿和低价的原则向双方当事人收取调解费，一方当事人同意全部负担的除外。调解费的收取标准和办法由各试点地区根据实际情况确定，并报相关部门批准备案。在公共法律服务中心（站）设立的律师调解工作室和在律师协会设立的律师调解中心受理当事人直接申请调解纠纷的，由司法行政机关、律师协会通过政府采购服务的方式解决经费。律师调解员调解法律援助案件的经费，由法律援助机构通过政府采购服务渠道予以解决。在人民法院设立律师调解工作室的，人民法院应根据纠纷调解的数量、质量与社会效果，由政府采购服务渠道解决调解经费，并纳入人民法院专项预算，具体办法由各试点地区根据实际情况确定。

7. 要善于利用有关机关的协助，这是做好调解工作的外部条件。在主持调解时，适当地邀请当事人所在部门的领导或企业主管部门参加，效果可能会更好一些，这有利于调解人做说服疏导工作。在协议达成之后，提醒当事人以协议办理公证手续，通过公证机关的公证以强化协议的法律效力。在不履行协议时，借助司法机关的诉讼程序，或申请公证协议强制执行，或提起诉讼，通

过法院审判,维护当事人的合法权益。总之,借助外部力量,有利于推动当事人双方达成、履行协议,从而取得律师主持调解的良好效果。

8. 律师也不要拘泥于调解这一种方式,要善于就不同纠纷、争议,用不同的方式和方法去解决。要灵活地运用调解、和解、仲裁和诉讼等不同的方式和方法,维护当事人的合法权益,维护法律正确实施。另外,在实际工作中,要严格区分主持调解、代理和解、参加调解及仲裁、诉讼等不同方式,明确律师的不同地位、身份、作用、权利、义务以及工作中应注意的问题,严格区别,不应混同,不宜混用,以科学的卓有成效的工作推动国家的法治建设和社会主义精神文明建设,为当事人提供优质的法律服务。

以调解方式解决矛盾与纷争,是实现社会效果最优化的内在要求。律师只要向当事人讲清楚以调解方式解决纷争的上述好处,讲清楚律师调解必须遵循"以事实为依据、以法律为准绳"的原则,讲清楚如果走诉讼程序法院的判决与调解结果的一致性,绝大多数当事人必然乐于接受调解的结果。

■ 五、律师主持调解的程序

律师主持调解的程序问题,法律上没有明确规定。根据《意见》和律师调解实务看,律师主持调解的基本程序和方法是:

（一）准备阶段

根据《意见》第 9 条,人民法院、公共法律服务中心（站）、律师协会和律师事务所应当向当事人提供承办律师调解工作的律师事务所和律师调解员名册,并在公示栏、官方网站等平台公开名册信息,方便当事人查询和选择。律师事务所和律师接受相关委托代理或参与矛盾纠纷化解时,应当告知当事人优先选择调解或其他非诉讼方式解决纠纷。律师接受当事人双方委托,首先要与委托人签订委托合同。在办理委托手续时讲明律师主持调解的含义、性质、要求、作用等,以便使双方当事人明确其权利义务关系,摆正双方当事人与律师之间的关系。

纠纷发生后,任何一方单方找律师调解都会受到对方的怀疑,调解的效果不一定好,如果双方都请律师,一是律师费用对纠纷的各方来说,无疑要多支出一半;二是调解时双方的律师难免要为自己的委托人争取更多的合法权益,调解成功的难度自然大得多。为此,双方共同去委托一个与双方都没有任何关系的律师进行调解。

这样的委托不能运用于诉讼,律师在诉讼中接受双方的委托是违反法律规定的。如果调解不成功,双方均不应委托参与调解的律师作为在诉讼中自己的代理人。

根据《意见》第9条第三项,律师调解一般由一名调解员主持。对于重大、疑难、复杂或者当事人要求由两名以上调解员共同调解的案件,可以由两名以上调解员调解,并由律师调解工作室或律师调解中心指定一名调解员主持。当事人具有正当理由的,可以申请更换律师调解员。律师与当事人接触后,对纠纷起因、经过和双方的要求等进行全面了解,以便为以后主持调解、明确责任打下良好的基础。要根据初步了解到的案情、争执的焦点以及双方当事人对争执的立场和态度、文化程度、职业、相互关系等,确定是否由律师主持调解。如其中一方蛮不讲理、固执己见或事实不清、证据不足,无法由律师调解的,则应放弃主持调解解决争议的方式。

掌握政策、法律规定,以便有针对性地适用法律。做好各方的思想工作,使双方都能端正态度,以积极主动的姿态处理纠纷。

(二)调解阶段

1.律师首先要谈自己的身份,宣传非诉讼调解的意义、原则及双方应持的正确态度;由非诉讼当事人分别介绍纠纷的原因、经过和后果,并提出各自的主张;双方交换看法。律师通过与双方当事人谈话,核实证据,弄清事实和争议的焦点,而后要根据法律分清是非,判明责任,在此基础上拟出调解方案和工作步骤。必要时还需经集体讨论或向上级请示,然后开始调解。这方面可做的主要工作有:

(1)通过倾听当事人陈述收集信息。既要记录当事人陈述的事项,又要注意当事人陈述背后隐藏的信息,以发现新的线索。

(2)设身处地地去理解当事人的心绪、处境、请求。应当提醒的是,理解不是附和,不是全盘接受,特别是针对当事人的怨恨情绪和过激语言。一方当事人对对方当事人的指责、评判,不应直接表示理解和接受,否则可能使对方当事人认为调解员有失中立。

(3)注意观察细节,从中找到有价值的信息:当事人之间尚存的感情基础,为调解创造条件。

(4)在当事人陈述阶段结束后,调解员可以做一番总结,目的在于澄清与核对事实,剔除伤害性、诋毁性、片面性的话语,为下一步的调解打下基础。

(5)通过该阶段的调解,调解员逐步建立起与当事人之间的信任关系。调解员对问题的理解、分析,对矛盾的清晰认识,对纠纷的中立态度,对双方情绪的化解,对调解节奏的有效控制,都有助于建立起与当事人之间的信任关系。

2.调解中,律师要适时提出主导意见供双方协商。在了解矛盾冲突经过

之后,应控制当事人之间的相互指责与怨恨的情绪、语言和行为,将注意力集中于正在发生的问题和矛盾上。这方面应当注意的事项有:

(1)寻找共同利益作为调解的基础。将双方当事人均能接受的共同目标作为出发点,让当事人先对共同利益达成共识。如果一个案件对一方当事人来说毫无利益可图,则调解的可能性就不是很大。这种利益不仅仅限于经济上的利益,还包括人际关系上的利益等一些无形利益。较准确地把握利益的所在,对调解将有很大帮助。

(2)在解决矛盾的顺序上面,应首先解决那些容易的、新近发生的事情。新近发生的事情是矛盾激化的导火索。先解决简单容易的矛盾,虽然没有接触正题,但有助于缓解双方的对抗情绪,使双方感受到调解已有进展。

(3)如果双方当事人过去曾有过良好的关系,可以通过询问过去的情况唤起当事人的回忆,回忆过去的方式实际上利用了原有的关系资源,特别有助于特定关系仍将存续的当事人之间矛盾的解决。

(4)调解员要充分调动当事人的情绪,指引当事人换位思考,同时力争让双方消除误会,调解员可以尽力让当事人在继续合作的前提下相互为对方考虑。

(5)由于缺乏沟通,凭空猜测而产生误解时,调解员要力争让双方加强沟通,增进了解,消除误会。

(6)想办法让当事人的请求更富有弹性。矛盾中有的当事人较为固执,调解员此时不该和他们较劲,调解员可以不断地建议尝试其他方案,使当事人的请求富有弹性。通过比较、分析能够满足当事人不同愿望的各种方案,选出最佳方案。

(7)调解员要在适当的时候给当事人提供法律意见和建议,特别是对调解不成提起诉讼活动进行预测,包括时间精力的投入、经济花费、可能的法律后果等,目的在于让当事人进行权衡和比较,积极对待律师的调解。

3.随着调解的进行,事实基本清楚,双方态度、观点、利益诉求逐渐明确,对于对方的立场也有了较为确实的了解,能当场调解成功的,要争取及时达成协议;如果因为事实、证据有待进一步调查核实,或一方当事人还有思想问题未解决的,可以再行调解;如当事人双方要求私下协商,应予允许,但要双方定期汇报协商结果;如经两次乃至数次调解,仍有分歧而无法达成协议的,应明确宣告不再主持调解,建议双方申请仲裁或提起诉讼。根据《意见》第9条第四项,律师调解员组织调解,应当用书面形式记录争议事项和调解情况,并经双方当事人签字确认。调解程序终结时,当事人未达成调解协议的,律师调解员在征得各方当事人同意后,可以用书面形式记载调解过程中双方没有争议的事实,并由当事人签字确认。在诉讼程序中,除涉及国家利益、社会公共利益和他人合法权益的外,当事人无需对调解过程中已确认的无争议事实举证。根据《意见》第9条第三项,律师调解的期限为30日,双方当事人同意延长调解期限的,不受此限。如果期限届满无法达成调解协议,当事人不同意继续调解的,终止调解。这方面应当强调的主要工作有:

(1)调解员应当解释各方要求的合理性,减少或消除彼此的隔阂和距离,使双方意见趋向一致。

(2)调解员应当及时抓住一致意见,将其确定下来,使遗留问题的数量减少、范围缩小。当协议的产生需要一方或双方放弃利益,导致争执不下或犹豫不决时,调解员可以转移当事人的注意力,使其注意其他形式的利益的价值;同时,适时扩展利益需求的信息范围,让暂时得利的一方在其他方面付出适当的代价给另一方补偿。

(3)确定一个客观的标准和原则,让当事人双方均能接受,再依此标准或原则分配利益。

(4)制订一个中间方案。当双方当事人相互争执不下互不让步的时候,调解员可以中立地制订一个中间方案,并向当事人分析该中间方案制订的理由,令当事人明确各自在本案中所应当承担的责任和所处的地位,以便能够促成和解协议的达成。中间方案是建立在调解员对案件有充分认识了解的基础上经过分析作出的,该中间方案不是双方当事人所提出方案的绝对中间点,而是对当事人均公正合理之方案。

(5)"快捷高效",这是纠纷双方对调解需求的基本愿望,因此调解案件尽量避免久调不结,力求快捷及时。如果发现分歧太大,无法合拢,应当及时告知双方调解破裂。

(三)达成协议

调解员将已形成的协议以口头或书面的形式重申、固定下来,由当事人决定是否签订最后的协议。调解员在草拟协议时应当注意的技术性问题有:协议生效日期、履行期限、实现方式——如果含有付款或交付物品内容,要明确交付时间、地点方式等。

协议书可以由当事人草拟,意见基本一致后,由律师修正定稿,也可由律师起草,征得双方同意后定稿,打印成文,视当事人人数各持一份,律师保留一份归档。协议书在内容上应该权利义务关系明确、要求具体、忠于事实、留有余地、合乎法律、便于操作;在形式上应该条文简洁,体现出法律文件的严密

性。其格式,大致可以分为下列几个方面:

(1)当事人的自然情况,一般称之为当事人,不得称原告或被告。

(2)纠纷的起因、经过、是非责任,内容要明确、具体,既要忠于事实真相,又要符合法律政策要求。

(3)律师主持调解的时间、地点,参与协助调解的单位负责人或其他公民个人。

(4)协议的具体内容,即调解当事人双方各自应享受的权利和应承担的义务。这是调解协议的核心部分,要明确、具体,以便于今后履行。

(5)协议生效期限和双方履行完毕的最后期限。

在当事人双方签名盖章后,由律师签名盖章。有协助调解人的,应该在协议上签名盖章。

律师主持调解制作的协议书没有强制执行效力,当事人容易毁约,不予履行,从而导致调解协议成为一纸空文。根据《意见》第11条,经律师调解达成的和解协议、调解协议中,具有金钱或者有价证券给付内容的,债权人依据民事诉讼法及其司法解释的规定,向有管辖权的基层人民法院申请支付令的,人民法院应当依法发出支付令;债务人未在法定期限内提出书面异议且逾期不履行支付令的,人民法院可以强制执行。第12条规定,经律师调解工作室或律师调解中心调解达成的具有民事合同性质的协议,当事人可以向律师调解工作室或律师调解中心所在地基层人民法院或者人民法庭申请确认其效力,人民法院应当依法确认调解协议效力。

(四)督促调解协议即时履行

在履行阶段,律师应做的主要工作有:

(1)对于主观上不努力履行,或者态度上有变化的,律师要反复地做当事人的思想教育工作,促使其自觉履行;

(2)对于临时出现困难不能按期履行的,律师应做好对方工作,容许当事人缓期履行;

(3)对方确因客观因素影响履行的,律师应帮助其排除障碍,解决实际困难;

(4)对于有履行能力,而到期拒不履行,做思想教育工作又无效的,律师要建议当事人到法院诉讼解决,以免久拖不决,造成更大的损失。起诉到法院后,律师可以由调解的居间人变成一方当事人的诉讼代理人。

由于调解协议本身不具有强制力,对调解双方的履行与否没有约束力,如果律师调解仅仅满足于达成调解协议,那么调解的吸引力就会大大下降,因此督促调解协议最终履行也是调解工作的生命力所在,必须作为重中之重。根据《意见》第 10 条,经律师调解工作室或律师调解中心调解,当事人达成调解协议的,律师调解员应当鼓励和引导当事人及时履行协议。当事人无正当理由拒绝或者拖延履行的,调解和执行的相关费用由未履行协议一方当事人全部或部分负担。

第二节　公证调解

一、公证调解的概念和意义

公证调解,是指公证机构根据当事人的申请,就经过公证证明的事项在履行过程中发生的纠纷,对当事人双方进行劝说以及双方当事人据此相互谅解达成协议的活动。

公证机构作为一种中介机构、服务机构,它不仅享有对法律行为、有法律意义的事实和文书的真实性、合法性的证明权,而且还有权对公证后事项继续提供法律帮助。根据《公证程序规则》第 56 条,经公证的事项在履行过程中发生争议的,出具公证书的公证机构可以应当事人的请求进行调解。经调解后当事人达成新的协议并申请公证的,公证机构可以办理公证;调解不成的,公证机构应当告知当事人就该争议依法向人民法院提起民事诉讼或者向仲裁机构申请仲裁。《公证程序规则》规定的公证调解正是为了全面落实公证机构的服务职能。

公证是公证机关行使公证权的集中体现。由于公证是公职机构作证,具有比私证更高的证明力,因而它对于稳定民事流转、维持良好的民事秩序具有积极作用,成为民事司法体系中预防纠纷、减少诉讼的"第一道防线"。

公证机关依法办好公证,保证公证质量,就已尽到了自己的职责。对公证合同纠纷的处理,是法院和其他享有裁决权的机关的职能。当然,这并不意味着公证机关对合同公证后就对公证合同纠纷可以不闻不问;调解执行就是为了及时解决合同纠纷,公证机关的任务不仅是证明某一项事实和行为的真实性、合法性,还包括对已公证的文书实行跟踪服务,并通过公证减少诉讼,保障国家、集体、公民的合法权益。尤其是在市场经济条件下,当事人之间的利益关系变得更加错综复杂,公证调解更显得势在必行,若只是公证,事后出了纠纷一推了之,势必影响公证机关的形象,久而久之,使当事人误认为公证不公

证一个样,"公证机关就是为了赚钱"的一种错误认识。因此,公证机关应当把握实际情况,做好调解工作,使当事人了解并知道公证后的作用,促进公证事业的发展。

只要当事人双方愿意,公证机关可以发挥其了解情况、熟悉案情的有利条件,对双方当事人做些调解工作,促使他们互谅互让,达到解纷息讼的目的。公证实践中,经公证人员耐心认真的疏导教育,双方当事人重归于好,纠纷圆满得到解决的也很多。这样做的好处是:减少当事人许多不必要的损失,有利于合作的发展,避免了诉讼,为社会经济建设创造了良好的环境,发挥出公证在市场经济中的"中介"职能,起到保驾护航作用。因此,公证机关直接介入公证后的调解执行,是实践中必不可少的一项重要工作。

二、公证调解的性质

就其性质来说公证调解属于由公证人员直接主持的非诉讼调解,它是应当事人自愿进行的一种调解活动。这种调解活动与人民法院的调解活动有着明显区别。前者系与公证事项有关的当事人自愿选择公证机构进行调解活动,后者系法律规定的诉讼调解活动。公证调解是由国家法律机构的公证人员主持下的非诉讼调解活动。从诉讼程序上讲,公证调解不是诉讼的前置程序,也不是公证机关的法律义务。因此,一些法院要求公证合同纠纷先公证调解,调解不成的,再由法院加以解决的做法,等于把公证机关推到解决纠纷的第一线,这同样是不正确的。

三、公证调解的原则

1. 自愿、合法原则。公证人员对当事人纠纷要始终坚持以当事人自愿为前提,不能违背法律的规定。调解达成协议后也要依靠双方的自觉去履行义务,不对当事人产生法律上的强制力,因而不妨碍当事人依法行使诉权。

2. 以公证书为依据原则。这是公证机关调解的特殊原则,仅适用于调解与公证文书有关的纠纷。当公证后有关当事人因公证的事项发生纠纷时,公证人员应将公证文书作为公证调解的主要依据,调解中,如发现有关当事人没有任何正当理由,拒绝执行公证文书有关规定,应对其进行批评教育,促使其按公证文书办事。经调解无效的,应建议另一方当事人提起诉讼或申请法院强制执行。

■ 四、公证调解的程序

1. 公证调解应由当事人向出具公证书的公证机构提出申请。当事人申请，可以是双方当事人一起申请，也可以是一方当事人申请后，公证机构征得另一方同意。如果只有一方当事人申请调解，而另一方当事人不同意调解的，公证机构则不能调解。

2. 公证调解的案件范围是特定的，只能是经过公证的事项，并且是在履行过程中发生的民事纠纷。

3. 公证调解后，当事人达成新的协议的，根据当事人申请，公证机构可以公证。公证调解不成的，公证机构应告知当事人向人民法院提起民事起诉或向仲裁机构申请仲裁。

需要说明的是，公证调解达成协议的，公证机构不能制作调解书，因为公证调解是诉讼外解决争议方式，不同于人民法院的调解，公证调解结果不具有当然的强制执行效力。调解结果需要以法律形式确认的，公证机构可以告知当事人申请公证，公证机构以公证书的形式加以确认。对于经过公证调解后达成的协议是属于以给付为内容，并载明债务人愿意接受强制执行承诺的债权文书，公证机构可以根据当事人申请，出具有强制执行效力的公证书。

■ 第三节　行业协会调解

■ 一、我国行业协会的发展

改革开放后，我国行业协会经历了三次大发展时期：一是 20 世纪 80 年代，这段时期国有企业改革逐步要求"政企分开"、"政资分开"，政府管理经济的方式从直接的部门管理向行业管理转变，为了顺应这些改革的要求，行业协会呈现出比较快的增长态势；二是 20 世纪 90 年代中期以后，社会主义市场经济体制的建立和完善要求政府职能加快转变，行业协会进入了逐步完善、加快发展、与国际接轨的新时期；三是 2001 年我国"入世"以来，纯民间性的行业协会如雨后春笋般发展，在市场经济下显示较强的适应能力。

在市场经济发达的国家，无论参与国际竞争还是对国内经济的宏观调控，政府都不能脱离行业协会等中介组织的配合与服务。行业协会是一些为达到共同目标而自愿组织起来的同行企业、与之相关行业之企业或从事同类行业

或相关行业的自然人的法人联合体。行业协会的建立主要是为了弥补市场失灵和政府失灵。

行业协会代表本行业或者协会成员的利益与政府进行对话以及参与政府宏观经济政策的制定;作为一个调解人来确定共同利益并且平衡成员之间的不同关系;通过提供一些私人的、排他性的服务,提高成员的收益;为其成员搭建交流的平台。行业协会可以为其成员企业提供一些政府基于中立性和法律普适性的考虑而无法提供,企业出于成本收益之考量又不能提供的一些特殊公共产品。从本质上说,行业协会是同行业企业为减少交易成本而达成的妥协,它应当是非营利的社会团体、互益型的社会组织和以企业家为主要群体的会员制组织,是由相关企业自行组建的法人性质的民间经济团体。行业协会具有行业协调、行业代表、行业调解、行业服务等经济价值,同时对政府职能转变、建立法治国家和诚信社会有相当的价值。行业协会的宗旨主要在于促进本行业的集体性利益或共通性利益。

我国目前的行业协会主要有两种形式:一种为体制内行业协会,另一种为自发型行业协会。前者主要是指由国家机关转制而来或主要由国家机关发起设立并主要承担行政部门委托事项的行业协会,而后者主要是指民间自发产生的,通过成员权利的赋予而享有自治权的这样一些行业协会。随着市场经济的发展,行业协会的作用越来越重要。行业协会在政府和市场之间扮演起"红娘"的角色,起到了不可替代的作用。行业协会利用其自身的优势帮助同行业解决问题,逐渐承担起保护行业利益的责任。

二、行业协会调解的必要性

(一)行业协会调解的概念

当今市场经济发达国家在维持社会保持高度法治的同时,各种非政府组织、社会共同体或社团以及代替性纠纷解决方式在纠纷解决中的作用变得越来越大。行业协会这种非政府组织,可以通过调解很好地解决行业纠纷。在我国,行业协会属于社团法人。根据《民法典》第 90 条,具备法人条件,基于会员共同意愿,为公益目的或者会员共同利益等非营利目的设立的社会团体,经依法登记成立,取得社会团体法人资格;依法不需要办理法人登记的,从成立之日起,具有社会团体法人资格。行业协会是会员自愿加入的,其具有的自治权既反映了会员的自主要求,也体现了行业协会对会员提供自我管理、自我服务。当然也包括行业协会对行业内成员间的纠纷解决。近些年来,各行业协会也积极参与到社会矛盾纠纷化解和社会治理中,在多元化纠纷解决机制中发挥着独特的作用。目前国内较为成熟的行业调解组织有：中国证券业协会证券纠纷调解中心、中国房地产业协会调解中心、北京物业管理行业协会物业纠纷调解中心等。[①] 所谓行业协会调解，是指行业纠纷双方在行业协会的主持下，通过行业协会的专业优势促进当事人的沟通协调，并最终促成纠纷双方达成和解协议的纠纷解决过程。

（二）行业协会调解的必要性

我国的行业调解历史源远流长。自古以来，就推崇"和气生财"、"天时不如地利，地利不如人和"的处世理念。这些思想，对于亚洲乃至世界都具有深远影响。在现代社会，竞争激烈，工作紧张，注重效率，倡导和谐，人们越来越深切地认识到"和为贵"的重要性。

同行业企业之间的竞争是正常的更是必要的。竞争能够促进技术创新，产品创优，促进企业优胜劣汰。但是，过分的竞争、无序的恶性竞争将削弱企业竞争力，不利于企业发展。同行企业之间的纠纷，从企业之间的不正当竞争行为，到企业之间的委托加工纠纷、工业用地纠纷，等等，是多数企业在生产经营过程中时常会碰到且难以自行解决的问题。

要是把同行之间的商业关系放到一个更长的时间段里来考察，它们之间的关系常常是既有竞争关系又有合作关系，竞争关系与合作关系有时是可以转化的，不是一成不变的。行业纠纷大多起源于同行间的某次竞争关系或合作关系，企业为了保证长远的经济关系能够继续，更好地实现长远的利益，往往倾向于作出一定让步，达成妥协。即使是处于竞争关系的一方将另一方告上法庭，符合其对长期利益的考量，如果存在一种效率更高的纠纷解决方式，比如说行业协会调解方式，那么我们不妨给企业纠纷解决方式增加一个选择，更好地化解企业之间的纠纷。

许多陷入纠纷的企业不愿进入诉讼又不得不选择诉讼。因为诉讼是有风险和成本的，许多企业因为陷入纠纷、缠于诉讼，无形中消耗了大量精力，影响正常业务的开展，同时司法判决本身也未必能满足企业的全部期待；然而，由于我国非诉讼纠纷解决方式的运用不够普遍，运行机制还不够健全，以至于在多数情况下，企业不得不选择相对可靠的法院解决自己的问题。

而调解作为一种与诉讼、仲裁有很大不同的法律争议解决办法，具有高效省时、保密灵活、不伤和气、费用低廉的特点。当事人在发生争议后，可以通过选择具有一定专业知识和法律知识，并在行业内具有一定威信的调解员，由调

---

① 廖永安主编：《调解学教程》，中国人民大学出版社 2019 年版，第 104 页。

解员通过说服或劝导等方式,使当事人之间的争议在互谅互让的基础上得到解决。因此行业调解是一种非常适合企业解决法律争议的方式。

一个行业需要秩序,行业中的成员需要一个良好的行业环境,这些都要求行业协会对行业内成员间的纠纷负责;而成员则享有要求行业协会提供包括调解在内的合理服务的权利。正是这种权利义务关系为行业协会调解提供了正当基础。行业调解作为我国同行企业纠纷解决机制的重要一环,一般由协会设立的调解中心承担。调解中心对会员企业开展调解工作,为企业增强法律意识和加强行业自律以及维护企业利益服务,具有司法诉讼、商事仲裁解决纠纷不具备的独特优势。这是因为:

第一,企业之间产生纠纷,并将纠纷提交给法院解决,意味着企业之间通过合意解决纠纷失败,行业内部无法解决纠纷,法院将以普适的法律规则来处理企业之间法律上的争点,而他们之间的其他关系将得不到系统的调整。这种处理不是基于合意,很难同时使双方满意。

司法诉讼、商事仲裁是解决纠纷的重要手段,但存在耗时长、费用贵、法官或仲裁员对行业情况不熟悉等缺点,在很多情况下无法很好地满足当事人维护企业利益的要求。如果企业之间纠纷进入诉讼程序,则意味着要投入较高的诉讼成本。诉讼成本包括两个方面:一个是社会成本,一个是经济成本。社会成本包括声誉成本和关系成本,经济成本则包括各种费用的支出、时间耗费以及可能带来的各种机会成本的损失。

第二,行业协会调解行业纠纷,纠纷双方在行业协会的主持下,通过合意一揽子地解决双方的各种纠纷成为可能。行业协会具有一定的专业优势,了解本行业的情况,能够促进纠纷双方有效地进行沟通,为纠纷双方提供切实可行的建议或纠纷解决方案。

行业协会调解程序相对简便,调解的过程只要能促进双方有效对话、有效地解决纠纷就可以了,调解过程可以随着纠纷的解决随时终止。

行业协会调解成本,社会成本和经济成本都会相对较低。与诉讼相比,行业协会调解有效地避免"一刀两断"式的纠纷解决方式,为纠纷双方将来可能发展的合作关系预留了空间。

同时,行业协会可以利用自己的专业优势促成纠纷双方尽可能就纠纷解决达成合意,这样,便有利于纠纷的迅速解决,使企业避免了因陷于诉讼而付出更多的机会成本。

从上述的分析可以看出,行业协会调解行业纠纷具有一定的经济合理性。

第三,随着市场经济的建立和发展,以及我国加入世界贸易组织后我国企业所面临的越来越复杂的国际贸易形势,必然带来经济关系复杂化和利益主体多元化,企业所遭遇的法律纠纷日益增多,其具体反映就是国家审判机关——法院受理的案件激增。

随着我国市场经济条件下法制环境的改善,行业协会调解作为非诉讼纠纷解决方式的一种,对解决同行企业之间的纠纷,势必发挥越来越大的作用。目前,我国的各种纠纷大多依靠法院解决,法院处于超负荷运行状态,"诉讼爆炸"的现实危机使纠纷无法得到迅速解决,审判质量和执行效果不可能不受到较大影响,不仅不利于保护当事人的合法权益,而且也给法院造成了很大的压力,导致社会矛盾加剧。发挥行业调解的作用,有利于减缓诉讼压力,实现纠纷解决的合理分流,使法院能够集中精力办案,这有利于司法公正;同时,法院对于行业协会调解仍可起到把关作用,防止行业协会调解运作过程中出现的"偏离公正"现象的发生。行业协会调解是应当大力发展的非诉讼解决方式之一。

三、行业协会调解机构的建设

行业纠纷的双方是否会将纠纷交由行业协会调解,这在很大程度上取决于行业协会的调解工作是否做得好,而调解工作的有效开展是需要一定条件做保证的。这些条件主要包括以下几个方面:

1. 工作经费的保障。凡是财务状况好的行业协会,它的行业调解能力就强。经费不足将导致包括调解工作在内的许多工作不能有效开展。

2. 加强行业协会机构建设。行业协会必须保障会员企业对行业协会的绝对控制权。为此,行业协会章程应明确规定:最高权力机构是会员代表大会,而理事会是会员大会的执行机构。此外,行业协会还设立专职秘书长负责日常工作,其他机构则根据需要设置。协会工作人员的管理参照企业管理制度,最大限度地减少管理成本。

3. 加强行业协会调解队伍建设。行业协会调解机构的调解员,一般由本行业专家和法律专家共同组成,体现行业特点与法律的结合。行业专家应当是在行业协会或相关单位中担任领导职务的行业带头人或专家,涵盖与本行业有关的所有领域,保证该委员会作出的调解能够充分考虑到本行业的行业特点,并具有较高的权威性和可执行力。而法律专家应当是长期从事商事法律工作的专家,他们可以从法律的角度出发,保证调解过程中程序与实体完全符合法律规定。专业的调解人员应当能够理解和把握本行业纠纷的特殊性,促进调解工作更加专业化,有利于及时化解行业纠纷。

■ 四、行业协会调解的程序

行业协会要调解行业纠纷成功,必须取得纠纷双方就"纠纷解决方式"和"纠纷解决方案"的双重合意,其含义如下:

首先,"纠纷解决方式"是程序问题。纠纷解决方式由当事人选择,双方当事人选择了行业协会调解,即意味着对解决自身纠纷双方在程序上有了合意。

其次,"纠纷解决方案"是实体问题。纠纷调解涉及的是双方当事人对自身实体权利的处分,只有双方当事人有权决定以何种方式、何种方案解决双方的实体权利争议。

再次,行业协会作为一个法人组织,与纠纷双方是平等的主体,只有纠纷双方同意由行业协会进行调解,调解才具有正当性,只有双方同意的调解方案,双方才会接受,才符合调解的本意。

企业如果在发生法律纠纷后希望通过调解加以解决,可以向协会调解中心秘书处提出申请。行业协会应当发挥其沟通协调的作用,使双方相互了解,促成双方在符合自身利益的前提下进行调解。企业在订立合同时可加入以下调解条款:"本合同之各方当事人均愿将因本合同引起的或与本合同有关的任何争议,提交本行业协会调解中心,按照申请调解时该中心现行有效的规则进行调解。经调解后如达成和解协议或调解员根据该和解协议的内容作出调解书,各方都要认真履行该和解协议或调解书中所载之各项内容。"

当纠纷双方确定将纠纷交由行业协会调解后,行业协会将促使纠纷双方对最终的纠纷解决方案达成合意。在调解中心受理申请后,当事人可以选定一名行业专家和一名法律专家作为调解员进行调解。在这个过程中,行业协会主要进行三个方面的工作:

第一,协调和沟通工作。纠纷的双方常常处于信息不对称的状态,对对方的情况并不了解;同时,纠纷的当事人并不一定了解自己在纠纷中所处的地位是有利还是不利。这些都需要行业协会进行协调和沟通,进而为双方达成合意创造条件。

第二,提出和解建议。依据社会常识、法律规范及纠纷本身的事实关系等客观因素,提出某项和解建议,用以否定距此建议太远的当事者主张或尽量推动当事者向此和解建议靠拢的方式来诱导合意的形成。

第三,促使双方当事者接受调解方案。行业协会利用自身的中立身份和专业化水平,以及对纠纷的判断时常同法院裁判的结果相近似的优势,促使纠纷双方逐渐由"固执己见"转变为"彼此认同",由"针锋相对"逐渐转变为追求

"妥协与双赢",说服纠纷双方接受由其参与形成的调解方案。

当事人达成和解协议或由调解员出具调解书后,当事人就应按照和解协议或调解书执行,当事人还可将和解协议或调解书提交仲裁机构仲裁,仲裁庭将根据和解协议或调解书的内容作出裁决。

但是,如果纠纷双方达不成调解协议或者在达成调解协议之后反悔,在这种情况下,应该遵循"司法最终解决"原则,允许当事人提起诉讼。

行业协会调解为企业解决法律争议、维护企业利益开辟了一条渠道,将促进企业法律意识的增强,维护自身的合法权益。

第四节　基层法律服务所调解

一、基层法律服务所调解概述

改革开放以来,为了适应法律需求迅速增加,而城乡基层缺乏法律服务的问题的形势,司法行政部门首先开始在农村设立法律服务机构。该机构面向广大农民群众,调解生产经营性纠纷,并从事代书、法律咨询等简单的法律服务工作。自 1984 年以来经司法部、中央书记处以会议和文件等形式再三肯定和推广之后,在全国范围内迅速发展起来,并迅速普及到大中城市的街道和厂矿企业。1987 年 5 月 30 日,司法部颁布了《关于乡镇法律服务所的暂行规定》,其中第 4 条规定,乡镇法律服务所的业务范围之一,就是协助司法助理员调解民间疑难纠纷,指导、管理本地区的人民调解工作。1992 年发布的《关于基层法律服务工作改革的意见》规定:"基层法律服务机构属于事业性机构。在业务、人事、财务上实行'自主经营、自负盈亏、自我约束、自我发展'的机制。"目前,各地的基层法律服务所主要由有一定政策水平、身体健康的离退休人员、复员军人、乡镇企业职工以及待业青年组成。法律服务所人员的工资及业务开支主要是从提供法律服务的收费中解决。截至 2017 年底,全国共有司法所 40481 个,实行以县(市、区)司法局管理为主的双重管理体制的司法所占总数 87%。司法所工作人员 12 万人,其中政法专项编制人员 56856 人。[①]基层法律服务所不是国家行政机构,而是提供法律服务的一种社会机构。所以,基层法律服务所对民间纠纷的调解工作属于社会调解范畴。

---

① 《中国法律年鉴》2018 年卷。

二、基层法律服务所调解的案件范围

2000 年 3 月 31 日,司法部颁布实施的《基层法律服务所管理办法》(该办法于 2017 年进行修订,修订后的《基层法律服务所管理办法》自 2018 年 2 月 1 日起施行)第 3 条规定,基层法律服务所按照司法部规定的业务范围和执业要求,面向基层的政府机关、基层群众性自治组织、企业事业单位、社会组织和承包经营户、个体工商户、合伙组织以及公民提供法律服务,维护当事人合法权益,维护法律正确实施,促进社会稳定、经济发展和法治建设。就是说,基层法律服务所调解的案件范围包括两类:一是民间纠纷,二是一般民事纠纷。这样规定,一方面体现了"广泛开展法律服务,预防和减少纠纷的发生和激化。把大量的纠纷解决在基层,消灭于萌芽阶段"的社会综合治理目标要求,另一方可以减轻人民调解委员会的负担,使人民调解工作从被动状态中解脱出来。

三、基层法律服务所调解的程序

1. 调解程序由当事人申请开始,可以是当事人一方申请或者是双方的共同申请。如果一方当事人提出调解申请,则基层法律服务所应当征得另一方当事人同意。申请分为书面申请和口头申请两种。申请调解要具备以下条件:第一,申请调解的纠纷属于基层法律服务所调解的范围;第二,有明确的调解申请人和被申请人;第三,有明确的调解请求及纠纷的事实和证据材料。

2. 指派调解主持人。基层法律服务所接到调解申请后,经查符合条件的,应当及时受理,指派基层法律服务工作者担任调解主持人,并填写受理纠纷登记表。对于有可能激化或者严重影响正常生产、经营秩序的,应当积极争取有关部门、单位的配合与协作,或者商请有关部门、单位联合调解。

对于不符合受理条件的,应当告知当事人按照法律规定请求有关机关处理或者向人民法院起诉;随时有可能激化的,应当在采取必要的环节疏导措施后,交由有关机关处理。

3. 做好调解前的准备工作。调解主持人在调解开始前,应当进行系列工作:第一,分别向各方当事人询问纠纷的事实和情节,审查有关证据材料,了解双方当事人的要求及理由,并制作讯问笔录。第二,持基层法律服务所证明和基层法律服务工作者执业证进行必要调查,向有关单位和个人查询、索取纠纷情况和证据,或者进行实地勘验,并制作调查、勘验笔录;必要时还可以请有关部门进行损害鉴定,出具鉴定结论。第三,在分析判断纠纷事实和证据材料的基础上,拟定调解方案,确定调解的时间、地点和方式,通知当事人。

4. 主持调解纠纷,促成当事人达成调解协议。调解纠纷可以召集双方当事人到基层法律服务所进行,或者到纠纷发生地进行,也可以在双方当事人同意的其他地点进行。调解主持人根据实际需要,可以邀请当事人的亲属及有关单位和个人协助调解。主持调解纠纷一般按照下列步骤进行:

(1)向双方当事人说明基层法律服务所调解纠纷的性质、原则和效力,告知在调解活动当中享有的权利和承担的义务。

(2)由双方当事人陈述纠纷的事实,提出证据,说明各自对纠纷责任的看法和解决纠纷的具体意见。

(3)引导双方当事人就纠纷事实和责任的认定交换意见。

(4)依据有关法律、法规和政策的规定,对双方当事人进行说服教育、疏导,促进双方在分清是非、协商一致的基础上,自行达成调解协议,或者在调解主持人提出的调解意见基础上,经协商同意达成调解协议。

(5)调解达成协议的,除简易纠纷和即时履行的纠纷外,应当制作调解协议书。一次调解不成的,可以中止调解,延期继续进行。

(6)基层法律服务者主持调解的纠纷,自当事人口头或者书面申请调解之日起,一般应当在两个月内调结,最长不得超过三个月。到期未调结的,视为调解不成。

5. 制作调解协议书。达成调解协议后,应当制作调解协议书,写明下列内容:(1)双方当事人的自然情况,纠纷受理单位和调解主持人的姓名;(2)经调解认定的纠纷基本事实和各方应承担的责任;(3)协议的具体内容,即双方当事人各自应当享有的权利和承担的义务,以及履行的具体期限、方式和违约责任;(4)调解协议书生效期限;(5)由双方当事人和调解主持人签名、盖章,并加盖基层法律服务所印章,有协助调解人的也应当签名盖章,注明制作日期。调解协议书一式三份,分别由双方当事人和基层法律服务所收存。

6. 督促双方当事人自觉履行调解协议。基层法律服务所工作者主持下达成的调解协议,双方当事人应当自觉全面履行。当事人一方或双方无故不履行或者拖延履行的,应当进行说服教育、督促履行;当事人一方或者双方确有实际困难或者因意外原因不能按期履行的,应当促使双方协商一致,缓期履行;当事人一方无故拒不履行并经说服无效的,可以告知、协助或者委托另一方当事人向人民法院起诉。

7. 对于调解不成的纠纷,应当依据有关法律、法规,结合纠纷的具体情况,告知当事人分别通过下列途径处理:

(1)依法向有关机关提请仲裁。如合同纠纷,基层法律服务所调解不成,

可告知当事人向仲裁机构申请仲裁。

(2)依法向人民法院起诉,必要时,基层法律服务所可为当事人提供法律帮助,如代写诉讼文书、代理诉讼等。

(3)属于疑难民间纠纷的,提请基层人民政府处理。

第五节　民间调解

一、民间调解概述

关于民间调解的概念,学者看法不一。有的主张,民间调解是指官方调解之外的调解民间纠纷的各种方式,传统社会民间调解的类型有宗族调解、亲友调解、邻里调解、乡里调解和行会调解等方式。当代中国民间调解的种类比传统中国民间调解的种类要多。主要有人民调解委员会调解(简称人民调解)、乡镇法律服务所调解、律师事务所律师调解、家族调解、亲友调解和邻里调解等方式。[①] 有的主张,民间调解实际上就是人民调解委员会调解。[②] 有的主张,民间调解是人民群众自发地解决纠纷的一种活动。[③] 我们同意第三种看法。我们认为,民间调解是指民间发生纠纷后,在民间调解主体主持下,解决当事人双方矛盾的一种形式。人民调解与民间调解都与传统中国的民间调解具有历史渊源,它们也具有许多相同点,例如都调解民间纠纷,都采用说服劝导讲情说理的方法,都以平息纷争和稳定社会为目的。但是民间调解活动是游离于人民调解组织以外的自发性的调解形式,具有特定的历史性和地域性。民间调解与人民调解具有很多不同之处:

1. 调解主体不同。人民调解是由依法成立的人民调解委员会主持的,而民间调解主体的构成与当地传统习俗等有着密切的关系,呈现出多元性特点。民间有威望的人士。如以家族方式调解解决的,则是在本家族中具有较大影响的长辈;双方亲属长者;部分退休干部职工(本地籍);部分乡、村基层干部等。

---

① 李存捧、刘广安:《民间调解与权利保护》,载夏勇主编:《走向权利的时代——中国公民权利发展研究》(修订本),中国政法大学出版社 2000 年版,第 250 页。

② 何兵:《论民间调解组织之重塑》,载《中国司法》2004 年第 2 期。

③ 常怡主编:《中国调解制度》,重庆出版社 1990 年版,第 64 页。

2. 调解的案件范围不同。法律、法规明确规定了人民调解的案件范围，而民间调解没有自己的法定范围，只要不违反法律强制性规定和双方当事人同意，都可以调解。

3. 调解人产生方式不同。人民调解委员会调解员主要是由调解委员会群众推选产生的，是载入调解员名册固定的；而民间调解员是在纠纷发生后自愿充当的。

4. 人民调解委员会进行调解应遵循法定的基本原则，而民间调解没有法定的原则作为依据，调解人是根据情理进行调解的。

二、民间调解的作用

人是群居的，人际关系的协调，彼此之间的互助，是共同生存的重要条件。当人们之间发生纠纷时，如果不是人命关天的大事，人们宁愿放弃一部分权利以维护人际关系的和睦和生活的安宁，民间调解纠纷程序简易，在调解过程中，调解员根据纠纷的性质，依据法律、情理进行调解，具有较大的灵活性。民间调解广泛存在于中国民众生活之中，有悠久的历史传统，有深厚的群众基础，有利于预防纠纷、及时解决纠纷，减少诉讼，稳定经济秩序，促进社会安定。

第十一章　人民调解

第一节　人民调解概述

一、人民调解概念与意义

（一）人民调解的概念和特点

任何社会都存在对民事纠纷的不同解决途径。在我国，当平等主体之间财产关系或人身关系发生纠纷时，当事人可以进行和解、提交中立第三者进行调解、提请仲裁机构裁决或者提起民事诉讼。由于当事人和解和申请仲裁受到一些条件限制，大量民事纠纷适用调解和民事诉讼方式解决。尽管调解是一种传统的纠纷解决模式，但是在现代社会，它仍然是除诉讼之外的较重要的纠纷解决机制。在中国从古至今，调解都得到广泛的应用。人民调解只是我国现代调解当中的一种形式。人民调解，是指在人民调解委员会的主持下，以国家的法律、法规、规章、政策和社会公德为依据，对民间纠纷当事人进行说服教育、规劝疏导，促使纠纷各方当事人互谅互让、平等协商、自愿达成协议，消除纷争的一种活动。

作为调解的一种形式，人民调解当然具有调解共有的一些特点。但是，人民调解和法院调解、行政调解以及仲裁调解等相比较也具有一些不同点：

1.调解的主持者不同。人民调解的主持者是人民调解委员会，而行政调解、法院调解和仲裁调解的主持者分别是国家行政机关、人民法院和仲裁机构。尽管最高人民法院在司法解释中规定协助调解和委托调解等形式，但是协助者的任务是在法院支持下，协助法院更好地进行调解活动；受托者进行调解还是属于法院调解范畴,对此司法解释进行比较明确的规定。①

2.调解权的权威性不同。人民调解委员会的调解权相对于法院调解和行政调解来说,其权威性最弱。因为无论是法院调解还是行政调解,中立第三方是具有司法权力或行政职能的法官或国家行政人员,是国家权力主持下的调解形式。相比之下,人民调解委员会是由具有自治性质的成员组成。在解决纠纷的过程中,人民调解委员会不具有国家强制力。尽管在人民调解的运行中,国家权力也对其进行监督和扶持,但这只体现了纠纷解决过程中国家与社会共同参与的互动关系。

3.调解的案件范围不同。人民调解的案件范围是民间纠纷,即发生在公民与公民之间、公民与法人和其他社会组织之间涉及民事权利义务争议的各种纠纷。法院调解的案件包括民事案件、刑事自诉案件以及行政侵权赔偿案件。行政调解的案件是与行政管理权相关的民事纠纷和部分行政争议。仲裁调解的案件是当事人选择用仲裁方式解决的民事案件。

4.调解的性质不同。人民调解委员会的调解是人民群众自我教育、自我管理、自我约束的一种自治活动。在这一点上,人民调解和仲裁调解是相同的,它们是国家纠纷解决权社会化的一种体现。而行政调解是基于行政职责的行政管理活动,法院调解是诉讼活动。它们属于官方调解,是国家机关对纠纷的解决方式。

5.调解中当事人合意的程度不同。人民调解中,当事人的合意性最强,调解委员会决定性最弱。因为法院调解和行政调解是在国家司法机关和行政机关主持下分别行使司法权和行政权的纠纷解决方式。即使对于仲裁调解,由于是专家裁断,因此当事人达成的协议比较容易受到专家意见的影响。

6.调解协议的效力不同。法院调解和仲裁调解所达成的调解协议具有直接的执行效力,当事人可直接向法院申请强制执行。② 虽然人民调解达成的协议也具有民事法律合同的效力,但这种效力并不像法院调解协议和仲裁调

① 最高人民法院《关于人民法院调解的若干规定》第3条规定:根据民事诉讼法第八十七条的规定,人民法院可以邀请与当事人有特定关系或者与案件有一定联系的企业事业单位、社会团体或者其他组织,和具有专门知识、特定社会经验、与当事人有特定关系并有利于促成调解的个人协助调解工作。

经各方当事人同意,人民法院可以委托前款规定的单位或者个人对案件进行调解,达成调解协议后,人民法院应当依法予以确认。

② 法律规定行政调解在某些情况下其调解协议也具有代替行政处罚的效力,如公安机关对违反治安管理造成的人身、财产损失赔偿进行的调解。

解协议那样具有直接的强制执行力,而是必须再经过法院的认定才能够获得相应的执行力。

(二)人民调解制度的意义

我国的人民调解制度,是一项具有中国民族文化传统和特色的法律制度。通常认为,人民调解符合中国国情和群众的愿望,它不仅可以节省大量的人力物力、减少当事人讼累,而且通过人民调解组织定期矛盾纠纷排查,把可能酿成纠纷的苗头化解在萌芽状态,强化社会稳定的基础,其功能更是其他手段所不能替代的。但是,随着我国发展市场经济、人们权利观念的加强以及社会权威结构的变化,人民调解在中国社会对纠纷的解决能力有所下降,[①]其存在价值以及传统意义也受到人民质疑。但是,我们认为人民调解制度与现代社会的民主法制精神是相容的,无论从多元化纠纷解决机制的发展趋势还是从我国构筑和谐社会看,人民调解制度的建立和发展都具有十分重要的意义。

1.人民调解制度体现了现代民主法制的精神,反映了司法的民主化程度

现代民主就是让全体公民都来管理国家事务和社会事务。人民调解是国家将本应由职业法官垄断的民间纠纷司法权转由普通民众共享,这一方面可以减弱司法权威主义,另一方面体现了公民直接参与司法的民主形式。因为人民调解委员会是由人民群众自己选举产生的,在人民调解过程中当事人双方与第三方是平等的,实行协商的方式解决纠纷。因此公民不仅直接参与解决纠纷的机制,并且是以自己的自主意志影响案件处理结果。只有建立完善的人民调解制度,才可能实现真正的民主法治。

2.人民调解制度是多元化解决纠纷机制中的一环,也是构筑和谐社会的需要

党的十六大报告将社会更加和谐作为全面建设小康社会的目标之一,首次把和谐社会的概念写进党的纲领性文件。和谐社会不是不存在纠纷,而是纠纷都能够得到有效化解。因此和谐社会建设就需要构筑完备的纠纷解决机制。一个和谐的社会,不可能所有纠纷都通过强制手段加以解决,因为一方面,对于维护社会秩序来说,结构明确的行为规则和正式的强制程序所起到的

---

① 1982年,人民调解委员会调解案件8166000件,同期法院一审民事案件778941件;而2017年1—10月份,全国人民调解组织共排查矛盾纠纷261.5万次,调解矛盾纠纷699.2万件,其中行业性、专业性矛盾纠纷11.3万件,调解成功率达98%。而同期法院一审民事案件1100多万件。数字来源于1983年的《中国统计年鉴》和2018年《中国法律年鉴》。

作用都是有限的,另一方面许多纠纷和争议并不涉及法律问题,完全能够通过某种非正式的方式,在不危及社会和平的情况下得到解决。因此,人民调解作为社会自治的非诉讼方式,与构筑和谐社会的要求是相适应的。

3.人民调解可以通过解决民间纠纷,切实保护当事人的合法权利,实现当事人利益的最大化

民间纠纷发生后,当事人的利益包括:当事人对纠纷解决的自主性,解决纠纷所花费的时间、精力、费用及所造成的人际关系的损害,当事人权利实现的实际可能性等等。作为争议解决方式之一,人民调解可以完全满足当事人的利益要求。因为人民调解是一种成本低廉的纠纷解决方式,当事人不用花费律师费、诉讼费、差旅费、好处费等各项费用,就可以妥当地解决纠纷;人民调解的程序简单、灵活,可使当事人避免因诉讼程序的确定性和不可逆性而带来的诉讼风险;人民调解员往往以通情达理的对话和非对抗的斡旋缓和当事人之间的对立,使双方当事人能够对彼此尊重和理解,有利于维持今后长远的人际关系;另外,人民调解协议是当事人自愿协商达成的,因此他们一般也会积极履行,真正保障当事人的合法权益。

4.人民调解可以减轻法院的工作负担,促进法院司法改革

人民调解是一种制度化、经常化、专门化的纠纷解决机制,与诉讼相比较,具有自主、便利、灵活等特点,因此它可以作为当事人首先选择的争议解决方式之一。截止到 2020 年,我国有人民调解员 350 万人,人民调解委员会 70 余万个。其中附设于村(居)委会的占 80% 以上,是全国人民调解员最主要的工作地方。2018 年,人民调解员共排查矛盾纠纷 422.8 万次,调解各类矛盾纠纷 953.2 万件,调解成功率达到 97.8%。[①] 人民调解作为预防解决矛盾的第一道防线,将大量本该进入法院的案件提前分流,既减轻当事人的诉讼负担,又减少法院受理案件的数量,降低法院的工作压力,使法院有更多时间进行司法改革。

■ 二、人民调解制度的历史沿革

(一)新中国成立前的人民调解制度

人民调解是在我国历史上特有的民间调解的基础上发展起来的。我国现代的人民调解制度萌芽于第一次国内革命战争时期,在共产党领导下的反对封建土地制度的农会组织和在一些地区建立的局部政权组织中设立的调解组

---

① 　齐蕴博:《人民调解员队伍建设研究》,《人民调解》2020 年第 8 期。

织,都有调解农民之间纠纷的作用。例如 1922 年,中国共产党的创始人之一澎湃领导广东农民成立了"赤山约农会",下设"仲裁部"和湖南农村乡民大会选举组织的"公断处",都属于专门调解农会会员之间纠纷的调解组织。据不完全统计,到 1927 年,广东、广西、江西、陕西、湖南、湖北等地建立的 2 万多个农会中,都设有调解组织。第二次国内革命战争时期,中国共产党建立的中华苏维埃共和国的区、乡两级政府,川陕两省的区、乡级苏维埃政府都设有"裁判委员会",负责办理民事案件,解决群众纠纷。例如 1931 年 11 月中华苏维埃中央执行委员会第一次全体会议通过的《苏维埃地方政府暂行组织条例》第 17 条规定:"乡苏维埃有权解决未涉及犯罪行为的各种争执问题。"这一时期的调解虽然带有官方性质,但仍然属于人民调解范畴。抗日战争时期,人民调解制度得到进一步发展。当时的陕甘宁边区、山东抗日革命根据地、晋察冀边区、苏中区等地乡村都设有调解组织,并且被称为"人民调解委员会"。各根据地政府相继制定了一系列有关调解的法规条例,如 1942 年 4 月山东省临时参议会发布的《山东省调解委员会暂行组织条例》、1942 年 3 月晋西北行政公署发布的《晋西北村调解暂行办法》、1944 年 6 月晋察冀边区行政委员会发布的《关于加强村调解工作与建立区调处工作的指示》、1949 年 2 月华北人民政府颁布的《调解民间纠纷的决定》等,可以说这个时期人民调解制度进入了制度化、法律化阶段。

(二)新中国成立后的人民调解制度

新中国成立后,人民调解制度作为司法制度建设和社会主义基层民主政治制度建设的重要内容,得到了各级党和政府的高度重视,并在其指导下不断发展和完善起来。1950 年,周恩来总理专门作出指示,要求"人民司法工作还须处理民间纠纷,对这类民间案件,亦需予以足够的重视,一方面应尽量采取群众调解的办法以减少人民讼争,另一方面司法机关在工作中应力求贯彻群众路线,推行便利人民、联系人民和依靠人民的诉讼程序和各种审判制度"。1953 年第二届全国司法工作会议后,开始在全国区、乡党委和基层政权组织内有领导、有步骤地建立健全人民调解组织。1954 年,政务院颁布《人民调解委员会暂行组织通则》(以下简称《通则》),统一了人民调解组织的名称、性质、任务、设置、工作要则和活动方式。《通则》的颁布,是我国人民调解制度发展史上的重要里程碑,标志着新中国人民调解制度的正式确立。到 1955 年底,全国有 70%的乡、街建立了人民调解组织,调解队伍发展到了上百万人,调解平息了大量的民间纠纷。

1957 年后,人民调解组织曾遭到较大挫折,60 年代得到恢复。"文化大革命"期间,人民调解制度也和整个社会主义法制一起遭到严重破坏,除少数例外,绝大部分人民调解委员会已不存在。

我国自 70 年代末开始改革开放,重视民主与法制建设,人民调解制度得以恢复重建,并获得了长足的发展。1980 年,经全国人大常委会批准重新公布了《人民调解委员会暂行组织通则》。1982 年 3 月通过的《中华人民共和国民事诉讼法(试行)》确认了人民调解的法律地位,并在同年 12 月修订的《中华人民共和国宪法》第 111 条明确规定:"城市和农村按居民居住地区设立的居民委员会或者村民委员会是基层群众性自治组织。居民委员会、村民委员会的主任、副主任和委员由居民选举。居民委员会、村民委员会同基层政权的关系由法律规定。居民委员会、村民委员会设人民调解、治安保卫、公共卫生等委员会,办理本居住区的公共事务和公益事业,调解民间纠纷,协助维护社会治安,并且向人民政府反映群众的意见、要求和提出建议。"从而使人民调解成为我国一项为宪法所确认的基本制度。1989 年 5 月 5 日,国务院第四十次常委会议通过了《人民调解委员会组织条例》,(以下简称《组织条例》)对人民调解委员会的组织建设、工作范围、调解原则等都作了详细的规定。90 年代末,全国各地区因地制宜,因时制宜,不断挖掘人民调解的潜力,提出建立"大调解,大服务"的格局,使人民调解发挥了巨大的社会作用。例如:1995 年 1 月,河北省与北京市联合实施"护城河工程",通过联合化解矛盾、进行法制宣传教育等手段,使民间纠纷得到有效控制,净化了社会环境,取得了巨大的社会效益。1998 年,山东省陵县在乡镇成立司法调解中心,把司法、公安、民政、法院、房管、工商、税务、环保、信访、妇联、共青团等单位组织起来,发挥各部门的职能优势,对人民调解组织较难处理的各类纠纷,协助调解,取得了明显的效果。2002 年 11 月 1 日,司法部发布的《人民调解工作若干规定》(以下简称《若干规定》)确定人民调解协议具有民事合同性质,人民调解协议首次被赋予明确的法律效力,纠纷当事人将不能随意撕毁、拒不履行双方自愿协商达成的调解协议。至此,我国已形成较完善的人民调解制度。为了总结 1949 年以来人民调解的工作经验,使人民调解这项具有中国特色化解矛盾、消除纷争的非诉讼纠纷解决方式步入法制化、规范化的轨道,第十一届全国人民代表大会常务委员会第十六次会议于 2010 年 8 月 28 日通过《中华人民共和国人民调解法》(以下简称《人民调解法》)。该法自 2011 年 1 月 1 日起施行。《人民调解法》对人民调解的性质、调解组织人员构成、调解的程序以及调解协议的效力等问题进行了较明确规定。

三、人民调解的性质和任务

（一）人民调解的性质

人民调解的性质，是指人民调解的本质属性。它是人民调解理论中非常重要的问题之一。对人民调解性质如何确定，反映了我国法律对人民调解的态度，同时也决定了人民调解制度的相关内容。人民调解的性质是根据人民调解委员会的性质确定的。《组织条例》第2条规定，"人民调解委员会是村民委员会和居民委员会下设的调解民间纠纷的群众性组织……"《若干规定》适应现在人民调解委员会组织形式的不断变化，在第2条中将人民调解委员会的性质规定为"调解民间纠纷的群众性组织"。《人民调解法》第7条规定，"人民调解委员会是依法设立的调解民间纠纷的群众性组织。"可见，人民调解的性质主要体现在下列几个方面：

1.人民调解委员会是一种基层群众性组织

人民调解委员会主要设置在村（社区）居民委员会、乡镇街道、企事业单位以及特定区域、行业内。调解员也来自人民调解委员会所在地，人民调解委员会是基层组织。人民调解委员会遍布全国各地，调解人员人数众多，是最广泛的群众性组织之一。它既不同于国家行政机关，也不同于司法机关；它的组成人员，只能由调解委员会所在地居民选举或者聘任产生；它处理纠纷的方式是根据当事人自愿原则调解案件，而不能采取任何强制和胁迫手段。

2.人民调解是一种群众自治性活动

我国宪法规定，人民调解委员会设于村民委员会和居民委员会；而村（居）民委员会又是基层群众自治组织。自治性就是指人民调解委员会是群众自我组织、自我管理、自我教育和自我服务。尽管《民事诉讼法》、《人民调解法》、《组织条例》和《若干规定》都规定，人民调解委员会在基层人民政府和基层人民法院指导下工作，但是它们不是领导、隶属关系而是指导关系。人民调解委员会不同于一般的群众性组织，它是人民群众运用自己的力量，依照法律、法规和社会道德，运用说服教育、劝解疏导的方法解决人民内部纠纷。人民调解是群众自我教育、自我约束的自治方法。

（二）人民调解委员会的任务

《组织条例》第6条规定，人民调解委员会的任务为调解民间纠纷，并通过调解工作宣传法律、法规、规章和政策，教育公民遵纪守法，尊重社会公德。人民调解委员会应当向村民委员会或者居民委员会反映民间纠纷和调解工作的情况。《若干规定》在第3条关于人民调解委员会的任务的规定中，又增加了

"预防民间纠纷发生和防止民间纠纷激化"两项内容。按照这些规定,人民调解委员会的任务有下列几项:

1.积极调解民间纠纷。这是人民调解委员会的首要任务。人民调解是解决民事纠纷的方式之一,因此人民调解委员会的最本职工作就是调解民事纠纷。人民调解委员会只调解"民间纠纷",不属于"民间纠纷"的,不由人民调解委员会调解。根据《若干规定》第20条规定,"民间纠纷"具有下列两个特点:(1)纠纷当事人中一方必须是公民,即纠纷发生在公民之间、公民与法人之间或者公民与其他组织之间;(2)纠纷的内容是民事权利义务关系。随着我国发展社会主义市场经济,人们的思维观念、生活方式都在不断发生深刻变化,民间纠纷也出现了种类多样化和范围广泛化的趋势。人民调解委员会不仅要调解好婚姻、家庭、邻里、赔偿这些多发性、常见性纠纷,而且还要结合本地经济社会发展特点,有针对性地解决一些新类型案件。

2.深入开展预防民间纠纷发生、防止民间纠纷激化的工作。即"防激化"。"防激化"包括两个方面:其一在纠纷发生前,发现某些苗头、先兆后,人民调解委员会提前进行宣传教育工作,消除引起纠纷发生的各种因素,防患于未然;其二在调解纠纷过程中,采取合情合理方式,消除当事人之间的对立情绪,防止民间纠纷激化导致自杀事件、刑事案件和群体性事件。人民调解委员会是群众性自治组织,调解员生活在人民群众之中,便于了解人民群众中的各种情况。因此人民调解组织要坚持抓早、抓小、抓苗头,努力掌握民间纠纷发生、发展和变化的规律,把纠纷化解在激化之前。同时,要不断总结完善防激化的有效方法和经验,畅通信息,快速反应,勇于挺身而出,耐心细致疏导,及时回访反馈。要广泛开展矛盾纠纷大排查、专项治理等各种形式的防激化活动,增强工作效果。

3.大力开展法制宣传和社会主义道德教育。群众法制观念的强弱关系到一个社会的安定。因此广泛、深入地开展法制宣传和社会主义道德教育也是人民调解委员会的重要任务。人民调解委员会可以采取下列方式:(1)结合民间纠纷调解工作,按照纠纷的种类,结合有关法律、法规、规章和政策,以案释法、以事议法,起到调解一件、教育一片的作用,从而使广大群众知道哪些行为是违背法律或者违背公共道德的行为,哪些行为是法律或公共道德所允许或提倡的行为,自觉地提高自己的法律意识和道德意识,预防纠纷的发生;(2)根据纠纷发生的季节性、地域性等规律,有针对性地宣传法律、法规、防患于未然;(3)根据形势和一定时期的中心工作,结合出台的法律、法规和政策,联系群众关心的实际问题进行宣传,起到解惑答疑的作用。

4.努力与基层各项民主法治建设工作相结合,深化人民调解工作的社

效果。人民调解不仅要调解好各类民间纠纷,而且要协助政府管理本地区社会生活,起到政府与人民群众联系的桥梁和纽带作用。为此,人民调解工作应当与人民来信来访工作、社会治安综合治理工作、基层民主政治建设等工作结合起来。人民调解组织应当及时向村民委员会、居民委员会和基层人民政府反映民间纠纷和调解工作的情况,使党和政府及时了解广大人民群众对国家法律和党的政策的意见和要求,了解社会矛盾和纠纷的现状,集中群众意志,维护社会稳定。人民调解组织要积极开展安全文明创建等活动,加强治安防范,推动社会治安综合治理工作的开展。要结合社区改革和建设工作,参与"村规民约"、民主监督等工作,不断促进基层民主政治的发展。

四、人民调解的基本原则

人民调解的基本原则,是指人民调解委员会在整个调解活动中都必须遵守的行为准则。它是在人民调解工作长期实践经验基础上形成的,反映了人民调解活动的本质和特点。人民调解的基本原则不仅对整个仲裁活动都具有指导作用,而且是人民调解质量以及人民调解工作健康发展的保障。《人民调解法》第 3 条、《组织条例》第 6 条和《若干规定》第 4 条确立了以下基本原则:

(一)依法原则

即依据法律、法规、规章和政策进行调解,法律、法规、规章和政策没有明确规定的,依据社会公德进行调解。

人民调解委员会虽然是群众性自治组织,但进行调解工作也必须依照法律、法规、政策以及社会公德进行。所谓依法原则,广义上讲是指人民调解委员会调解民间纠纷时,所有调解活动都不得与国家现行法律、法规、政策相抵触。依法原则具体体现在下列几个方面:

1.人民调解委员会调解的矛盾纠纷的范围要符合法律、法规和规章的规定,不得超出法定的范围,更不能对治安案件甚至刑事案件进行调解。

2.在调解纠纷的程序上,要尊重当事人的意愿,不得强行调解和限制纠纷当事人的诉讼权利。

3.人民调解委员会调解民间纠纷时,要把国家法律作为调解纠纷的主要依据,在国家法律没有规定的情况下,依照现行政策,在既无法律又无政策可循的情况下,则应该依照社会公德来进行调解。

4.纠纷经调解后达成的协议也必须符合法律和政策,违反法律规定的调解协议是无效的。

（二）自愿原则

人民调解委员会是群众性的自治组织,其调解工作是一种群众进行自我管理、自我教育、自我约束的活动,因此整个调解都必须建立在双方当事人自愿基础上。自愿原则不仅是调解的特点,也是人民调解区别于民事诉讼的显著标志之一。所谓自愿原则,是指民间纠纷当事人将他们之间的争议提交人民调解委员会调解和在整个人民调解过程中实施的各种行为,都必须出自双方当事人的真实意愿。自愿原则表现在下列几个方面:

1.是否采用人民调解方式解决纠纷取决于双方当事人自愿

《人民调解法》第17条规定,"当事人可以向人民调解委员会申请调解;人民调解委员会也可以主动调解。当事人一方明确拒绝调解的,不得调解。"就是说,双方当事人同意调解,是人民调解委员会进行调解的前提,双方或者一方当事人拒绝调解,人民调解委员会不得强迫调解。考虑到人民调解委员会有预防民间纠纷发生和防止民间纠纷激化的职责,《人民调解法》也允许人民调解委员会主动调解。但是,主动调解也不能违反自愿原则。

2.向哪一个人民调解委员会申请调解取决于当事人自愿

《若干规定》第21条规定,"民间纠纷,由纠纷当事人所在地（所在单位）或者纠纷发生地的人民调解委员会受理调解"。即民间纠纷发生后,当事人双方可以选择当事人住所地或者纠纷发生地的人民调解委员会要求调解。

3.人民调解委员会进行调解时,应当遵循自愿原则

人民调解委员会在调解纠纷时,应自始至终采用摆事实、讲道理、耐心疏导方式,不能强迫、命令甚至歧视、辱骂、体罚强行当事人调解。

4.达成的调解协议,必须是双方当事人自愿

一方面,只有在人民调解委员会说服教育,在双方当事人统一认识,消除矛盾的基础上才能达成解决民间纠纷的协议;另一方面,该协议中规定的权利、义务内容由当事人双方自愿接受。

5.调解协议由当事人自觉履行

调解协议是双方当事人自愿协商达成的解决民间纠纷的法律文书,因此当事人应当履行调解协议。但是当当事人不履行调解协议时,人民调解委员会不得强制当事人履行。人民调解委员会可以告知当事人向法院起诉,要求审查确认该调解协议,然后申请法院强制执行。

（三）平等原则

由于人民调解委员会调解平等主体之间发生的民事权利义务关系纠纷,因此调解过程中也应当贯彻平等原则。该原则包括三个方面:一是双方当事人地

位和权利义务平等,不因当事人的社会身份不同而有异;二是调解委员会及其人员对双方当事人在适用法律政策上的平等,不得偏袒照顾一方而歧视限制另一方;三是双方当事人和调解人员的地位平等,调解人员虽处于调解纠纷的主导地位,但并无任何特权,不得居高临下压服当事人,不得态度粗暴侮辱当事人。

（四）尊重当事人诉讼权利的原则

尊重当事人诉讼权利原则,是指人民调解委员会对民间纠纷的调解不是起诉的必经程序,不得因未经调解委员会调解或者调解不成而阻止当事人向人民法院起诉。

民间纠纷发生时,公民、法人或者其他组织有权向人民法院起诉,请求法院行使审判权,依法保护自己的合法权益,这是法律赋予公民、法人或者其他组织的一项重要诉讼权利,任何组织和个人都不能剥夺。人民调解委员会在开展人民调解工作时,同样应当尊重当事人的诉讼权利,不得限制公民、法人或者其他组织直接向人民法院起诉,人民法院也不得以未经人民调解委员会调解而拒绝受理。尊重当事人诉讼权利原则有三方面内容:

1.纠纷发生时,双方当事人均有选择权,可以不经人民调解委员会调解而直接向有管辖权的人民法院起诉。

2.在人民调解委员会调解进行中,双方或一方当事人不愿继续调解,即可向调解委员会提出退出调解而向有管辖权的人民法院起诉。

3.双方当事人在调解委员会主持下达成调解协议后,一方反悔,不履行协议而向人民法院起诉。但是,当事人不能起诉人民调解委员会调解的民间纠纷,只能起诉达成调解协议的合同案件。

第二节 人民调解机构的设置

一、人民调解委员会及其设置

（一）人民调解委员会的概念和特点

人民调解委员会是指调解民间纠纷的群众性组织。我国《宪法》、《民事诉讼法》、《村民委员会组织法》、《城市居民委员会组织法》、《人民调解法》、《组织条例》以及《若干规定》等都规定了人民调解委员会的性质、设置形式以及内部组成等内容。人民调解委员会通常有以下特点:

1.基层性

民间纠纷多发生在基层,发生在群众中间,因此法律、法规以及规章规定人民调解委员会一般设置在村民委员会、居民委员会和企业事业单位内部。这样,调解人员生活在群众之中,他们可以与群众保持密切的联系,可以及时发现纠纷,及时解决纠纷。

2.群众性

人民调解委员会是群众性组织。它的组成人员都是由村民委员会所在地的农民、居民委员会所在地的居民和企业事业单位职工选举产生,或者是基层单位聘任产生,具有广泛的群众基础,能够更好地为群众服务。

3.自治性

人民调解委员会是在基层政府和基层人民法院指导下,由群众自己组织起来的,它只负责调解本居住区的民间纠纷。人民调解委员会独立实施调解活动,只要不违背法律、政策和社会公德,其他任何机关、组织都无权干涉。

4.职责的单一性

人民调解委员会不同于一般的群众自治组织,它的职责就是调解民间纠纷。尽管人民调解委员会也承担预防民间纠纷发生、预防民间纠纷激化的任务,但这是为了更好地实现调解民间纠纷的职责;尽管人民调解委员会也要在社会综合治理中发挥作用,但它只是配角,配合其他机构进行各种形式的活动。

(二)人民调解委员会的设置

1.人民调解委员会的组织形式

《人民调解法》第8条规定人民调解委员会的组织形式有下列几种:

(1)农村村民委员会、城市居民委员会下设的人民调解委员会

我国《宪法》明确规定,村民委员会、城市居民委员会下设人民调解委员会。在此基础上,《城市居民委员会组织法》(以下简称《居民委员会法》)和《村民委员会组织法》(以下简称《村民委员会法》)进行具体规定。目前,在我国广大农村,有村人民调解委员会和村民调解小组。在城市,有居民(社区)人民调解委员会和调解小组。

(2)企事业单位根据需要设立的人民调解委员会

在一些企业、事业单位中,劳动者比较集中,单位所在地既是工作场所,又是劳动者及家属生活区域,劳动者之间、劳动者与家庭成员之间以及劳动者家庭成员相互之间经常发生各种各样的纠纷。企事业单位设立人民调解委员会,可以及时发现这些纠纷,针对不同情况采取有效措施,防止矛盾激化,促进企事业单位各项工作正常开展。

由于《人民调解法》是对 1989 年《人民调解委员会组织条例》实施经验的总结，因此没有像《若干规定》那样直接规定乡镇、街道设立的人民调解委员会和区域性、行业性人民调解委员会，而是在该法第 34 条授予乡镇、街道以及社会团体或其他组织根据需要可以参照本法有关规定设立人民调解委员会，调解民间纠纷。

2.人民调解委员会的组成人员

人民调解委员会是由调解委员和调解委员会聘任人员构成的。《人民调解法》第 8 条规定，人民调解委员会由委员 3～9 人组成。设主任 1 人，必要时可以根据需要设副主任若干人。

依据人民调解工作实践中的做法，《若干规定》第 12 条规定，村民委员会、居民委员会和企事业单位的人民调解委员会根据需要，可以自然村、小区（楼院）、车间为单位，设立调解小组，聘任调解委员。村民委员会、居民委员会的人民调解委员会委员由村民会议或村民代表会议、居民会议推选产生；企事业单位设立的人民调解委员会委员由职工大会、职工代表大会或者工会组织推选产生。

为了尊重民族习惯，更好地化解不同民族之间发生的民间纠纷，《人民调解法》第 8 条第 3 款规定，多民族居住地区的人民调解委员会中，应当有人数较少的民族的成员。

在民间纠纷中，家庭婚姻纠纷占绝大多数。因此，《人民调解法》第 8 条第 3 款规定，人民调解委员会中应当有妇女委员。

■ 二、人民调解员的任职条件与产生方式

（一）人民调解员的任职条件

《组织条例》只规定人民调解委员会的委员，而没有详细规定人民调解员。为了适应人民调解工作的发展现状和需要，《人民调解法》规定，人民调解委员会委员、人民调解委员会聘任的人员统称为人民调解员。按照《人民调解法》、《组织条例》和《若干规定》的规定，人民调解员的任职条件有下列几个方面：

1.为人公正

人民调解员是民间纠纷调解工作的主持者，其调解工作质量直接影响人民调解委员会在社会中的声誉。因此，人民调解员应当具备良好的道德品质。"为人公正"，就是要求人民调解员秉公办事、作风正派，平等对待双方当事人，处理问题不偏不倚，合情合理。

2.联系群众

人民调解是群众性很强的工作,人民调解员一方面要热爱群众、了解群众、关心群众,另一方面能够善于和群众沟通交流。只有这样,人民群众才会支持人民调解工作,人民调解员也才能及时掌握各种实际情况,顺利开展各项调解活动。

3.热心人民调解工作

人民调解工作是艰苦而烦琐的工作,因此要求调解员不仅具有高度社会责任感和全心全意为人民服务的意识,而且还要发扬无私奉献的精神。只有这样,人民调解员才能认真负责、不怕劳累,更好地完成调解任务。

4.有一定的法律、政策水平和文化水平

人民调解是一项法律性、政策性很强的工作。人民调解员熟悉和掌握与调解案件有关的法律、政策是贯彻人民调解工作基本原则和正确调解案件的保障。随着公民法律意识的不断增强,人民调解员只有不断提高自己的法律素养和政策水平,才能有理有力地调解案件,维护当事人的合法权益。

5.成年公民

人民调解委员会是我国人民群众自我教育、自我管理和自我服务的组织,人民调解员担负着调解民间纠纷、为社会服务的重任,因此人民调解员必须是我国有民事行为能力的自然人。

另外,考虑到乡镇、街道人民调解委员会调解的纠纷都是村民委员会、居民委员会、企事业单位调解委员会不能调解的疑难、复杂以及跨地区、跨单位的民间纠纷,因此《若干规定》规定,乡镇、街道人民调解委员会委员应当具备高中以上文化程度。

(二)人民调解员的产生方式

1.兼任

一些地方村民委员会、居民委员会和企事业单位的负责人兼任调解委员。由于这些负责人是经过村民委员会、居民委员会和企事业单位群众选举产生的,因此他们可以直接担任调解员,不需要重复选举。

2.选任

选任,是指由一定区域内符合条件的人员直接选举产生人民调解员。根据《若干规定》第15条的规定,对农村人民调解委员会的调解员,由村民大会或者村民代表大会选举产生;对城市人民调解委员会的调解员,由居民大会或居民代表大会选举产生;对企事业单位的人民调解员,由职工大会或职工代表大会选举产生。

3.聘任

聘任是指由法定机构,通过公开招聘方式,选择产生人民调解员。根据《若干规定》第 15 条规定,村民委员会、居民委员会或者企事业单位人民调解委员会委员由村民委员会、居民委员会或者企事业单位聘任;乡镇、街道人民调解委员会委员由乡镇、街道司法所(科)聘任;区域性、行业性的人民调解委员会委员,由设立该人民调解委员会的组织聘任。

人民调解员,每届任期三年。每三年改选或者聘任一次,可以连选连任或续聘。人民调解员不能履行职务时,由原选举单位或聘任单位补选、补聘。人民调解员严重失职或者违法乱纪的,由原选举单位或者补聘单位撤换。

第三节 人民调解委员会的调解程序和调解方式

一、人民调解委员会的调解程序

人民调解程序就是人们在进行人民调解活动时必须遵循或履行的法定的时间和空间上的步骤、顺序、形式和手续。根据《人民调解法》的规定,人民调解委员会的调解程序具体包括:

(一)调解开始

《人民调解法》第 17 条规定,当事人可以向人民调解委员会申请调解,人民调解委员会也可以主动调解。当事人一方明确拒绝调解的,不得调解。也就是说,人民调解委员会调解开始有两种方式:

(1)当事人自愿申请。即民间纠纷发生后,当事人采用口头或书面方式向人民调解委员会提出调解申请。当事人申请应具备的条件是:①有明确的被申请调解人。②有具体的要求。③有提出调解申请的事实依据。④属于公民与公民之间、公民与法人和其他公民组织之间涉及民事权利义务争议的各种纠纷。⑤应当由该人民调解组织受理。

(2)调解人员主动受理。主动调解就是指根据群众报告、有关单位转告或人民调解人员亲自得知发生纠纷后,不等当事人申请就主动、及时前往纠纷当事人中间或纠纷现场去进行调查、斡旋,使纠纷在初发阶段得到及时的解决,不致扩大、激化或转化。主动受理和调解自愿原则是不矛盾的。因为从争议当事人本身来看,民间纠纷发生时,当事人往往希望中立第三者公平解决他们之间的矛盾;从法规规定来看,调解人员能不能受理案件进行调解取决于双方当事人自愿。

人民调解委员会只能受理其有权调解的案件。《若干规定》第 20 条从正面角度规定了人民调解委员会可以受理调解的案件范围。即"人民调解委员会调解的民间纠纷,包括发生在公民与公民之间、公民与法人和其他社会组织之间涉及民事权利义务争议的各种纠纷"。可见,人民调解委员会可以调解的民间纠纷主要包括:

(1)公民与公民之间的纠纷。一般是指发生在家庭成员、邻里、同事、居民、村民等社会成员之间,因合法权益受到侵犯或者发生争议而引起的纠纷。

(2)公民与法人和其他社会组织之间涉及民事权利义务关系的纠纷。例如,农村村民与农村合作组织、经济组织、乡镇企业之间因土地承包、农业产业化服务中的合同,划分宅基地、财务管理等方面的纠纷。企业职工与所在企业之间因企业转制、租赁、兼并、破产、收购、转让,或者因企业拖欠职工工资、医疗费等发生的纠纷。城市居民与城市市政管理组织、施工单位,企事业单位等因城市街道市政建设、危房改造等引发的纠纷等等。

另外,《若干规定》还对人民调解委员会不得受理调解的案件作出规定。即《若干规定》第 22 条规定,人民调解委员会不得受理调解下列案件:

(1)法律、法规规定只能由专门机关管辖处理的,或者法律、法规禁止采用民间调解方式解决的;

(2)人民法院、公安机关或者其他行政机关已经受理或者解决的。

无论是双方当事人还是一方当事人提出调解申请,调解委员会都要进行审查。一方提出申请的,调解委员会在审查期间,负责通知纠纷另一方当事人,如另一方当事人明确表示不同意调解的,调解委员会应在一定期限内告知申请方,不受理调解。双方都同意调解的,经审查,符合条件的,在一定期限内告知当事人准备参加调解;不符合受理条件的,在一定期限内告知当事人通过其他方式解决纠纷。

(二)调解的进行

调解委员会受理纠纷后,要做好纠纷登记。在纠纷较多的情况下,应区分轻重缓急,优先调解那些濒临激化的纠纷。对于需要调解的案件,调解进行的环节是:

1.做好调解开始前的准备工作:

(1)确定调解员。根据《人民调解法》第 19 条规定,调解员的确定有指定和选择两种方式。即由调解委员会指定一名或多名人员负责调解。调解员指定后,人民调解委员会应当在一定期限内通知双方当事人,便于当事人行使申

请回避权;当事人也可以选择一名或数名人民调解员进行调解。

(2)做好必要的调查工作。调解员一般是告知当事人提交或收集必要的证明材料。但是,必要时,调解员也应当进行调查,从而掌握材料,弄清纠纷情况,判明纠纷性质和是非曲直。调解员调查的内容主要包括:纠纷性质,发生原因,发展过程,双方当事人争议的焦点,矛盾的主要方面等有关情况。调解员调查的方式主要有:①询问当事人,耐心听取双方当事人的陈述,了解纠纷过程和他们的真实思想和要求;②向纠纷关系人、知情人和周围的群众调查,进一步掌握其他有关情况,并印证双方当事人的陈述;③向当事人所在单位了解情况,必要时,可求得单位领导和有关人员的支持;④对于一些疑难的伤害纠纷,调解员可以到现场调查,可以请求有关部门进行伤情检查鉴定,查明伤害程度。调查过程中,调解人员应把调查的情况制作详细笔录,必要时可由被调查人写出书面材料。调查笔录包括时间、地点,被调查人姓名、性别、年龄、职业、住址,负责进行调查人员的姓名和职务,调查经过和结果。调查笔录应当当场交给被调查人校阅或向其宣读后,由被调查人、调查时在场的人和调查人员签名或盖章。如果被调查人拒绝签名或盖章应在笔录上说明。

(3)召开调解会议,制定调解方案。调解员首先把从各种途径获得的有关纠纷的材料,进行逐个的分析评价,研究它是否真实以及对解决纠纷有无意义。具体分析主要是从提供材料人的主观因素和客观因素方面,分析其所提供材料的真实性。分析时不仅要注意材料提供人的理解能力、记忆能力、精神状况等,还要考虑当时的客观情况,如当时光线明暗、距离远近、提供材料人与当事人的关系等。其次调解员将有关纠纷的全部事实和所收集到的材料进行比较鉴别,综合分析研究,弄清事实,依照法律判明是非的过程。调解员应当将纠纷的全部事实和收集到的材料进行比较和鉴别,找出反映客观真实情况的事实和材料,根据查明的事实,找出纠纷的主要矛盾和争执焦点。在分析案件的基础上,制作调解方案。调解方案不是固定不变的,应根据当时的具体情况随时调整。调解方案中特别要写明意外情况的处理方法,以便调解时能够控制调解局面,应对意外情况,有序地开展调解工作。

2.开始调解。调解按下列顺序进行:

(1)调解人员询问双方当事人是否申请回避,告知双方权利义务和调解的性质。

(2)双方当事人分别陈述意见、出示证据、进行辩论。

(3)对当事人进行说服劝导工作。对当事人进行说服劝导是人民调解工作中的重要步骤。调解员必须以事实为依据,以法律、法规、规章和政策为准则,法律、法规、规章和政策没有明确规定的,可依据社会公德进行调解。在说服劝导中,应根据纠纷性质、难易程度以及当事人的思想、性格等不同情况区别对待。对简单的纠纷、涉及当事人隐私或其他不宜公开的纠纷,应个别调解。对比较复杂、影响面大的纠纷,可邀请周围群众代表、双方当事人相信的权威人士、当事人单位的领导和亲戚朋友参与调解。

(4)促成当事人和解并达成调解协议。经过充分说理和耐心细致的说服教育工作,如果双方当事人已互谅互让,具备了达成调解协议的思想基础,调解人员就应该抓住时机,促成双方当事人达成调解协议。如果达不成一致意见,调解人员可以提出合情、合理、合法的建议性解决方案,促使当事人协商,在新的基础上,自愿达成调解协议。

(三)调解的结束

调解结束有两种方式:一种是调解不成功,当事人之间未达成合意。调解员可以告知当事人可以选择其他的纠纷解决方式,如通过法院诉讼解决或提请仲裁裁决等。另一种是调解成功,当事人双方达成了调解协议。

(四)制作调解协议

人民调解协议,是在人民调解委员会的主持下,纠纷当事人依照法律、法规、规章、政策和社会主义公德,在查清事实、分清责任的基础上,通过平等协商,互相谅解,对纠纷的解决自愿达成一致意见的意思表示。人民调解协议可以是口头的,也可以是书面的。根据《人民调解法》第28条规定,"经人民调解委员会调解达成调解协议的,可以制作调解协议书。当事人认为不需要制作调解协议书的,可以采取口头协议方式,人民调解员应当记录协议内容。"

调解协议应载明下列内容:双方当事人的基本情况;纠纷简要事实、争议事项及双方责任;双方当事人的权利和义务;履行协议的方式、地点、期限。调解协议由双方当事人或调解人员签名,并加盖调解委员会印章,发给双方当事人,调解委员会也应留存一份备查。

在人民调解委员会主持下,双方当事人依据法律、政策自愿达成的调解协议是有法律效力的。口头调解协议自各方当事人达成协议之日生效;调解协议书自各方当事人签名、盖章或者按指印,人民调解员签名并加盖人民调解委员会印章之日起生效。其效力表现在:一是对双方当事人具有法律意义上的约束力,即当事人不得随意变更、撤销调解协议;二是确定力,即双方当事人之间的民间纠纷消灭,双方当事人之间民事法律关系已经稳定;三是形成力,即双方当事人之间形成了新的法律关系,签订了新的合同;四是当事人应当按照调解协议履行义务。

为了促进人民调解的进一步发展,《人民调解法》完善了人民调解和其他纠纷解决方式相衔接的工作机制。该法第 18 条规定,"基层人民法院、公安机关对适宜通过人民调解方式解决的纠纷,可以在受理前告知当事人向人民调解委员会申请调解。"第 32 条规定,"经人民调解委员会调解达成协议后,当事人之间就调解协议的履行或者调解协议的内容发生争议的,一方当事人可以向人民法院提起诉讼。"第 33 条规定,"经人民调解委员会调解达成协议后,双方当事人认为有必要的,可以自调解协议生效之日起三十日内共同向人民法院申请司法确认。人民法院应当及时对调解协议进行审查,依法确认调解协议的效力。人民法院依法确认调解协议有效,一方当事人拒绝履行或者未全部履行的,对方当事人可以向人民法院申请强制执行。人民法院依法确认调解协议无效的,当事人可以通过人民调解方式变更原调解协议或者达成新的调解协议,也可以向人民法院提起诉讼。"

(五)做好回访工作,敦促有关当事人履行调解协议

人民调解委员会应当对调解协议的履行情况适时进行回访,及时了解调解协议的履行情况。对于当事人没有正当理由不履行调解协议的,应做好当事人的工作,督促其履行自己的义务;对于当事人提出调解协议内容不当,或者人民委员会发现协议内容不当的,应当在征得双方当事人同意后,经再次调解变更原调解协议内容,或者撤销原协议,达成新的调解协议;对于经督促仍不履行调解协议的,人民调解委员会应当告知当事人可以要求基层政府处理,或就调解协议的履行、变更、撤销向人民法院起诉。

(六)对调解和好的民间纠纷进行统计并存档保管

通过统计和存档保管工作,可以及时分析和发现一定时期当地民间纠纷发生的规律,并预测未来的走向;可以总结调解工作的经验教训,不断改进调解方法。

二、调解形式

调解形式是指人民调解员在调解纠纷的过程中所采用的具体方式。从人民调解委员调解案件的实践看,常用的调解方式有:

(一)单独调解

单独调解,是指由纠纷当事人所在地或纠纷发生地的人民调解委员会单独进行的调解。这是调解委员会最常用的调解方式之一。单独调解适用于双方当事人和纠纷都隶属某个人民调解委员会管辖区域内。这种调解的优点是:人民调解委员会对纠纷双方当事人都比较熟悉,便于深入调查研究,摸清

纠纷发生、发展情况,针对当事人的心理特点,开展调解工作;便于督促调解协议的履行;便于解决当事人合理的实际困难。但是也要注意避免因人熟、地熟、情况熟而照顾情面或碍于一方势力进行不公正调解。

(二)共同调解

共同调解,是指由两个或两个以上的人民调解组织,对于跨地区、跨单位的民间纠纷,协调配合,一起进行的调解。根据《组织条例》第7条规定,共同调解适用的纠纷是当事人属于不同地区或单位或者纠纷当事人属于同一地区或单位而纠纷发生在其他地区或单位的。共同调解与单独调解的方法、步骤基本相同,但共同调解实施起来较单独调解要复杂。共同调解应注意下列问题:

1. 共同调解是数个调解组织共同调解一起纠纷,在受理后,必须分清主次,以一个调解组织为主,其他调解组织协助。一般情况下,以先行受理民间纠纷的人民调解委员会为主,其他各方为协助调解方。当有两个或两个以上人民调解委员会同时受理时,应本着有利于纠纷调解的原则确定由其中哪个调解委员会管辖。

2. 在实施调解前,要详细研究制定调解计划,明确分工。在进行调解时,参与调解的调解组织要相互配合,加强信息交流,协调一致地开展工作。

3. 共同调解,要以事实为依据,以法律为准绳,对当事人要一视同仁,防止小团体主义、宗派主义对调解工作的干扰。

4. 调解协议达成后,各调解组织要以高度负责的精神督促本辖区内当事人认真履行调解协议。

5. 为避免重复统计,由主方调解委员会进行纠纷统计,并做好纠纷档案管理工作。

(三)联合调解

联合调解,是指人民调解委员会会同其他地区或部门的调解组织、群众团体、政府有关部门,甚至司法机关,相互配合,协同作战,共同综合解决民间纠纷的一种方式。新形势下出现了一些复杂性、群体性的纠纷和矛盾,单纯依靠人民调解委员会难以开展工作。在街道、乡镇一级和区县一级建立社区矛盾调解中心。在发生纠纷时,由人民调解委员会牵头,必要时邀请各职能部门和相关主管部门参加协商,共同探讨纠纷解决途径和处理办法。由于政府的支持以及相关职能部门的参与,使得人民调解工作在群众中有足够的威信,群众一般都会积极配合、支持人民调解委员会,及时、正确地解决纠纷。联合调解与共同调解既有区别又有联系。联合调解主要适用于下列案件:(1)跨地区、

跨单位、跨行业的纠纷;(2)有激化可能的纠纷;(3)涉及人民调解委员会无力解决当事人合理要求的纠纷;(4)因土地、山林、坟地、宗教信仰等引起的大型纠纷和群众性械斗,适宜于专项治理多发性、易激化纠纷;(5)其他涉及面广、危害性大、后果严重的民间纠纷。联合调解可以在当地党委、政府的统一领导下,发动政府职能部门以及司法机关,将调解组织的疏导、调解同基层人民政府的行政处理、法院的审判活动连为一体综合治理,因此比共同调解的权威性更强,效果更好。

(四)面对面调解

面对面调解,是指调解人员将纠纷双方当事人召集在一起,主持调解他们之间的纠纷。在实行这种调解之前,调解人员一般都事先分别对当事人进行谈话,掌握了处理这起纠纷的底数,然后对当事人做深入细致的思想工作,促使当事人之间达成协议。

(五)背对背调解

背对背调解,是指人民调解员分别对纠纷当事人进行调解。这种调解方式一般是针对某些积怨深、当事人双方难以沟通的纠纷。这种调解方式在实践中经常被用于民间纠纷调解开始阶段,具有暂时性,经过人民调解员分别进行说服教育工作,当事人双方对纠纷有所认识、冰释前嫌时,人民调解员就需要采用面对面方式,疏导双方解决纠纷。

(六)协助调解

协助调解,是指人民调解员借助纠纷当事人以外的第三者的力量进行调解。一般而言,下列两种情况适用协助调解:(1)双方当事人积怨深、调解难度大,借助当事人的亲属、朋友,可以更有利于当事人思想转化;(2)当事人具有依恋于幕后人为其出主意或其意志受幕后人控制、操纵的特点,人民调解员应先着重解决好与纠纷当事人有关的第三者的思想认识问题,然后利用人们对亲近的人较为信任的心理共性,把对纠纷的正确认识通过第三者作用于当事人,促其转变。

(七)公开调解

公开调解,是指人民调解委员会调解纠纷时,向当地群众公布调解时间、调解场所,允许群众旁听的调解方式。这种调解形式主要适用于那些涉及面广、影响大、当事人一方或双方有严重过错,并对群众有教育示范作用的纠纷,以起到调解一件、教育一片的作用。采取公开调解的方式要注意:(1)纠纷选择要有典型意义,要使群众通过参与调解达到受到法律、政策及社会公德教育的效果;(2)所选择的纠纷不得涉及当事人的隐私;(3)公开调解要注意方法,不能搞成"斗争会"或"批判会",应以说服教育为主,促成当事人之间和解。公开调解是人民调解委员会通过调解工作宣传法律、法规、规章和政策,教育公民遵纪守法,尊重社会公德的重要方式。

(八)不公开调解

不公开调解,是指人民调解员进行调解时,只允许当事人在场,不允许其他人参加的调解方式。不公开调解适用于涉及纠纷当事人隐私权的纠纷、商业秘密的纠纷或者当事人反对公开调解的纠纷。采用不公开调解方式时,人民调解员可以针对纠纷当事人的特点和纠纷的具体情况,采用灵活的调解方式和调解技巧,找准纠纷症结,对症下药调解纠纷。

第四节　人民调解委员会的管理与指导

人民调解委员会是群众性自治组织,与"民间自发组织"不同。首先,它是依据我国宪法、法律和法规建立的基层群众性组织;其次,它以我国法律、法规、政策和社会公德为依据调解民间纠纷。因此,为了保证人民调解工作的质量,为了充分发挥其在解决纠纷、预防纠纷以及防止纠纷激化方面的作用,各级人民政府和基层人民法院有必要加强对人民调解工作的指导和监督。

一、基层人民法院对人民调解委员会的指导和监督

《人民法院组织法》第25条明确规定:"基层人民法院除审判案件外,并且办理下列事项:(一)……(二)指导人民调解委员会的工作。"最高人民法院《关于人民法庭若干问题的规定》第22条再次强调规定:"人民法庭应当指导调解人员调解纠纷,帮助总结调解纠纷的经验。"上述法律和司法解释明确肯定了基层人民法院是人民调解工作的指导部门之一,基层人民法院有权对人民调解委员会进行业务指导和监督。人民调解委员会的工作与人民法院的审判工作存在密切的联系,它们都具有解决民事案件的职责,人民调解的诉前解决纠纷和预防纠纷可以减轻人民法院的诉讼压力和执行压力。从实际情况看,人民调解成效显著的地方,人民法院的收案就会相应减少,特别是农村或偏远地区。人民调解委员会与基层人民法院及其派出法庭相互配合,在解决当地的民间纠纷中起到不可替代的作用,保证了司法资源的合理有效利用。

基层人民法院主要是通过人民法庭对人民调解委员会进行业务上的指导和监督。关于各地人民法庭应如何对人民调解委员会的工作进行指导,并无

具体法律规定。从各地实践经验看,主要形式有:

1. 基层人民法院帮助村民委员会、居民委员会建立与健全调解组织,培训调解员,指导调解组织进行法制宣传教育,帮助调解组织建立健全各项制度,总结经验,表扬先进等。

2. 建立案件结果的反馈通报制度。各级法院在审理涉及人民调解协议的民事案件后,将生效的裁判文书副本定期抄送给人民调解委员会所在区、县司法局;对于判决人民调解协议无效或变更、撤销的案件,随案及时向所涉及人民调解委员会反馈,指出存在的问题,提出建议,提高人民调解协议的制作质量。

3. 建立和完善定期联络制度,保证对人民调解委员会的指导工作经常化和制度化。一些法院建立了人民调解指导员(联络员)制度,选派经验丰富、业务水平高的法官担任辖区街道调解委员会的指导员,定期深入对口的人民调解委员会,了解情况,沟通信息,对发现的问题及时指导解决。

4. 建立人民调解员旁听制度。人民法院在审理一般民事案件、公开审理的案件以及巡回审理的案件时,往往通知人民调解员旁听庭审,并在庭审后讲解对有关问题处理的法理分析,以提高人民调解员的法律水平和调解技巧。还有一些地方的人民法院和司法行政系统在选择人民陪审员时,注重从优秀的人民调解员中选任,将人民陪审制度与人民调解制度有效地结合起来。但是,在人民法院立案前曾经参与该纠纷调解的人民调解员,不能随案担任人民陪审员。

需要注意的是,人民法院不能直接介入人民调解活动。人民调解是人民群众自己组织起来,化解自身矛盾,参与社会事务的一种重要形式,具有民间性的特征。如果人民法院直接介入人民调解活动,将会混淆民间行为与国家司法行为的界限,不利于人民调解活动的健康发展,也不利于人民法院把守司法公正这最后一道防线。因此,人民法院在指导人民调解工作中,可以对调解过程中遇到的法律问题进行指导,但该指导应当是一般法律业务的指导,不能针对正在进行调解的具体纠纷发表意见。

二、各级司法行政机关对人民调解工作的指导和监督

《组织条例》第2条规定,"人民调解委员会是村民委员会和居民委员会下设的调解民间纠纷的群众性组织,在基层人民政府和基层人民法院指导下进行工作"。就是说,基层人民政府与人民调解委员会是指导与被指导关系。为了进一步巩固和发展人民调解制度,充分发挥人民调解工作在解决社会矛盾

纠纷、维护社会稳定中的作用,《若干规定》修改为,各级司法行政机关应加强对人民调解工作的指导。虽然各级司法行政机关和基层人民法院对人民调解委员会的工作都有指导和监督作用,但是"指导"的内容是不同的。基层人民法院的指导主要是限于业务上的指导,相对而言,各级司法行政机关的指导工作则要细致与实际得多。根据《若干规定》第 39 条规定:各级司法行政机关应当采取切实措施,加强指导,不断推进本地区人民调解委员会的组织建设、队伍建设、业务建设和制度建设,规范人民调解工作,提高人民调解工作的质量和水平。

1. 指导基层建立和健全人民调解委员会。设立人民调解委员会是基层群众开展调解工作的基础,各级司法行政机关应当采取各种手段,协助符合组建人民调解委员会条件但尚未设立的地方尽快建立调解委员会;对于已经建立的人民调解委员会,应当定期检查、整顿、验收,保证人民调解委员会进行正常工作。

2. 加强人民调解委员会的人员组织建设,提高调解人员的素质。调解员队伍的稳定和人员素质是人民调解工作的质量保障。首先,各级司法行政机关在协助基层设立人民调解委员会时,应当吸收一批学历较高的、有一定法律知识和政策水平的人员担任人民调解员。其次,各级司法行政机关可以采取邀请法官、法律专家讲座或者编写简明扼要、通俗易懂的业务学习资料等形式对人民调解员进行业务培训。例如司法部建立了全国统一的人民调解员培训制度。在此,开展人民调解员等级评定工作,让调解员持证上岗、挂牌上岗。例如上海、北京等地实行了首席调解员制度。最后,设立人民调解员激励机制,利用各种形式宣传人民调解工作,评选优秀的调解组织与人民调解员,予以精神和物质上的奖励。

3. 完善对人民调解协议的审查制度。《组织条例》第 10 条规定:"基层人民政府对于人民调解委员会主持下达成的调解协议,符合法律、法规、规章和政策的,应当予以支持;违背法律、法规、规章和政策的,应当予以纠正。"这实际上规定了基层人民政府对人民调解协议的审查制度。通过基层政府对人民调解协议的审查,发现人民调解委员会存在的业务问题,督促人民调解委员会改正,从而提高人民调解委员会解决纠纷的能力,更好地完成调解任务。

4. 定期检查人民调解委员工作,及时发现人民调解委员会存在的违反原则和违反纪律的问题,督促其纠正。

5. 指导人民调解委员会建立和完善各项工作制度,如学习制度、例会制度、统计制度、岗位责任制度以及评比表彰制度等。

6. 指导并协助人民调解委员会开展社会主义法制和道德风尚宣传教育。

7. 对于如何加强行政机关对人民调解委员会的指导和监督,《人民调解法》规定了一些具体保障机制和措施。该法规定,国务院鼓励和支持人民调解工作。县级以上地方人民政府对人民调解工作所需经费应当给予必要的支持和保障,对有突出贡献的人民调解委员会和人民调解员按照国家规定给予表彰奖励。村民委员会、居民委员会和企事业单位应当为人民调解委员会开展工作提供办公条件和必要的工作经费。

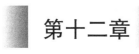

第十二章　仲裁调解

第一节　仲裁调解概述

一、仲裁调解的概念和特点

仲裁是当事人将民事争议交给非司法机构的第三者,由其依据法律或公平合理原则作出裁决,双方当事人有义务履行该裁决的争议解决方式。而调解是双方当事人自愿地将他们之间的争议交付给一个中立的第三者,由中立的第三者居中促进双方当事人互谅互让,达成和解的一种争议解决方式。仲裁和调解都是民事争议的解决方式,不过,调解是比仲裁出现更早的传统的非诉讼纠纷解决方式,它们在民商事争议的解决中都发挥着重要作用。仲裁与调解相结合是我国仲裁机构裁决案件时借鉴调解优势而形成的解决民商事纠纷的复合型方式。目前,我国劳动争议仲裁、人事争议仲裁以及商事仲裁法律制度中都规定了这种方式。由于前两种仲裁具有特殊性[①],我们放在劳动争议调解部分,本章仅就商事仲裁调解进行阐述。

仲裁调解,又称为仲裁与调解相结合,是指在处理民商事纠纷的过程中,仲裁员根据双方当事人的自愿,在查明事实、分清是非的基础上,对各方当事人积极疏导,促使其在自愿协商、互谅互让的基础上达成合意,以解决纠纷的一种诉讼外纠纷解决方式。从本质上讲,仲裁调解仍然是调解的一种,是调解在仲裁程序中的运用。

---

① 　其特殊性主要在于,解决的案件是劳动争议,遵循三方原则组成解决机构,解决机构的性质具有行政性等。

从各国仲裁实践看,存在多种仲裁与调解相结合的形式①。从《中华人民共和国仲裁法》(以下简称《仲裁法》)和《中国国际经济贸易仲裁规则》规定看,我国现有的仲裁调解形式有两种:(1)先调解后仲裁②;(2)仲裁中调解(MED－ARB)

就我国而言,仲裁调解不仅是一种仲裁活动,即在仲裁庭的主持下,双方当事人就其争议的实体权利义务进行协商的过程,而且是一种解决争议案件的方式,即当事人达成和解协议或者调解协议,仲裁庭依据该协议作出调解书或者裁决书。

作为一种独特的纠纷解决方式,仲裁调解具有以下特征:

(一)它是一种复合的争议解决方式

它以仲裁为依托,结合了仲裁与调解两种争议解决方式。但是,仲裁调解不是仲裁的必经程序。仲裁中的调解,也不是与仲裁相平行的程序。仲裁调解综合了仲裁与调解两种纠纷解决方式的优势,为当事人充分利用仲裁与调解的综合功效解决纠纷提供了保证。当事人既可以先通过和解或其他机构调解达成协议,然后通过仲裁员制作裁决书解决争议,也可以先申请仲裁,然后由仲裁员主持调解达成协议解决争议。

(二)它是仲裁与调解糅合在一起而且相互兼容的方法

在仲裁调解中,调解程序虽具有一定的独立性,但其却包含在仲裁程序中。首先,在仲裁前,当事人双方达成调解协议或者和解协议的,当事人只有达成仲裁协议,才能将案件提交仲裁员制作裁决书解决争议。其次,对于仲裁前调解,只有调解的范围不大于仲裁协议约定的仲裁范围,仲裁员才有权经过审查制作裁决书;而对于仲裁中调解,其范围就不受仲裁协议约定范围的限制。再次,在仲裁过程中,经双方当事人同意,仲裁员可以进行调解。如果调解成功,仲裁庭可以根据调解协议作出调解书或裁决书结案;如果调解失败,仲裁庭应当宣布退出调解程序,继续进行仲裁程序。

(三)主持调解的调解员就是仲裁同一案件的仲裁庭的仲裁员

在仲裁过程中,一旦双方当事人选择调解程序,仲裁员的角色变成了调解

----

① 国际社会中,"调解与仲裁相结合"形式包括:(1)先调解后仲裁;(2)影子调解;(3)仲裁中调解(即狭义的仲裁与调解相结合);(4)调解失败后每方当事人提供一个最后的仲裁方案;(5)调解仲裁共存;(6)仲裁后调解。详见王生长:《仲裁与调解相结合的理论与实务》,法律出版社2001年版,第78~79页。

② 我国的"先调解后仲裁"与国际社会适用的"先调解后仲裁"不同。在我国,仲裁员有权对当事人在仲裁前经调解或和解达成的和解协议加以确认,制作裁决书。

员,其履行的职能是调解职能;当调解不成时,调解员又可以恢复仲裁员身份,其履行的职能也恢复为仲裁职能。仲裁调解就是同一人在同一案件的过程中,担任仲裁员和调解员两种角色,履行仲裁和调解两种职能。

（四）仲裁调解的案件范围是特定的

根据《仲裁法》规定,仲裁调解的范围是平等主体的公民、法人和其他组织之间发生的合同纠纷和其他财产权益纠纷,下列争议不属于仲裁调解范围:(1)婚姻、收养、监护、抚养、继承争议;(2)依法应当由行政机关处理的行政争议;(3)劳动争议和农业集体组织内部的农业承包合同争议。

我国《仲裁法》不仅规定仲裁调解制度,还规定了仲裁和解制度。仲裁和解,是指在仲裁过程中,双方当事人自愿协商达成解决争议协议的一种活动。《仲裁法》第49条规定:"当事人申请仲裁后,可以自行和解。达成和解协议的,可以请求仲裁庭根据和解协议作出裁决书,也可以撤回仲裁申请。"《仲裁法》第50条规定:"当事人达成和解协议,撤回仲裁申请后反悔的,可以根据仲裁协议申请仲裁。"由此可见,仲裁调解与仲裁和解的相同点在于:(1)它们都属于非诉讼解决民事争议方式;(2)它们都和仲裁程序有密切联系;(3)它们都是基于双方当事人意思自治,通过自愿协商达成的协议,从而解决纠纷;(4)仲裁调解达成的调解协议和仲裁和解达成的和解协议,当事人都可以请求仲裁庭根据调解协议或和解协议制作仲裁裁决书。但它们之间也有明显区别:第一,仲裁调解是在仲裁庭主持下进行的,而仲裁和解是仲裁当事人双方自行协商,没有第三者参与;第二,仲裁调解达成调解协议,由仲裁庭制作调解书或者根据协议的结果制作裁决书。调解书与裁决书具有强制执行力。而仲裁和解,当事人双方达成和解协议并撤回仲裁申请的,当事人可以反悔,则和解协议无效,当事人可以依据原先达成的仲裁协议重新申请仲裁。

■ 二、仲裁调解的起源和发展

（一）仲裁调解在我国的产生和发展

仲裁与调解相结合这种方式最早源于中国国际经济贸易仲裁委员会的仲裁实践,在中华人民共和国成立前,中国没有解决商事争议的仲裁机构。1954年5月6日,中央人民政府政务院第215次政务会议通过了《中央人民政府政务院关于在中国国际经济贸易促进委员会内设立对外贸易仲裁委员会的决定》(以下简称《决定》),决定在对外贸易的社会团体中国国际贸易促进委员会内设立对外贸易仲裁委员会,以解决中国对外贸易契约及交易中可能产生的争议,上述《决定》还规定了有关仲裁的规则,共38条。《决定》对仲裁委员会

的组织结构、受理案件的范围、审理程序、裁决效力和收费标准等问题作了规定。政务院在该《决定》中授权，"有关仲裁程序之规则，由中国国际贸易促进委员会制定之"。1956 年 3 月 31 日，中国国际贸易促进委员会通过了《中国国际贸易促进委员会对外贸易仲裁委员会仲裁程序暂行规则》。这是中国涉外仲裁机构颁布的第一部仲裁规则，就仲裁委员会的组织、受理案件的范围、仲裁协议、仲裁申请和仲裁答辩、仲裁员的选任、仲裁庭的组成、案件审理程序、仲裁庭的权利、仲裁裁决、仲裁费用和送达等问题作了详细的规定。由于该仲裁规则受苏联仲裁制度的影响，因此并没有规定仲裁调解。但是，涉外仲裁机构成立后，受中国传统调解文化的影响，在仲裁实践中从中国国情出发，创造性地发展了一套仲裁调解的实际做法。20 世纪 80 年代以后，随着我国实行"改革开放"政策，涉外仲裁机构在仲裁中调解的案件越来越多，1988 年 9 月 12 日，中国国际贸易促进委员会（中国国际商会）第一届第三次委员会会议通过了仲裁委员会新的仲裁规则，该规则自 1989 年 1 月 1 日起施行，这是仲裁委员会的第二套仲裁规则。该规则第 31 条规定"仲裁委员会受理的案件，如果双方当事人达成和解，申诉人应当及时申请撤销案件"，第 37 条规定："仲裁委员会和仲裁庭可以对其受理的案件进行调解。经调解达成和解协议的案件，仲裁庭应当根据双方当事人和解协议的内容，作出裁决书。"这是第一次在仲裁规则中提到"调解"的字样，这为以后的仲裁与调解相结合奠定了比较坚实的基础。1995 年 9 月 1 日正式实施的《仲裁法》肯定了我国涉外仲裁中确定的仲裁调解制度。《仲裁法》第 51 条规定："仲裁庭在作出裁决前，可以先行调解。当事人自愿调解的，仲裁庭应当调解。调解不成的，应当及时作出裁决。达成调解协议后，仲裁庭应当制作调解书或者根据协议的结果制作裁决书。调解书与裁决书具有同等法律效力。"之后，各地仲裁机构依据《仲裁法》制定的仲裁规则中都规定了仲裁调解制度。

（二）仲裁调解在国外的发展

仲裁调解作为我国特色和我国法律文化有密切关系。在国际社会，由于存在着不同的法律文化，因此不同国家对仲裁调解的态度也不同。长期以来，英美法系各国受诉讼理念的影响，认为仲裁与诉讼都是处理争议的正式方式，仲裁员像法官一样，因此仲裁员应当与案件保持一定距离，不能主动介入，更不可能进行调解。但是，随着传统的当事人主导诉讼模式弊端的不断出现，英美法系各国的诉讼理念也发生了很大变化，开始由当事人主导诉讼向偏重法官控制诉讼转变，这种诉讼理念的变化给仲裁调解带来了发展的契机。目前明文规定仲裁调解的国家有：加拿大 1991 年《仲裁法案》、澳大利亚 1990 年

《新南威尔士商事仲裁法》、新加坡 1994 年《国际仲裁法》、印度 1996 年《仲裁和调解法》等。除此之外，一些国家的仲裁机构所推荐的仲裁规则中也有相应的规定。与英美法系一样，大陆法系国家认为，诉讼是在法官的积极介入下进行的，因此法官在诉讼中可以对当事人双方进行调解，仲裁员在仲裁中也可以调解。如荷兰的 1986 年《仲裁法》第 1043 条规定，仲裁员可以尝试进行调解。德国、奥地利、瑞士、瑞典、土耳其、墨西哥以及波兰等国家都有仲裁实践，允许仲裁员进行调解。除此之外，一些国际组织或国际仲裁机构的仲裁规则都规定了仲裁调解制度。例如联合国通过的《联合国国际贸易法委员会国际商事调解示范法》、世界知识产权组织（WIPO）仲裁中心的调解规则等。

■ 三、仲裁调解的意义

仲裁调解吸收了仲裁或者调解两种不同的争议解决机制的优势，克服了仲裁或者调解的弊端。对于民商事争议而言，它是具有强大生命力和发展前途的复合性争议解决机制。

（一）它有利于充分尊重当事人意思自治，使当事人真正享有程序自主权和程序选择权

在民商事争议仲裁中，尽管仲裁程序的开始、仲裁方式、仲裁人员以及仲裁程序等都是双方当事人自愿选择的，但是仲裁程序开始后，只要申请人不撤回仲裁申请，仲裁庭都应当按照仲裁程序作出裁决。就是说，仲裁程序进行和仲裁结果具有某种"不以当事人意志为转移的强制性"。而仲裁调解，不仅能使当事人得以自主地参加争议解决过程，而且给当事人自己掌握解决争议结果的主动权。

（二）它符合程序公正和程序效益价值的要求，有利于民商事纠纷及时、公正、彻底得到解决

程序的公正，一方面指当事人对程序有选择权，另一方面指当事人对程序有预见性、程序给当事人创造平等机会。在仲裁中，纠纷是否以调解的方式加以解决是由当事人自愿决定的；虽然仲裁员可以建议所适用的调解程序，但是当事人可以同意，也可以对其进行修改。这种程序公正为案件结果公正打下了良好基础。程序效益是指程序具有可操作性，可以最大限度地减少错误成本和直接成本支出。在仲裁调解中，调解程序由双方当事人选择，实现了调解程序稳定性和灵活性的统一，为纠纷的快速解决提供了保证。仲裁员与调解员是同一人，当事人不需要分别挑选调解员和仲裁员，也不需要支付调解费用；当调解不成时，调解员转为仲裁员，不需要重新熟悉案情，节省时间、人力，

迅速介入争议的解决。调解协议是在平等环境下,当事人双方自愿协商的结果,因此当事人对调解协议内容有认同感,能够自觉自愿履行调解协议。

(三)它是社会安定和和谐发展的要求,有利于维持或促进当事人之间的友好关系,减少矛盾发生

社会安定和和谐是指社会的各种关系稳定,人们之间有平衡的人际关系、有实现长远利益的抉择。仲裁调解过程中,一方面是调解员对双方当事人进行法律、法规宣传,另一方面是双方当事人进行平等协商、互谅互让。因此,达成调解协议不仅稳定了当事人之间现存的法律关系,而且避免了伤害当事人之间的感情,有助于继续进行长远的商业合作。

■ 四、仲裁调解的性质

仲裁调解的性质,是构筑仲裁调解制度的基础,是仲裁调解区别于其他调解制度的本质属性。作为仲裁和调解两种争议解决办法有机结合的争议解决方法,仲裁调解的性质和仲裁的性质、调解的性质密不可分。关于仲裁的性质,学者意见不一。[①] 而对于调解的性质,学者普遍认为,其具有契约性。我们认为,确定仲裁调解性质,应当结合以下几个方面考虑:

(一)仲裁调解的目的就是解决民商事争议

民商事争议,是平等主体之间发生的财产关系或者人身关系争议。对于民商事争议,当事人可以采用和解、调解、仲裁以及民事诉讼手段加以解决。仲裁调解是一种复合型解决民商事争议的手段,它与其他手段共同构成民商事争议的解决机制。在我国,《仲裁法》不仅规定仲裁调解形式包括先调后裁和仲裁中调解,而且赋予仲裁调解书或仲裁裁决书与法院生效判决有同等法律效力。因此,仲裁调解和人民调解、行政调解等不同,它是国家将某些民商事争议的审判权让渡给仲裁机构,是类似于法院行使司法权解决民商事争议的活动。

(二)适用仲裁调解解决民商事争议是当事人双方意思自治的结果

调解的最大特点是尊重当事人自愿。仲裁调解是调解手段应用在仲裁程序中,因此也不能违反当事人的真实意愿。首先仲裁调解是双方当事人自愿地将他们之间发生的争议交付仲裁并且同意由仲裁庭在仲裁程序中对争议进行调解;其次仲裁员进行调解时,调解方式、调解协议内容、调解程序如何进行

---

① 学者对仲裁性质的看法,有司法权理论、契约理论、自治理论、混合理论以及准司法性理论等等。

以及调解过程中当事人和仲裁员的陈述、意见、建议、方案等事项在以后仲裁程序的可采性等都可以由当事人选择确定。

（三）仲裁调解是民间自治组织解决民商事争议的手段

仲裁调解的性质也取决于仲裁机构的性质。仲裁调解是我国涉外仲裁机构在仲裁实践中产生的一种方式，《仲裁法》颁布实施后，我国所有仲裁机构都适用这种方式。我国两个涉外仲裁机构，即国际经济贸易仲裁委员会和海事仲裁委员会是由国际商会设立的，是典型的民间社团。虽然国内仲裁机构是由人民政府组织有关组织和商会统一组建的，但也属于民间性机构。所以仲裁调解是民间自治组织解决民商事争议的手段。在这一点上，它和人民调解是一致的，但与法院调解、行政调解不同，也与一般民间调解不同。因为法院调解、行政调解都是行使国家权力解决民商事争议的方式。而一般民间调解是由群众自发的，没有固定的组织机构，更没有明确法律依据而开展的解决民商事争议的活动。

总之，仲裁调解是具有司法性、契约性和自治性三重属性的解决民商事争议的方式。

第二节　仲裁调解的原则

仲裁调解原则，是仲裁机构、仲裁员、当事人及其代理人在整个仲裁调解过程中应当严格遵守的基本行为规范。仲裁机构、仲裁员、当事人及其代理人只有遵循一定的原则，才能避免损害当事人的正当权益，才能保证仲裁调解程序的顺利进行。因此，研究仲裁调解应遵循的原则，对于仲裁调解工作的进行具有重要意义。

一、自愿原则

仲裁调解是当事人将争议提交给仲裁庭，由仲裁庭在查清事实、分清当事人责任的基础上，促进当事人互谅互让、相互妥协而达成和解协议，友好地解决争议。因此自愿原则是仲裁调解的基础。仲裁调解自愿原则，就是当事人将争议提交仲裁机构调解和在调解过程中实施的各种行为，都出自当事人的真实意愿，仲裁机构和仲裁员应当尊重当事人建立在自愿基础上行使处分权、选择权的行为。仲裁调解自愿原则包括三方面含义：

1. 调解程序的开始和进行完全由双方当事人协商一致。

调解程序的开始和进行与仲裁程序的开始和进行有所不同。仲裁程序是依据双方当事人之间的仲裁协议和一方当事人提交仲裁申请书开始的。只要当事人之间达成了仲裁协议,任何一方当事人均可依据仲裁协议的规定提起仲裁程序,无须再征得另一方当事人的同意。一旦仲裁程序开始,只要申请人不撤回仲裁申请,不管被申请人是否愿意参加仲裁,仲裁庭都有权根据仲裁程序规则的规定作出最终裁决。但是,在仲裁审理过程中,调解不是仲裁程序中必经的程序,仲裁调解的开始取决于参加仲裁的双方当事人的一致同意,在调解过程中,只要有一方当事人明确表示不愿意继续进行调解,调解员就应当立即终止调解,恢复仲裁程序。

2. 对于仲裁调解涉及的范围、仲裁调解遵循的程序、仲裁调解员的人数和组成以及是否在仲裁调解程序中引入非仲裁协议当事人的第三人等内容都可以由双方当事人自愿协商确定。

3. 调解协议的内容是双方当事人真实意思的表示。

调解协议是表达争议双方当事人真诚友好地解决他们之间争议的形式,因此调解协议的达成必须基于双方当事人之间进行平等协商。调解协议是当事人之间的谅解和妥协的产物,因此调解协议内容必须体现当事人的真实意愿。尽管在调解过程中,调解员可以提出调解协议方案,但是当事人可以同意也可以否决。

■ 二、在事实和是非基本清楚、公平合理的前提下进行调解的原则

我国《仲裁法》第 7 条规定,仲裁应当根据事实,符合法律规定,公平合理地解决纠纷。就是说,查清事实、分清是非是进行仲裁调解工作的重要前提,符合法律、公平合理是仲裁调解的质量要求。仲裁调解是仲裁机构解决民商事争议的方式,因此也应当贯彻以事实为根据、以法律为准绳的原则。但是,由于仲裁调解是在自治组织主持下,当事人双方协商解决民商事争议,因此没有必要像民事诉讼那样严格遵守司法原则。该原则包含下列内容:

(一)案件事实、是非责任基本查清是仲裁调解的基础

案件事实、是非责任基本查清就是要求在仲裁调解过程中,仲裁员(调解员)应当客观、全面、深入地查清与案件有关的事实情况,包括纠纷发生的原因、发生过程、现实状况以及各方的争执焦点所在。通过查明事实,分清当事人双方是非曲直,为进行有说服力的调解打下坚实的基础。

（二）不得违反法律强制性规定，公平合理是判断仲裁调解正确与否的标准

1. 当调解程序启动后，仲裁庭实质上已成为调解庭，仲裁员已成为调解员。仲裁员虽然是当事人选择的，但他并不代表任何一方当事人，而必须客观、公正，平等地对待双方当事人，保障双方当事人行使法律允许的正当权利，并为双方当事人提供对等的机会和手段，不偏袒和歧视任何一方当事人。仲裁调解员就是要创造和谐的气氛，让当事人互谅互让达成双方当事人都能接受的解决纠纷的协议。

2. 仲裁调解协议的内容要公平合理，满足各方当事人的不同要求，不得违背法律的强制性规定，不得违背社会的公共利益。

三、迅速及时原则

与诉讼方式相比，仲裁、调解都具有快捷、高效的特点。作为仲裁与调解相结合的复合性方式，仲裁调解也不例外。《仲裁法》第 51 条规定，仲裁庭在作出裁决前，可以先行调解。当事人自愿调解的，仲裁庭应当调解。调解不成的，应当及时作出裁决。这就要求仲裁委员会和仲裁员在案件事实、是非基本清楚的情况下，及时征得当事人同意，对案件进行调解。一旦调解不成或者没有继续调解的必要，仲裁员应当及时恢复仲裁程序，进行裁决。

第三节　仲裁调解的程序

我国《仲裁法》没有具体明确规定仲裁调解的程序，根据《仲裁法》有关规定、《中国国际经济贸易仲裁委员会仲裁规则》以及仲裁实践，仲裁调解一般按照下列程序和要求进行：

一、仲裁调解的开始

《仲裁法》第 51 条规定："仲裁庭在作出裁决前，可以先行调解。当事人自愿调解的，仲裁庭应当调解……"2015 年现行《中国国际经济贸易仲裁委员会仲裁规则》第 47 条规定："（一）双方当事人有调解愿望的，或一方当事人有调解愿望并经仲裁庭征得另一方当事人同意的，仲裁庭可以在仲裁程序中对案件进行调解。双方当事人也可以自行和解。（二）仲裁庭在征得双方当事人同意后可以按照其认为适当的方式进行调解。……（八）当事人有调解愿望但不愿在仲裁庭主持下进行调解的，经双方当事人同意，仲裁委员会可以协助当事

人以适当的方式和程序进行调解。（十）当事人在仲裁程序开始之前自行达成或经调解达成和解协议的，可以依据由仲裁委员会仲裁的仲裁协议及其和解协议，请求仲裁委员会组成仲裁庭，按照和解协议的内容作出仲裁裁决。除非当事人另有约定，仲裁委员会主任指定一名独任仲裁员成立仲裁庭，由仲裁庭按照其认为适当的程序进行审理并作出裁决。具体程序和期限，不受本规则其他条款关于程序和期限的限制。"就是说，我国仲裁调解形式包括两种：一是"先调解后仲裁"，即在仲裁程序之外，双方当事人达成调解协议或者和解协议，然后由仲裁机构根据调解协议或和解协议制作仲裁裁决书；二是仲裁程序中的调解。无论是哪种形式的仲裁调解，仲裁调解程序的启动都是建立在双方当事人同意的基础上。具体而言，仲裁调解程序的启动方式可分为下列四种：(1)当事人在仲裁委员会之外通过协商或调解达成和解协议，双方当事人同意的，一方当事人可以凭当事人达成的由仲裁委员会仲裁的仲裁协议和他们的和解协议，请求仲裁委员会按照和解协议的内容作出仲裁裁决；(2)在仲裁过程中，仲裁员认为案件有调解可能的，在征得双方当事人同意的基础上进行调解；(3)在仲裁过程中，当事人双方协商同意要求仲裁员进行调解；(4)在仲裁调解过程中，双方当事人在仲裁庭之外达成和解的，双方当事人同意由仲裁庭制作仲裁调解书或者仲裁裁决书。

■ 二、仲裁调解的进行

仲裁调解开始的方式不同，仲裁调解进行的程序也不完全相同。

1. 对于仲裁调解程序开始是基于当事人在仲裁委员会之外通过协商或调解达成和解协议，双方当事人同意的，则一般由仲裁委员会主任指定一名独任仲裁员组成仲裁庭，按照仲裁庭认为适当的程序进行审理并作出裁决。当然，如果当事人就仲裁庭组成方式和作出裁决另有约定的，则从其约定。

2. 对于在仲裁调解过程中，双方当事人在仲裁庭之外达成和解的，双方当事人同意开始的，则由仲裁调解案件的仲裁庭直接审查和解协议后作出仲裁调解书或仲裁裁决书。

3. 对于在仲裁中开始的调解程序，无论是仲裁庭自行决定调解，还是双方当事人主动要求调解，都要在仲裁庭主持下进行。如果仲裁庭采取独任制仲裁案件，则可以由独任仲裁员进行调解；如果仲裁庭采取合议制仲裁案件，仲裁调解既可以由全体仲裁员调解，也可以由一名仲裁员以仲裁庭名义进行调解。如果当事人对调解庭组织方式有约定，应当按照当事人约定组成调解庭。调解庭在调解时，可以与一方当事人或者双方当事人会面，听取当事人的陈述。对于调解方式,双方当事人可以约定。当事人未约定的,调解员可以根据案件情况、当事人关系情况,可以先是背对背地谈,然后面对面处理纠纷。在调解过程中,调解员注意给双方当事人创造互谅互让的氛围,尽量让双方当事人各方分别提出调解草案,然后再讨论修改,达成一致协议,当然,调解员应当事人请求或者在必要时也可以提出建议案,征求各方意见,经协商修改后形成一致协议。

三、仲裁调解的结束

从我国仲裁实践看,仲裁调解程序的结束有下列几种情形:

1. 对于仲裁程序外当事人达成的调解协议或和解协议,仲裁庭根据调解协议或者和解协议内容制作仲裁调解书或仲裁裁决书。

2. 在仲裁庭主持下,双方当事人经过调解,达成解决纠纷的协议,从而终止仲裁调解程序。

3. 在仲裁庭主持下,双方当事人经过调解,但是未能达成调解协议或者虽然达成协议,但一方或者双方当事人拒绝签收的,仲裁庭应当及时作出裁决。

4. 在仲裁调解过程中,一方或者双方当事人申请仲裁庭终止调解或者不再参加调解活动的,仲裁庭应当终止调解,继续仲裁程序。

5. 在仲裁调解过程中,仲裁庭认为双方当事人的要求差距过大,调解不可能继续进行或者继续进行没有必要,可以和当事人协商后,终止调解程序,继续仲裁程序。

6. 在仲裁调解过程中,出现特殊情况,如申请人撤回仲裁申请;申请人死亡,没有继承人或者继承人放弃仲裁权利;被申请人死亡,没有遗产,也没有应当承担义务的人等。

四、仲裁调解书

《仲裁法》第 51 条规定,仲裁庭在作出裁决前,可以先行调解。当事人自愿调解的,仲裁庭应当进行调解。调解不成的,应及时裁决。调解达成协议的,仲裁庭应当制作调解书或者根据调解协议的结果制作裁决书。也就是说,因仲裁员调解,双方当事人达成仲裁协议而结束仲裁调解程序的,仲裁庭有两种形式可供选择:一是制作仲裁调解书,一是制作仲裁裁决书。

仲裁调解书,是指仲裁庭制作的,记载双方当事人达成的调解协议内容的法律文书。

仲裁裁决书,是指经过审理后,仲裁庭对于当事人之间的争议在查明事实、分清是非,明确法律责任的基础上作出裁断的法律文书。

仲裁调解书和仲裁裁决书都是仲裁庭在案件解决后制作的法律文书,因此它们具有一些相同之处:

(1)制作主体是相同的。仲裁调解书和仲裁裁决书都是由仲裁庭制作的。

(2)效力是相同的。《仲裁法》第52条规定,依据调解协议制作的调解书与仲裁裁决书具有同等效力。即仲裁程序终结,对双方当事人具有"既判力",对当事人不得将该案件以同一事实和理由再向仲裁机构申请仲裁,也不得向法院起诉,具有强制执行力,如果义务人不履行仲裁调解书或者仲裁裁决书所确定的义务,权利人可以向有管辖权的人民法院申请执行。

尽管仲裁调解书与仲裁裁决书存在一些相同之处,但是它们之间是有明显区别的:

(1)调解书和裁决书的内容不同。根据《仲裁法》第52条、第54条规定,调解书应当写明仲裁请求和当事人协议的结果,而仲裁裁决书应当写明仲裁请求、争议事实、裁决理由、裁决结果、仲裁费用的负担和裁决日期。法律这样规定,主要考虑到调解书是对调解协议内容的记录,是双方当事人协商的结果,因此可以简单明了,有利于促进当事人之间今后的合作关系。而裁决书,一般是仲裁机构对仲裁案件进行审理,行使裁决权的结果,因此应当明确告诉当事人是如何裁判的以及为什么这样裁判。但是,这就产生一个问题,即用仲裁调解方式达成调解协议解决争议,仲裁庭依该调解协议制作的裁决书内容是否应当和仲裁庭用仲裁方式解决争议制作的裁决书完全一致?

(2)调解书和裁决书生效的时间不同。根据《仲裁法》第52条、第57条规定,调解书经双方当事人签收后,即发生法律效力。而仲裁裁决书一经作出即生效。

第十三章　行政调解

第一节　行政调解概述

一、行政调解概念和特点

"行政调解"常常在两种意义上被使用。一种意义上的"行政调解"是指在行政机关主持下,对各种纠纷进行的调解。另一种意义的"行政调解"是有权机关对行政纠纷进行的调解,即调解行政纠纷。这两种意义上的"行政调解"名称一样,含义明显不同。第一种意义上的行政调解,强调行政机关是纠纷的调解者。从理论上讲,由于民商事纠纷本身的特点,[①]行政机关调解民商事纠纷既是对传统的继承,也符合行政机关从公共行政转向公共服务的发展趋势。当然,这里所说的任何纠纷,绝不仅仅是民商事纠纷,还应包括行政纠纷。行政纠纷是公民、法人和其他组织,因行政机关及行政工作人员的职权行为与之发生的争议(有时也包括行政机关与其他国家机关之间因行政职权行为发生的争议)。其实质是作为非国家机关的公民、法人或者其他组织对行政机关及行政工作人员的职权行为是否合法、是否适当持有异议。能否适用调解方式解决行政纠纷,法律有明确规定,学者中有不同看法。[②] 我们认为,从实体法看,现行行政调解的案件不仅包括民商事案件、轻伤害犯罪案件[③],还包括与

---

① 争议的双方当事人是平等主体,争议内容是财产关系、人身关系,而且双方当事人可以让渡或放弃自己的权利。

② 《中华人民共和国行政诉讼法》第 60 条规定,人民法院审理行政案件,不适用调解。但是,行政赔偿、补偿以及行政机关行使法律、法规规定的自由裁量权的案件可以调解。调解应当遵循自愿、合法原则,不得损害国家利益、社会公共利益和他人合法权益。

③ 公安部颁布实施的《公安机关办理伤害案件规定》(公通字[2005]98 号)第 30 条规定。

行政管理活动相关的民事纠纷;所以,就第一种意义上的"行政调解"而言,是指行政机关对民商事纠纷、轻伤害犯罪案件以及与行政管理活动相关的民事纠纷等进行的调解。第二种意义上的"行政调解"是指包括行政机关和人民法院对行政纠纷进行调解,前者(行政机关调解行政纠纷)与第一种意义有重合之处,而后者(人民法院调解行政纠纷)实质上属于法院调解范畴。因此我们认为,行政调解,是指由行政机关主持,以国家政策、法律为依据,以自愿为原则,通过说服教育的方法,促使当事人双方友好协商,达成协议,从而解决民商事纠纷、轻伤害犯罪案件以及与行政管理活动相关的民事纠纷的方法和活动。

行政调解、行政裁决与行政仲裁都是行政主体解决民事纠纷的方法或者手段,是行政主体进行行政管理的一种方式,但它们之间也存在区别:

(一)行政调解与行政裁决的区别

1.性质不同。行政调解属于行政事实行为,是由行政主体依法作出的不具有法律强制力的行为;而行政裁决是一种行政法律行为,具有法律强制力,对行政主体和平等的双方当事人有法律约束力。

2.对当事人的约束力不同。行政调解达成的协议是否得到履行取决于当事人的自愿,一方当事人不履行调解协议,另一方当事人不能申请强制执行;而行政裁决中规定当事人应当履行的义务,当事人在法定期限内既不申请行政复议,也不提起行政诉讼,又不履行裁决中所规定的义务的,行政主体或者一方当事人可以申请强制执行。

3.救济的方式不同。对行政调解协议反悔的,当事人可以向法院另行提起民事诉讼;而对行政裁决不服,当事人应当按照法律规定通过申请行政复议或提起行政诉讼来救济。

(二)行政调解与行政仲裁的区别

(1)案件的解决者不同。行政调解是由法律、法规甚至规章规定的享有调解权的行政机关进行的;而行政仲裁机构是专指劳动争议仲裁委员会和人事争议仲裁机构。

(2)解决的案件范围不同。行政调解的案件范围比较宽泛,不仅包括民商事纠纷、轻伤害犯罪案件以及与行政管理活动相关的民事纠纷,也包括行政仲裁中对劳动争议案件的调解;而行政仲裁是法律明确规定的仲裁机构对劳动争议的居中裁断。

(3)解决案件的强制性不同。行政调解中当事人意愿的自由度高,可以说具有某种随意性。因此在调解程序中,任何时候任何一方当事人都可以凭自己意愿不再参加调解或中止调解,调解员不得强行继续调解。而在行政仲裁中,不仅仲裁程序开始时给予一方当事人申请,而且仲裁程序进行中,除非当事人双方达成和解协议或申请人由于某种原因要求撤销仲裁案件,否则被申请人即使不再参加仲裁或不出庭,仲裁庭仍然有权根据法律、法规以及规章的规定继续审理直到作出最终裁决。

(4)解决案件的规范化程度不同。由于调解所内含的制度规范的因素较少,因此行政调解并不要求严格遵循程序(法)规范和实体(法)规范,调解的开始、进行、结果常常伴随着纠纷主体的意志而变动、确定,具有较高的灵活性和随意性;而行政仲裁的运行需要严格依照法律、法规进行。

(5)对当事人的约束不同。由于行政调解协议是双方当事人意思自治的结果,因此调解协议生效后,如果一方当事人不履行该协议,另一方当事人不得申请行政机关或者人民法院直接执行;而行政仲裁裁决书生效后,如果义务方当事人不履行,权利方当事人可以申请有管辖权的法院强制执行。

从本质上看,行政调解是调解制度的一种,但是行政调解与其他调解形式相比,具有自己的特点:

(1)行政调解是在国家行政机关的主持下进行的。与人民调解、法院调解不同,行政调解的主体是依法享有行政职权的国家行政机关。它是行政机关依法主持的解纷息讼的活动,是行政机关行使职权的一种方式。

(2)行政调解的对象既可以是民事争议也可以是轻微刑事案件以及部分行政争议。

(3)行政调解是一种诉讼外调解,它不是仲裁或行政诉讼的必经程序。当事人不会因进行过行政调解而使自己申请仲裁或提起诉讼的权利受到限制,行政调解主体也不会因为作过调解而成为诉讼中的被告。

(4)行政调解具有专业性。行政调解虽然是由行政机关主持进行的,但不是所有行政机关都可以调解解决案件。从现行法律、法规以及规章规定和发展趋势看,享有调解权的大多数是对专门性、专业性问题行使管理权的行政机关,这一点使行政调解与商会调解具有相同之处。

(5)不同行政机关进行调解达成协议生效后对当事人的约束力不同。根据法律、法规以及规章规定,人民调解委员会调解,当事人达成调解协议的,该协议具有"民事合同"性质,当事人应当履行,不能随意变更、撤销该协议。人民法院调解后,当事人双方达成调解协议或者调解书生效后,与"生效判决书具有同等效力"。一方当事人不履行该调解协议或者调解书的,另一方当事人可以申请法院强制执行。而行政调解,由不同行政机关对不同案件进行调解,有的法律、法规或规章没有明确规定调解协议的效力,如司法部1990年4月

19 日发布的《民间纠纷处理办法》,有的规定"以调解代处罚",如 2020 年 8 月 6 日修订的《公安机关办理行政案件程序规定》。

二、行政调解的内容和种类

从我国目前的立法和实践看,我国规定行政调解的法律文件种类形式分散,涉及行政调解的法律达 30 余部、行政法规达 20 余部、各级地方政府出台的规范性文件更是多达 200 余部。由于这些规范散见于各单行立法中,规范内容大多是授权性规范,缺乏可操作性。因此一些地方政府为加强法治政府建设,积极探索行政立法,规范行政调解。如 2015 年《北京市行政调解办法》《辽宁省行政调解办法》,2017 年《浙江省行政调解办法》、2019 年《江苏省行政调解办法》。同时一些省会城市政府如广州市、武汉市等也颁布类似的行政调解办法或者规定。还有一些省市人大制定了促进多元化纠纷解决机制的地方法规,如 2015 年《厦门经济特区多元化纠纷解决机制促进条例》、2020 年《海南多元化解纠纷条例》和 2021 年《上海市促进多元化解矛盾纠纷条例》等。① 行政调解的内容主要包括:基层政府对民间纠纷的调解;婚姻登记机关对离婚案件的调解;公安机关根据《治安管理处罚条例》对因违反该条例对他人造成的人身和财产损失等所承担的赔偿责任的调解,根据《道路交通事故处理办法》所调解的交通事故处理中涉及损害赔偿的纠纷;各主管行政机关处理的民事纠纷,如消费者争议的行政调解;各行业主管机关对其管理权限内的纠纷调解,例如专利纠纷的行政调解、环境保护领域中的行政调解等等。另外,行政机关对其设立的信访、申诉机构所反映的各类纠纷,也可以视情况进行调解。随着现实生活中纠纷类型的复杂化和专门化,今后这类行业性的行政调解机制还将有一个更大的发展空间。

对于行政调解的分类,法律上并没有严格标准,学者也存在不同看法。我们认为,根据行政调解自身的特点可以粗略作出如下分类:

1.根据行政调解主持者的权限不同,可以分为一般权限行政机关调解和部门权限行政机关调解

一般权限行政机关调解,主要是指各级政府对发生在平等主体之间的民事纠纷或者与行政管理相关的纠纷的调解。例如设在乡政府、镇街道办事处的司法助理员对民间纠纷主持的调解,各级政府对权属争议、行政赔偿和补偿

---

① 王聪:《作为诉源治理机制的行政调解:价值重塑与路径优化》,《行政法学研究》2021 年第 5 期。

争议进行的调解。部门权限行政机关调解,是指对特定行政领域或特定行政事务有管理权的机关在其行政职责的范围内,对有关的民事纠纷或行政纠纷进行的调解。例如,公安机关对治安违法行为造成他人损害案件的调解、交通管理部门对交通肇事造成他人损害案件的调解、民政部门自身或者会同其他部门对于行政区域边界争议的调解等。

2.根据行政机关的管理对象不同,行政调解分为外部管理机关调解和内部管理机关调解

外部管理机关调解,是指行政机关对管理对象是作为外部行政相对人的个人之间、组织之间以及相互之间发生的争议的调解。例如基层政府对民间纠纷的调解、工商行政管理机关对合同纠纷的调解等。而内部管理机关调解是指行政机关对其所属成员之间,以及行政机关所属成员与其他单位成员之间的民事纠纷所进行的调解。

3.根据行政调解的案件不同,行政调解可以分为对民事争议的调解、对轻微伤害刑事犯罪的调解和对与行政管理相关的民事纠纷的调解

对民事争议的调解,例如,《民间纠纷处理办法》规定基层政府对民间纠纷的调解;对轻微伤害刑事犯罪案件的调解,例如公安机关对由于违反治安造成他人轻微伤害构成犯罪但不追究刑事责任案件的调解;对与行政管理相关的民事纠纷的调解主要是指行政赔偿或补偿纠纷的调解。

4.根据行政调解的效力,行政调解可以分为正式调解和非正式调解

正式调解是指调解协议生效后便具有强制执行力。这种行政调解属于特殊情况,需要由法律、法规作出专门的规定。根据法律、法规的规定,只有劳动争议由专门的行政仲裁机关进行调解,所达成的调解协议书具有强制执行力。

非正式调解是指调解协议生效后不具有强制执行力,需要当事人自觉履行。我国绝大部分的行政调解都属于非正式调解。

三、行政调解的性质

对于行政调解的性质,学者们看法不一,有的主张行政调解是不产生直接行政法效果的行政事实行为。[1] 有的主张行政调解属于以解决纠纷为目的,类似于人民调解、司法调解的行政准司法行为。[2] 有的主张行政调解属于非

---

[1] 刘旺洪:《论行政调解的法制建构》,《学海》2011年第2期。

[2] 邓刚宏《行政调解制度研究——基于上海以及长三角地区部分城市立法例的考察》,中国政法大学出版社2017年版,第90页。

强制性的行政指导行为。[①] 有的主张行政调解不属于具体行政行为,而是与行政相关的行为。[②] 还有的学者认为采用单一的任何学说,均不能全面概括出行政调解的性质,也难以准确理解行政调解的本质特征。从行政调解工作发展现状看,目前是宜采用民事行为说,但以激励为主,从行政管理说角度对行政调解的组织架构进行设计,更加有利于行政调解工作的开展。[③] 行政调解的性质是行政调解制度的核心问题,它关系到对行政调解制度所有问题的研究以及对行政调解制度的设计。

我们认为,行政调解是行政机关在尊重当事人意思自治基础上行使行政权的行为。理由在于:

（一）行政调解是行政主体的行为

与法院调解和人民调解不同,行政调解是由行政主体进行的,其调解权一方面来源于宪法规定的政府组织职权以及其他行政法律规范中具体化的权力,另一方面是双方当事人的授权。

（二）行政调解属于行政法律关系范畴,由行政法律规范进行协调

行政法律关系是指行政法规范对一定社会关系调整后所形成的特定法律关系的总称,具体就是行政法对由行政活动产生的各种社会关系加以调整后,所形成的行政主体之间以及行政机关与其他各方之间的权利义务关系。在行政调解中,行政主体和行政相对方之间是管理与被管理的隶属关系,行政主体有依法进行调解的权利和义务,其不可随意转让给其他主体或消极不作为,而行政相对方有提出调解申请或拒绝调解的权利,双方间的权利义务分配不完全对等。

（三）行政调解行为是一种法律行为

从行政法关于行政行为的理论看,行政行为可以分为法律行为和有法律意义的事实行为。行政调解即是不直接产生法律后果的事实行为。虽然行政调解达成的调解协议生效后不具有强制执行力,但它毕竟是以行政主体名义作出的,不单纯是为了解决纠纷,而是为了更好地完成行政管理目标的需要。

因此行政调解既保留调解活动的天然属性,又具有行政行为的特征。

[①] 郭庆珠:《ADR 在化解社会矛盾中的功能机制研究——以行政调解为研究样本》,《法学杂志》2011 年第 1 期。

[②] 胡建淼:《行政法学》,法律出版社 2015 年第 4 版,第 368 页。

[③] 陆才华、孙亚超:《行政调解的现状与思考》,《中国司法》2020 年第 11 期。

四、行政调解的基本原则

行政调解同法院调解、人民调解委员会调解一样,必须遵循一定的原则,从而保证调解的公正性与有效性,维护法律的尊严和当事人的合法权益。行政调解应当遵守以下几项原则:

（一）当事人意思自治原则

作为调解的一种方式,行政调解具有与其他绝大部分行政行为的不同之处,即当事人自愿是实施行政调解的前提条件。在调解中,行政机关只是组织者、中间人,因此不能在当事人拒绝接受调解时强制进行。“自治”,就是当事人在自愿的基础上要自主自动、亲力亲为,按照法律规定自觉处分自己的实体权利。该原则同时要求调解人员要尊重当事人的意思自治。当然,当事人意思自治原则并不是必须贯穿行政调解的始终,如争议发生后,当事人双方并没有自愿选择行政调解,行政机关基于行政管理的需要,可以主动调解案件。但是在调解过程中,是否继续进行行政调解,是否达成行政调解协议应当是当事人意思自治的结果,行政机关不得采取任何方式强迫当事人进行调解。当事人意思自治原则是整个行政调解活动必须遵循的原则之一。

（二）合法、合理原则

合法、合理原则是行政法基本原则在行政调解行为中的延伸。合法、合理原则,是指行政行为不仅应当符合法律、法规规定的条件、种类和幅度范围,而且还应符合法律的意图和精神,符合公平正义等法律理性。合法性原则,要求行政调解的进行必须依据法律,符合法律要求,不能与法律相抵触。行政合法性原则包括两方面:一是实体合法,即当事人双方达成的调解协议不得违反法律的强制性规定,不得侵害国家利益、社会利益和第三人的利益;一是程序合法,即调解程序不得违反行政法律规范中关于调解程序的规定。考虑到法律不可能规范全部行政活动,并且法律对行政活动的规范应留出一定的余地,以便使行政机关根据具体情况灵活处理,行政机关在调解时还应当遵守合理原则,这里的“理”是指体现全社会共同遵守的行为准则的法理。因此,行政调解不仅要合法,还要符合社会的伦理道德、善良风俗,行政调解的内容合乎法理、情理。

（三）一级调解原则

一级调解原则,是指当事人之间的纠纷经某一行政机关调解后,无论结果如何,不允许其他级别的行政机关再进行调解。这是行政效率原则在行政调解制度中的体现。由于行政调解是建立在双方当事人意思自治的基础之上,

因此一旦当事人不同意继续调解,当事人经调解后达不成调解协议或者达成调解协议后当事人不履行,则意味着该案件的行政调解程序都已经结束,因此其他行政机关不得主动或基于一方当事人申请开始调解。一级调解原则的确立可避免出现久调不决的现象,可以使当事人及时寻求其他解决纠纷和争议的途径,维护自己的合法权益。

（四）回避原则

回避原则,是指行政调解人员具有法定情形,可能影响案件的正确调解时,不得参与该案件调解工作的原则。如《民间纠纷处理办法》第 12 条规定:具体负责处理纠纷的司法助理员有下列情形之一的,必须自行回避,当事人也有权用口头或书面方式申请他们回避:(1)是本纠纷当事人的近亲属;(2)与本纠纷当事人有利害关系;(3)与本纠纷当事人有其他关系,可能影响公正处理的。行政调解贯彻回避原则,一方面有利于案件调解工作公正、合法、及时进行,另一方面对于消除当事人的顾虑,维护行政机关的权威具有重要意义。

五、行政调解的意义

行政调解是行政机关介入处理民事纠纷的重要方面,其目的在于及时有效地解决纠纷,维护社会稳定。因此,建立和完善行政调解制度具有重要意义。

（一）行政调解有利于纠纷能够及时得到解决,降低解决纠纷的社会成本

与人民法院审判活动相同的是,行政调解也是国家机关处理案件的一种方式,但是诉讼与行政调解相比有很大差异性。诉讼公正和效益价值目标要求诉讼程序必须正统、公开、形式合理而且判决具有严格规范性。这样的话,诉讼本身出现了不可克服的弊端。例如诉讼的迟延、程序的复杂性与费用高昂、判决结果有时难免不合常情、诉讼与审判的公开,损害当事人合法权益等。而行政调解以节约纠纷解决成本,追求效益最大化,接近情理地解决案件作为基本目标,因此它更能通过发挥当事人在纠纷解决中的自主性,以通情达理的对话和非对抗的斡旋消除当事人之间的对立。不仅迅速、简便地解决纠纷,而且促进了当事人长久商业关系和人际关系的维系。

（二）行政调解有助于提高公民的权利意识,弘扬意思自治

行政调解是当事人在平等、自愿的基础上互谅互让解决纠纷的一种方式。当事人意思自治体现在调解的整个过程中,例如调解程序虽然可以由行政机关主动开始,但能不能进行调解取决于当事人双方的选择;不仅当事人可以根据自主和自律原则选择适用的规范,如地方惯例、行业习惯和标准等解决纠

纷,而且当事人可以在理性协商和妥协的基础上,达成调解协议。因此,在行政调解过程中,在法律规定范围内,当事人是自己的主人,自愿处分权利,不必听从行政机关的命令。而行政机关始终不过是当事人之间自由形成合意的促成者而不是以自己的判断来强制当事人的决定者。所以,建立完善的行政调解制度,一方面可以充分体现调解尊重当事人意思自治的基本特点,另一方面能够调动当事人的积极性,认真对待并正确行使自己的权利。

(三)行政调解是人类多元化解决纠纷的内在需要

随着社会主义市场经济体制的建立,出现了利益主体的多样化,不同利益主体由于价值观的不同,必然导致多元化的利益冲突。从社会纠纷解决的发展过程看,纠纷解决的方式、手段是与冲突的性质和形式相适应的。在现代法治社会,人民法院审判被奉为最公正、最正统、最权威的纠纷解决方式。但司法不是万能的,不是所有纠纷都可以通过法院审判加以解决,也不是所有纠纷都适合法院审判解决。例如因土地承包权、国有企业职工下岗等引起的特殊类型的纠纷以及消费者纠纷,交通事故处理、保险、医疗纠纷等专业性强的案件。因此多元化纠纷解决机制的需求是行政调解发展的功能性动因。

(四)行政调解有助于转变政府职能,促进行政管理现代化

随着我国市场经济的发展、完善以及加入世贸组织,政府的职能范围和行使职权的方式都需要发生变化。一方面,政府要树立服务意思,这和行政调解不谋而合。因为在调解中,行政机关利用其自身优越条件,为争议的双方指明法律、法规等规定情况,由双方当事人根据这些规定,结合自己的实际情况,平等协商达成协议。因此行政调解是政府民主管理与当事人自主行使处分权的有机的结合。另一方面,政府要从消极行政向积极主动行政的转变,有责任为社会公众提供服务,帮助当事人在资源有限的情况下用便捷、成本低廉的方式解决纠纷。

第二节　政府调解

一、政府调解概述

(一)政府调解的概念和特点

政府调解,是指政府的有关人员受政府指派,根据当事人申请,运用说服

教育、疏导等方式,促使双方当事人平等协商、互谅互让、达成协议,解决纠纷的活动。

我国目前已制定的涉及政府调解的法律、法规和规章主要有:

(1)1990年4月19日,司法部颁布实施的《民间纠纷处理办法》第15条规定,基层人民政府处理民间纠纷,应当进行调解……

(2)2009年修订后的《矿产资源法》第49条规定,矿山企业之间的矿区范围的争议,由当事人协商解决,协商不成的,由有关县级以上地方人民政府根据依法核定的矿区范围处理;跨省、自治区、直辖市的矿区范围的争议,由有关省、自治区、直辖市人民政府协商解决,协商不成的,由国务院处理。

(3)2019年修订后的《森林法》第22条第1款、第2款规定,单位之间发生的林木、林地所有权和使用权争议,由县级以上人民政府依法处理。个人之间、个人与单位之间发生的林木所有权和林地使用权争议,由乡镇人民政府或者县级以上人民政府依法处理。

(4)《水法》第56条规定,不同行政区域之间发生水事纠纷的,应当协商处理;协商不成的,由上一级人民政府裁决,有关各方必须遵照执行。第57条规定,单位之间、个人之间、单位与个人之间发生的水事纠纷,应当协商解决;当事人不愿协商或者协商不成的,可以申请县级以上地方人民政府或者其授权的部门调解……

(5)2021修订后的《草原法》第16条第1款、第2款规定,草原所有权、使用权的争议,由当事人协商解决;协商不成的,由有关人民政府处理。单位之间的争议,由县级以上人民政府处理;个人之间、个人与单位之间的争议,由乡(镇)人民政府或者县级以上人民政府处理。

上述规定中,有些并没有直接规定"政府调解",只是使用"处理",但是我们认为,它具有"调解"的意思。

从上述规定看,政府调解主要有下列特点:

(1)调解的主持者是政府,是有关人员代表政府对纠纷加以解决。

(2)调解的案件主要包括三类:民间纠纷、资源纠纷(即权属纠纷、侵权纠纷和损害赔偿纠纷)以及涉及政府多个部门职能范围的综合性纠纷等。

(二)政府调解的意义

1.适应纠纷特点,有利于当事人及时解决纠纷

从纠纷本身看,不同纠纷有不同特点,有的纠纷与政府职能有密切联系,因此,基于当事人自愿原则,政府进行有针对性的专业性调解,不仅可以尽快解决案件,而且可以节省当事人的成本。

2.有利于纠纷得到彻底解决,实现社会的长治久安

现阶段,随着我国发展社会主义市场经济,由于人们利益要求不同,纠纷不仅数量多、种类多,而且呈现复杂化、全局化的态势。鉴于此,一方面我们需要建立多元化的解决机制,另一方面针对由某一行政职能部门或某几个行政职能部门牵头解决多样化和复杂化的社会纠纷往往心有余而力不足的现象,我们可以通过当地人民政府整合社会力量,调动一切积极因素,统筹兼顾,标本兼治,采取综合手段解决纠纷。

3.有利于政府更好地发挥服务社会的职能

政府职能,是政府依法对国家和社会公共事务进行管理时应承担的职责和所具有的功能。在市场经济条件下,政府职能归纳起来主要有:提供公共产品和服务,稳定宏观经济,调节社会分配,维护市场秩序。根据经济和社会发展的需要,为了维护社会秩序,政府行使职能的方式必将发生变化。比如,过去常常采取强制性的行政处罚手段,而现在大量采用非强制性手段。因此,建立和完善政府调解,可以最大限度地发挥政府服务社会的职能。

由于政府调解的案件具有特殊性,因此我们将政府调解分成基层政府对民间纠纷的调解、县级以上政府对资源纠纷的调解以及政府领导下的"大调解"。关于上述调解的组织、任务、程序等问题,将放在下面分别阐述。

二、基层政府对民间纠纷的调解

在我国,基层政府是指农村乡镇人民政府和政府派出机构街道办事处。由于基层政府调解工作是由司法助理员承担的,因此基层政府民间纠纷调解也称为司法助理员调解。

1989 年 6 月 17 日,国务院颁布实施的《人民调解委员会组织条例》第 9 条第 2 款规定,人民调解委员会经过调解,当事人未达成协议或者达成协议后又反悔的,可以请求基层人民政府处理,或者向人民法院起诉。1990 年 4 月 19 日,司法部颁布实施的《民间纠纷处理办法》(以下简称《办法》)第 17 条规定:"经过调解后,仍达不成协议的纠纷,基层人民法院可以作出处理决定。"

(一)司法助理员调解的案件范围

《办法》第 3 条规定,基层人民政府处理民间纠纷的范围,为《人民调解委员会组织条例》规定的民间纠纷,即公民之间有关人身、财产权益和其他日常生活中发生的纠纷。就是说,基层人民政府调解的案件范围是民间纠纷,与人民调解委员会调解范围相一致。这样规定,一方面是为了便于司法助理员具体管理人民调解委员会的调解工作,另一方面是考虑到司法助理员不仅承担

调解纠纷任务,而且还承担管理人民调解委员会工作,指导检查民间调解工作,参与调解疑难纠纷,接受、处理有关人民调解工作的来信、来访,结合实际需要,进行有关的政策、法律、法令和道德风尚的宣传教育,调查研究本辖区内发生纠纷的原因、特点和规律并提出防止纠纷的办法以及了解并向上级报告群众对现行法律、法令和司法工作的意见和要求等工作。但是,需要注意的是,为了适应民间纠纷的发展特点,为了充分发挥人民调解委员会在维护社会稳定中的作用,2002 年 11 月 1 日,司法部实施的《人民调解工作若干规定》第 20 条规定,已经将民间纠纷由公民之间扩大为公民与法人或者公民与其他组织之间发生的涉及民事权利义务争议的各种纠纷。

司法助理员属于基层人民政府司法行政工作人员,承担乡镇人民政府(街道办事处)管理司法行政工作的职能,因此司法助理员可以调解的案件包括两类:一是当事人主动向基层政府提出请求的公民之间、法人之间或其他组织之间以及他们相互之间发生的民事权利义务纠纷。这突破了现行人民调解委员会调解的案件范围。二是调解委员会解决不了的疑难纠纷。这样确定,第一,可以填补目前人民调解委员会调解民间纠纷工作中的空白;第二,可以更方便地指导人民调解委员会工作;第三,可以使法律规定的基层政府指导人民调解委员会调解的工作具体化;第四,可以更好地发挥基层人民政府的职能,完成法律赋予基层人民政府的任务。

(二)司法助理员调解的原则

根据《办法》第 4 条、第 5 条、第 6 条规定,司法助理员在调解案件时应当遵循下列基本准则:

1.必须以事实为根据,以法律、法规、规章和政策为准绳。这就要求司法助理员在事实清楚、是非分明的基础上进行调解,而且调解活动不违反法律、法规、规章和政策的规定。

2.对于当事人在适用法律上一律平等。这要求司法助理员在调解时,平等对待双方当事人,不偏不倚。

3.可要求当事人承担民事责任,但不得给予人身或者财产处罚。虽然司法助理员代表基层政府解决纠纷,属于行政行为,但是调解是基于当事人自愿达成调解协议解决纠纷的,因此司法助理员不得对当事人采取任何人身或者财产处罚措施。

4.不得限制当事人行使诉讼权利。这是指在调解时,司法助理员应当尊重当事人意思自治,当当事人不愿继续调解或者调解达不成协议以及当事人对达成调解反悔的,不得限制当事人向法院提起诉讼。

（三）司法助理员调解的程序

1.受理程序

《办法》规定，受理民间纠纷，应当由一方或双方当事人申请，并有明确的对方当事人和申请事项、事实根据。对于一方当事人已向法院提起诉讼的纠纷以及基层人民政府已经处理过、当事人没有提出新事实和理由的纠纷，基层人民政府不予受理；对于未经人民调解委员会调解的案件，应当劝说当事人先通过人民调解委员会调解；对于法律、法规、规章和政策明确规定由指定部门处理的纠纷，应当告知当事人向指定部门申请处理。

2.调解进行程序

（1）司法助理员在调解前，应当充分听取双方当事人的陈述，允许当事人展开辩论。

（2）针对案件不同情况进行必要的调查取证。对于经人民调解委员会调解不成或者调解不了的案件，司法助理员可以向人民调解委员会了解情况，弄清案件纠纷原因、当事人的思想状况以及其他当事人没有提供的证据材料。

（3）司法助理员调解时，根据需要可以邀请有关单位和群众参加。

（4）司法助理员对双方当事人进行有针对性的说服教育和疏导工作，促使双方当事人平等协商。

（5）调解结束。对于双方当事人达成调解协议的，司法助理员制作调解书，由双方当事人、司法助理员署名并加盖基层人民政府印章。调解书自送达之日起生效，当事人应当履行。经过调解后，当事人双方仍达不成协议的，基层人民政府可以作出处理决定。制作处理决定书，并经基层人民政府负责人审定、司法助理员署名后加盖基层人民政府印章。

三、政府对资源纠纷的调解

我国现行法没有明确、具体规定政府对资源纠纷调解组织、调解的案件范围、调解原则、调解的方式方法以及调解程序等。基于我国国情、政府的性质以及调解的特点，我们认为：

（一）政府调解工作由各级人民政府法制办公室（下简称法制办）承担

这是因为法制办是各级人民政府的法制工作机构，具体承办各级人民政府相关的行政法律事务，因此有责任承担政府调解的工作。调解工作人员主要由法制办工作人员构成，当然，调解案件涉及相关部门管理职能的，可以要求相关职能部门派人参加调解。而且必要时可临时聘请律师参与。

（二）政府调解的纠纷范围

从实体法看，政府调解的案件范围不明确、不确定，但呈开放式。因此，我们认为，确定政府调解范围可以考虑以下几点：

1.根据政府行政管理范围确定，因为政府调解属于行政调解，不属于行政管理范畴内的纠纷，不是政府调解的范围。

2.法律明确规定由政府各职能部门与授权组织处理的，一般不属于政府调解范围。

3.跨部门、跨区域需要由人民政府协调解决的纠纷。

4.属于当地有重大影响或涉及全局性行政工作的纠纷。

（三）政府调解的程序

1.调解程序开始可以基于一方或者双方当事人申请开始，也可以由政府调解人员主动开始调解。

2.调解过程中，调解主持人首先应当全面听取当事人就纠纷的事实、证据、程序、适用法律等方面的陈述和申辩。除涉及国家秘密、商业秘密、个人隐私的纠纷外，调解公开举行。纠纷当事人可以就调解人员调查的证据进行陈述、申辩和质证，并可以提出新的证据。调解协议一般由双方当事人提出，特殊情况下，也可以由调解员提出，交由当事人双方进行协商。

3.调解人和裁决人员分开。由于政府调解的纠纷，一般也是行政机关行政裁决的范围，因此为了保证行政裁决客观公正，当调解未能达成协议时，调解程序结束，原调解人员不得继续对纠纷事项进行行政裁决。

4.当事人达成调解协议的，调解人制作调解书，调解书即发生法律效力，当事人应当履行调解书。当事人不能就该案件以同一事实与理由再次提出行政调解。如果当事人认为调解书违反自愿合法原则，可以在一定期限内向组织调解的人民政府、上一级人民政府提出申诉。

■ 四、政府领导下的"大调解"

关于"大调解"的内涵，学者基本没有给予明确界定。关于"大调解"的外延，学者看法不一。有的认为，大调解机制是指除人民法院的诉讼调解之处，社会各界广泛参与民事纠纷协商处理的一种机制，是人民调解的扩大化、制度化和规范化。[①] 还有的学者认为，治安调解与司法调解、人民调解等共同构成

---

① 李国群：《新时期社会矛盾纠纷大调解的定位与运作》，载 http://www.ttadd.com/lunwen/HTML/71329-4htm，2007-08-06。

了我国的"大调解"机制,即党委、政府从"改革、发展、稳定"的大局出发,动员和组织社会各方面的力量,依托各级、各部门和各单位具体实施,运用人民调解、行政调解、社会调解、司法调解等各种调解手段,形成自调、互调、联调网络,对各种不稳定因素实施全面预防、全面排查、全面消除的"一盘棋"长效工作机制。[①] 法院调解是法院在当事人意思自治基础上行使审判权的行为,与人民调解、行政调解不同。如果人民法院加入"大调解"机制,必然和司法的被动、消极性相矛盾。"大调解"机制是基于人民调解弱化、行政调解不足、纠纷的复杂性以及实现社会综合治理,发展可持续性社会的需要而建立的。因此我们同意第一种观点。但是为落实十八届四中全会通过的《中共中央关于全面推进依法治国若干重大问题的决定》以及中央办公厅、国务院办公厅《关于完善矛盾纠纷多元化解机制的意见》,实务中的"大调解"已经被吸收进多元化纠纷解决机制中。正如有的学者所言,"大调解"意味着各种调解机制在范围、主体、程序、效力、救济等方面联动对接、协同作战,最大限度发挥制度合力。而联动的主要方式包括委托调解、特邀调解、联合调解。[②]

虽然"大调解"是在基层政府领导下开展工作,但严格来说,它不属于政府调解。因为"大调解"机制的运行基础不是依赖于新建的机构,而是有赖于各相关部门调解工作网络的健全、调解工作触角的延伸以及调解职能的充分发挥。"调解中心"应是政府的一个指挥平台,一个与市级行政审批中心类似的行政枢纽。在本级政府行政权限范围内负责各类纠纷的立案受理、分流指派、督查督办、调处裁决等。[③] 虽然"大调解"创设之时存在着法律依据不足、法律保障缺乏的问题,但是"大调解"满足了社会转型时期社会矛盾纠纷解决的需要,因应全球倡导和发展的替代性纠纷解决机制的趋势。随着十八大后党中央全面推进依法治国,"大调解"必然被纳入依法治国体系。大调解法治化有助于规范政府部分处理矛盾纠纷的规则流程,更好畅通人民群众犯规信息和表达诉求的渠道,并通过法治化途径得以保障。[④]

---

① 李复东.:《维护社会政治稳定,实施大调解方略》,载《晋阳学刊》2003 年第 1 期。

② 王聪:《作为诉源治理机制的行政调解:价值重塑与路径优化》,《行政法学研究》2021 年第 5 期。

③ 李国群:《新时期社会矛盾纠纷大调解的定位与运作》,载 http://www.ttadd.com/lunwen/HTML/71329-4htm,2007-08-06。

④ 胡洁人:《健全社会矛盾纠纷调解机制:当代中国"大调解"研究》,上海交通大学出版社 2017 年版,第 139 页。

第三节 公安行政调解

公安行政调解，是指在公安机关主持下，以双方当事人自愿为原则，通过公安机关的疏导、斡旋，促成争议当事人互谅互让达成协议的活动。从现行法规定看，我国公安行政调解包括治安行政调解和交通行政调解。

一、治安行政调解

公安机关是维护社会治安的专门机关，对于违反治安管理的行为人，一方面可以根据情节轻重以及给社会造成的危害大小，给予必要的处罚；另一方面可以采取说服教育手段，通过调解化解受害人和加害人之间的对抗情绪，减少当事人的诉累，节约公安机关乃至其他纠纷解决机构的办案资源。

《治安管理处罚法》第9条规定，"对于因民间纠纷引起的打架斗殴或者损毁他人财物等违反治安管理的行为，情节轻微的，公安机关可以调解处理"。该规定一方面赋予公安机关有权进行治安调解，另一方面又是公安机关治安调解的依据。有关规定治安调解制度的还有2020年8月6日修订的《公安机关办理行政案件程序规定》（以下简称《程序规定》）第十章。

（一）治安行政调解的案件范围

治安行政调解的案件范围，是指公安机关有权调解哪些纠纷，它确定了公安机关调解权的权限范围。

根据《治安管理处罚法》第9条的规定，对于因民间纠纷引起的打架斗殴或者损毁他人财物等违反治安管理的行为，情节轻微的，公安机关可以调解处理。《程序规定》第178条第1款、第2款规定："对于因民间纠纷引起的殴打他人、故意伤害、侮辱、诽谤、诬告陷害、故意损毁财物、干扰他人正常生活、侵犯隐私、非法侵入住宅等违反治安管理行为，情节较轻，且具有下列情形之一的，可以调解解决：（一）亲友、邻里、同事、在校学生之间因琐事发生纠纷引起的；（二）行为人的侵害行为系由被侵害人事前的过错行为引起的；（三）其他适用调解处理更易化解矛盾的。对不构成违反治安管理行为的民间纠纷，应当告知当事人向人民法院或者人民调解组织申请处理。"

第179条规定："具有下列情形之一的，公安机关不适用调解处理：（一）雇凶伤害他人的；（二）结伙斗殴或者其他寻衅滋事的；（三）多次实施违反治安管理行为的；（四）当事人明确表示不愿意调解处理的；（五）当事人在治安调解过程中又针对对方实施违反治安管理行为的;(六)调解过程中,违法嫌疑人逃跑的;(七)其他不宜调解处理的。"《公安机关办理伤害案件规定》(公通字[2005]98号)第30条规定:"对于因民间纠纷引起的殴打他人或者故意伤害他人身体的行为,情节较轻尚不够刑事处罚,具有下列情形之一的,经双方当事人同意,公安机关可以依法调解处理:(1)亲友、邻里或者同事之间因琐事发生纠纷,双方均有过错的;(2)未成年人、在校学生殴打他人或者故意伤害他人身体的;(3)行为人的侵害行为系由被害人事前的过错行为引起的;(4)其他适用调解处理更易化解矛盾的。"就是说,治安调解案件范围具有下列特点:

1.因民间纠纷发生的治安案件。民间纠纷与民事纠纷不同,它主要指公民之间存在的各种民事权益争执。一般来说,民间纠纷当事人之间有密切关系,如家庭成员、同事、恋人、邻居关系以及其他生活、工作上的关系等。

2.打架斗殴和毁损财物,情节轻微行为不仅侵害了他人的民事权利,也扰乱了治安管理秩序。所谓"情节较轻"是指违反治安管理行为的性质比较轻,手段不恶劣,动机不狠毒,后果不严重,社会危害性小。而且适用调解的违反治安管理的行为形式,不仅仅限于打架斗殴或者损毁他人财物,还包括其他相类似的违反治安管理行为,例如制造噪声、饲养动物干扰他人正常生活的行为,以及侮辱他人的行为等。

另外,对于因打架斗殴造成轻伤是否适用治安调解,学者中存在不同看法。有的学者认为,刑法规定构成犯罪的案件可作两种处理:一是给予刑事处罚,二是不作刑事处罚。反言之,不构成犯罪的案件理所当然地"不够刑事处罚",构成犯罪的案件根据情节也可以不作刑事处罚。因此,轻伤害犯罪案件只要符合该《公安机关办理伤害案件规定》第30条规定的四种情形之一的,均可调解处理。但是也有的学者认为,故意伤害造成他人轻伤的已属刑事案件,当事人可以提起刑事自诉,附带提起民事诉讼;或者仅提起民事诉讼,放弃对违法行为人刑事责任的追究。因此公安机关对已经构成轻伤害的案件进行调解,不仅缺乏法律依据,还会造成各种纠纷解决程序适用的混乱,限制甚至剥夺当事人的诉权。[①]

(二)治安行政调解的程序

治安行政调解程序一方面包括公安机关调解治安纠纷的步骤、方式,另一方面包括治安行政调解与治安行政处罚之间的衔接。《程序规定》第178条至

---

① 张立信、冯锁柱:《治安调解若干问题研究》,载《中国人民公安大学学报》(社会科学版)2006年第2期。

第 186 条具体规定了公安机关调解的原则、调解的期限和次数、调解协议的效力以及调解与行政处罚之间关系。

1.根据《程序规定》第 180 条的规定,公安机关调解处理案件,应当查明事实,收集证据,并遵循合法、公正、自愿、及时的原则,注重教育和疏导,化解矛盾。就是说,尽管公安机关可以主动调解治安纠纷,但是自愿是调解的最大特点,因此是否进行调解、用何种方式调解以及调解协议能否达成应当取决于双方当事人的自愿。调解虽然是对纠纷解决程序的简化,但是公安机关也应当合法、公正地进行调解。

2.根据《程序规定》第 181 条、第 182 条的规定,为有利于调解进行,公安机关实施调解时,当事人中有未成年人的,调解时应当通知其父母或者其他监护人到场。但是,当事人为年满十六周岁以上的未成年人,以自己的劳动收入为主要生活来源,本人同意不通知的,可以不通知。被侵害人委托其他人参加调解的,应当向公安机关提交委托书,并写明委托权限。违法嫌疑人不得委托他人参加调解。对因邻里纠纷引起的治安案件进行调解时,可以邀请当事人居住地的居(村)民委员会的人员或者双方当事人熟悉的人员参加帮助调解。

3.根据《程序规定》第 183 条的规定,调解一般为一次。对一次调解不成,公安机关认为有必要或者当事人申请的,可以再次调解,并应当在第一次调解后的七个工作日内完成。

4.《治安处罚法》第 9 条规定,"……经公安机关调解,当事人达成协议的,不予处罚。经调解未达成协议或者达成协议后不履行的,公安机关应当依照本法的规定对违反治安管理行为人给予处罚,并告知当事人可以就民事争议依法向人民法院提起民事诉讼"。就是说,治安行政调解与治安行政处罚属于替代关系,治安行政调解具有阻却治安行政处罚的作用。① 既然调解协议是双方当事人自愿达成的,因此当事人应当自觉履行。如果当事人不履行该调解协议,公安机关应当尽快对违反治安管理的行为人予以治安处罚。同时,由于公安机关对该纠纷进行过调解,了解案件情况,因此为了更好地体现为人民服务的理念,法律规定调解未达成协议的或者达成协议不履行的,公安机关应当告知当事人就违法行为造成的损害赔偿依法向人民法院提起民事诉讼。

---

① 张树义主编:《纠纷的行政解决机制研究——以行政裁决为中心》,中国政法大学出版社 2006 年版,第 177 页。

二、交通行政调解

根据《中华人民共和国道路交通安全法》(以下简称《道路交通安全法》)第74条第1款规定,"对交通事故损害赔偿的争议,当事人可以请求公安机关交通管理部门调解,也可以直接向人民法院提起民事诉讼"。就是说,交通管理部门有权对交通事故损害赔偿的争议进行调解。即交通行政调解,是指在交通主管机关主持下,通过交通主管机关运用说服、疏导的方式,促使交通事故损害赔偿纠纷的双方当事人自愿协商,达成协议的活动。

由于《道路交通安全法》对有关交通行政调解内容规定不具体,2017年修订的《中华人民共和国道路交通安全法实施条例》(以下简称《实施条例》)和2018年8月5日修订实施的《道路交通事故处理程序规定》(以下简称《处理程序规定》)对交通行政调解的适用条件、原则以及程序内容进行简单、粗略规定。对交通行政调解的适用条件以及程序内容进行了直接、明确的规定。

(一)交通行政调解的适用条件

根据《道路交通安全法》第74条,《实施条例》第89条、第94条以及《处理程序规定》第84条的规定,交通行政调解的适用条件包括:

(1)适用的案件只能是因交通事故引起的损害赔偿纠纷。

(2)当事人申请才能开始调解。如果是一方当事人申请,交通行政调解机关应当征得另一方当事人同意。

(3)当事人申请公安机关交通管理部门调解的,应当在收到道路交通事故认定书、道路交通事故证明或者上一级公安机关交通管理部门维持原道路交通事故认定的复核结论之日起十日内一致书面申请。当事人申请人民调解委员会调解,调解未达成协议的,当事人可以自人民调解委员会作出终止调解之日起三日内,一致书面申请公安机关交通管理部门进行调解。

(4)当事人申请应当采用书面形式。如果适用简易程序处理的交通事故,当事人共同请求调解的,可以采用口头方式申请,但交通警察应当进行记录。

(二)交通行政调解的程序内容

1.对适用简易程序处理的交通事故,当事人对交通警察的交通事故认定没有异议并共同请求调解的,交通警察应当当场进行调解,并在事故认定书上记录调解结果,由当事人签名,交付当事人。

2.公安机关交通管理部门调解遵循的原则。根据《处理程序规定》第87条的规定,公安机关交通管理部门应当按照合法、公正、自愿、及时的原则进行道路交通事故损害赔偿调解。道路交通事故损害赔偿调解应当公开进行,但

当事人申请不予公开的除外。

3.公安机关交通管理部门的调解时间、地点的确定。根据《处理程序规定》第88条的规定,公安机关交通管理部门应当与当事人约定调解的时间、地点,并于调解时间三日前通知当事人。口头通知的,应当记入调解记录。调解参加人因故不能按期参加调解的,应当在预定调解时间一日前通知承办的交通警察,请求变更调解时间。

4.《处理程序规定》第89条规定:"公安机关交通管理部门进行调解时,参加损害赔偿调解的人员包括:(一)道路交通事故当事人及其代理人;(二)道路交通事故车辆所有人或者管理人;(三)承保机动车保险的保险公司人员;(四)公安机关交通管理部门认为有必要参加的其他人员。委托代理人应当出具由委托人签名或者盖章的授权委托书。"授权委托书应当载明委托事项和权限。参加损害赔偿调解的人员每方不得超过三人。

5.《处理程序规定》第90条规定:"公安机关交通管理部门受理调解申请后,应当按照下列规定日期开始调解:(一)造成人员死亡的,从规定的办理丧葬事宜时间结束之日起;(二)造成人员受伤的,从治疗终结之日起;(三)因伤致残的,从定残之日起;(四)造成财产损失的,从确定损失之日起。公安机关交通管理部门受理调解申请时已超过前款规定的时间,调解自受理调解申请之日起开始。公安机关交通管理部门应当自调解开始之日起十日内制作道路交通事故损害赔偿调解书或者道路交通事故损害赔偿调解终结书。"

6.《处理程序规定》第91条规定:"交通警察调解道路交通事故损害赔偿,按照下列程序实施:(一)告知各方当事人权利、义务;(二)听取各方当事人的请求及理由;(三)根据道路交通事故认定书认定的事实以及《中华人民共和国道路交通安全法》第七十六条的规定,确定当事人承担的损害赔偿责任;(四)计算损害赔偿的数额,确定各方当事人承担的比例,人身损害赔偿的标准按照《中华人民共和国侵权责任法》《最高人民法院关于审理人身损害赔偿案件适用法律若干问题的解释》《最高人民法院关于审理道路交通事故损害赔偿案件适用法律若干问题的解释》等有关规定执行,财产损失的修复费用、折价赔偿费用按照实际价值或者评估机构的评估结论计算;(五)确定赔偿履行方式及期限。"

调解程序的结束包括下列几种情形:

(1)经过调解,双方达成协议的,公安机关交通管理部门制作"交通事故损害赔偿调解书",由各方当事人签名,交通警察签名并加盖公安机关交通管理部门交通事故处理专用章,分别送交各方当事人。调解书应当载明以下内容:

交通事故简要情况和损失情况,各方的损害赔偿责任,损害赔偿的项目和数额,当事人自愿协商达成一致的意见,赔偿方式和期限,调解终结日期。

(2)经过调解,双方当事人没有达成协议的,公安机关交通管理部门应当制作调解终结书送交各方当事人,调解终结书应当载明未达成协议的原因。

(3)当事人无正当理由不参加调解或者调解过程中放弃的,公安机关交通管理部门应当终止调解。

(4)公安机关交通管理部门调解期间,当事人向人民法院提起民事诉讼的,调解终止。

7.公安机关交通管理部门应当自调解开始之日起十日内制作道路交通事故损害赔偿调解书或者道路交通事故损害赔偿调解终结书。

8.当事人申请公安机关交通管理部门调解,对于达成调解协议的,当事人应当自觉履行。调解未达成协议的,当事人可以依法向人民法院提起民事诉讼,或者申请人民调解委员会进行调解。

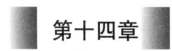

第十四章　劳动争议调解

第一节　劳动争议调解概述

一、劳动争议调解的概念和特点

在我国,用调解方式解决争议不仅历史悠久,而且非常广泛。对于民间纠纷我们可以用调解方式加以解决;对于劳动者与用人单位之间发生的劳动争议,我们同样可以使用调解方式进行处理。调解这种方式具有及时、高效等特点,因此在解决劳动争议纠纷中占有十分重要的地位。

劳动争议调解,是指劳动争议处理机构依照法律法规和政策的规定,以中间人的身份进行斡旋,促使争议当事人双方相互谅解、达成合意的一种争议解决方式。劳动争议种类繁多,我国根据劳动争议中用人单位是行政机关、事业单位还是企业的不同,将劳动争议调解分为人事争议调解和劳动争议调解。人事争议调解,是指行政机关、事业单位内部人事争议调解委员会的调解和人事争议仲裁委员会调解。由于现行人事争议调解法律规范不统一,而且既有规定也是参照企业劳动争议调解法律、法规制定的,①因此本章所指的劳动争议调解制度主要阐述的是企业劳动争议调解制度。

---

① 《中华人民共和国公务员法》第105条规定:"聘任制公务员与所在机关之间因履行聘任合同发生争议的,可以自争议发生之日起六十日内申请仲裁。省级以上公务员主管部门根据需要设立人事争议仲裁委员会,受理仲裁申请。人事争议仲裁委员会由公务员主管部门的代表、聘用机关的代表、聘任制公务员的代表以及法律专家组成。当事人对仲裁裁决不服的,可以自接到仲裁裁决书之日起十五日内向人民法院提起诉讼。仲裁裁决生效后,一方当事人不履行的,另一方当事人可以申请人民法院执行。"而2003年9月5日实施的最高人民法院《关于审理事业单位人事争议案件若干问题的规定》第1条规定,事业单位与其工作人员之间因辞职、辞退及履行聘用合同所发生的争议,适用《中华人民共和国劳动法》的规定处理。

劳动争议调解有广义、狭义和最狭义之分。广义的劳动争议调解,是指调解贯穿于劳动争议处理的全过程,包括用人单位劳动争议调解委员会调解、劳动争议仲裁委员会的调解和人民法院的调解。狭义的劳动争议调解是指劳动争议调解委员会调解和劳动争议仲裁委员会调解。最狭义的劳动争议调解仅指用人单位劳动争议调解委员会的调解。本章所论述的是狭义的劳动争议调解。

劳动争议调解是我国调解制度中的一种重要形式,与其他调解形式相比,具有自己一些特点:

1.主持劳动争议调解活动的主体包括用人单位劳动争议调解委员会和劳动争议仲裁委员会。法律、法规以及规章规定了这些劳动争议调解机构的设立、人员组成、职责及调解的程序等内容。

2.劳动争议调解的对象是劳动争议。即发生在存在劳动关系的用人单位和劳动者之间有关劳动权利义务之间的争议。①

3.劳动争议调解的依据很广泛。主要表现在实体法方面,要求劳动争议调解机构应在查明事实、分清是非的基础上,按照有关劳动法律、法规,以及依照法律、法规规定的规章和劳动合同等进行公正调解活动。

■ 二、劳动争议调解的作用

近年来随着我国发展市场经济和劳动关系的变化,劳动争议数量居高不下,已经成为影响社会经济和谐发展的主要因素。只有及时迅速解决劳动争议,才能尽快恢复劳动关系的协调稳定,促进社会经济发展和稳定。作为便利、平和、快捷解决劳动争议的途径,劳动争议调解将越来越受到用人单位和劳动者的欢迎,其意义和作用主要体现在下列几个方面:

(一)有助于缓和矛盾,为争议双方提供民主对话的平台

劳动争议涉及的劳动权利义务主体是劳动者和用人单位,劳动者与用人单位相比,始终是弱者。劳动争议调解委员会是由工会、劳动者代表和用人单位代表组成,主任由工会代表担任,办事机构设在工会。劳动争议调解委员会

---

① 有关劳动争议的概念,学者有不同看法。可以参见关怀主编:《劳动法学》,法律出版社 1996 年版;姜颖著:《劳动争议处理教程》,法律出版社 2003 年版;郑尚元著:《劳动争议处理程序法的现代化——中国劳动争议处理制度的反思与前瞻》,中国方正出版社 2004 年版;立法中没有界定其概念,只有 1993 年 7 月国务院颁布的《中华人民共和国企业劳动争议处理条例》第 2 条规定了劳动争议的范围。

就在用人单位内,而且能及时发现争议苗头,能迅速召集用人单位和劳动者进行协商,给他们双方提供平等的行使话语权的机会。

(二)有利于及时解决劳动争议,减轻当事人的负担

劳动争议是一种社会经济利益冲突,通常是由于用人单位在工资、工时、劳动保护、社会保险等方面未能切实执行国家劳动法律、法规或劳动合同的约定损害劳动者权益。劳动争议调解委员会不仅在用人单位内,而且其成员由本单位产生,熟悉本单位的情况,劳动争议调解委员会的职工代表由职代会选举产生,工会是维护职工利益的"代言人",容易取得劳动者的信任。因此一旦发生劳动争议,劳动者或者用人单位就可以直接申请劳动争议调解委员会调解,能够使劳动争议得到合理的解决,避免矛盾进一步扩大,节省时间和成本,减轻了当事人的负担。

(三)有利于化解矛盾,维护良好的劳动关系

调解是在尊重双方当事人,公正、民主的氛围中,由争议双方民主协商达成调解协议,解决争议的方式。一方面当事人更愿意遵守和履行调解协议,另一方面用人单位与劳动者在调解过程中互谅互让,增进了解,消除隔阂,恢复和促进双方间劳动关系的稳定。

(四)有利于将争议解决在单位内,减轻了劳动争议仲裁机构和人民法院的工作量和压力

劳动争议调解是解决劳动争议的第一步。劳动争议调解委员会通过调解解决大量劳动争议,不仅可以维护企业正常的生产秩序和工作秩序,避免矛盾的进一步发展,而且分流了劳动争议仲裁和民事诉讼的案件数量,有利于仲裁机构和人民法院将主要精力集中于解决复杂、疑难的案件。

第二节　劳动争议调解制度的历史发展

一、劳动争议调解制度的产生

我国劳动争议调解制度产生在 20 世纪 30 年代,1928 年 6 月 9 日,国民党政府颁布了《劳动争议处理法》。该法涉及调解的主要内容是:(1)规定了处理劳动争议的机构是调解委员会和仲裁委员会。其中调解委员会的成员由主管行政官署派代表 1～3 人,争议双方各派 2 人组成。而仲裁委员会则由主管行政官署派代表 1 人,国民党省党部或该市、县党部派代表 1 人,地方法院派

代表 1 人组成。(2)劳动争议仲裁程序的启动一般应经过调解程序。对特种公用事业(例如水电、煤气、交通等)劳动争议发生后,经当事人一方或双方的请求,或行政当局认为必要,应经调解委员会调解。调解委员会的调解,经当事人双方代表同意,签字后,该调解笔录成立。调解终结,当事人不服的,经双方请求或行政当局决定,该争议应付仲裁,对于仲裁结果,不得声明不服。1930 年 3 月立法院对《劳动争议处理法》进行修改。修改的内容包括:(1)调解不成立的,申请交付仲裁由双方共同交付改为一方和双方都可申请;(2)将当事人对仲裁裁决不得声明不服改为当事人在裁决送达后 5 日内可声明异议。从该规定看,调解制度已经被引入劳动争议的处理机制。但是,由于调解委员会由省政府或特别市政府召集,受政府干预和牵制,调解未能充分发挥作用。调解委员会的调解行为的特征是:判断性调解和职权主义的结合体,唯一表现为调解性质的是调解委员会的调解结论须由双方当事人同意并签字。[①]

1931 年 11 月,中国共产党在江西瑞金召开中华苏维埃工农兵第一次全国代表大会,会上通过了《中华苏维埃共和国劳动法》。该法涉及调解的主要内容就是:明确规定处理劳动争议的机构设立在企业内部的由劳资双方代表组成的评判委员会、劳动部下属的仲裁委员会以及人民法院的劳动庭。同时又规定在发生劳动争议时可通过调解或仲裁予以解决。

二、劳动争议调解制度的发展

新中国成立前夕,一些地方相继颁布了涉及劳动争议调解的规范性文件。例如天津市人民政府公布了《天津市调解委员会暂时组织条例》,上海市军管会颁布了《关于私营企业劳动争议调处暂行办法》等。新中国成立后,1949 年11 月 22 日中华全国总工会颁布了《关于劳资关系暂行处理办法》、《关于劳动争议解决程序的暂行规定》以及 1950 年 11 月经中央人民政府政务院批准、劳动部颁发的《劳动争议处理程序的规定》。我国的劳动争议处理制度中断了30 年,直至 1987 年 7 月,国务院颁布实施《国营企业劳动争议处理暂行规定》。它规定,企业可以设立劳动争议调解委员会。因履行劳动合同发生的争议,当事人可以本着自愿原则,向企业调解委员会申请调解,也可以直接向劳动争议仲裁委员会申请仲裁。经调解委员会调解不成的,当事人可以向劳动争议仲裁委员会提出仲裁申请。当事人如对仲裁委员会的仲裁不服,可以向

[①]　郑尚元著:《劳动争议处理程序法的现代化——中国劳动争议处理制度的反思与前瞻》,中国方正出版社 2004 年版,第 50 页。

人民法院起诉。尤为重要的是,1994 年 7 月 5 日全国人民代表大会常务委员会第八次会议通过并公布,1995 年 1 月 1 日施行的《中华人民共和国劳动法》(以下简称《劳动法》)。该法已经于 2018 年 12 月 29 日进行修订。《劳动法》肯定劳动争议调解委员会被置于企业内部、企业调解与劳动争议仲裁并列构成劳动争议处理机制。《劳动法》明确规定用人单位与劳动者发生劳动争议,当事人可以依法申请调解、仲裁、提起诉讼,也可以协商解决。调解原则适用于仲裁和诉讼程序。同时还规定,因签订集体合同发生争议,当事人协商解决不成的,当地人民政府劳动行政部门可以组织有关各方协调处理。也就是说,用调解方式解决劳动争议贯穿于劳动争议处理的整个过程,而且涉及集体合同发生的劳动争议,劳动行政部门也可以适用调解方式进行处理。其中 2015 年劳动人事争议仲裁调解案件 362814 件,劳动人事争议案外调解 258114 件。①

为了更好适应市场经济条件下劳动关系调整的需要、保护劳动者的合法权益,及时有效地解决好劳动争议,2007 年 6 月 29 日,第十届全国人民代表大会常务委员会第 28 次会议通过了《中华人民共和国劳动合同法》。该法已经于 2012 年 12 月 28 日进行修订,并于 2013 年 7 月 1 日生效。2007 年 12 月 29 日,第十届全国人民代表大会常务委员会第 31 次会议通过《劳动争议调解仲裁法》(以下简称《劳动争议调仲法》)。该法对劳动争议调解组织、调解遵循的原则、调解案件范围以及调解程序等进行较明确的规定。为贯彻《劳动争议调仲法》,切实做好劳动人事争议仲裁工作,人力资源社会保障部于 2009 年 1 月 1 日和 2010 年 1 月 20 日公布实施《劳动人事争议仲裁办案规则》和《劳动人事争议仲裁组织规则》。随着社会经济的发展,劳动人事争议仲裁面临新的形势,劳动人事争议案件出现新情况。为贯彻落实党中央、国务院的新要求,进一步提升劳动人事争议仲裁效能,更好发挥仲裁在劳动人事纠纷多元化解机制中作用,2017 年 5 月 8 日,人力资源和社会保障部对这两个规则进行修订。《劳动人事争议仲裁组织规则》(以下简称《办案规则》)新增"简易处理"、"集体劳动人事争议处理"和调解程序。《劳动人事争议仲裁组织规则》(以下简称《组织条例》)重点从加强管理、加强监督、加强保障三方面完善仲裁队伍建设举措。

---

① 《中国统计年鉴》2016 卷。

第三节　劳动争议调解委员会调解

一、劳动争议调解委员会调解的概念和特点

劳动争议调解委员会调解,是指在劳动争议调解委员会的主持下,用人单位与劳动者通过自愿协商,达成协议,解决劳动争议的活动。

根据《劳动法》《劳动争议调仲法》等一系列法律、法规和规章的规定,劳动争议调解委员会调解有以下特点:

1.劳动争议调解委员会调解的主体是群众自治性组织——劳动争议调解委员会。

2.劳动争议调解委员会调解劳动争议的程序的开始完全取决于双方当事人自愿。劳动争议调解委员会调解不是劳动争议案件处理的必经程序。

3.经劳动争议调解委员会调解达成的协议,当事人不履行的,劳动争议调解委员会不得强迫当事人履行。

二、劳动争议调解委员会调解的基本原则

劳动争议调解委员会调解的基本原则,是指劳动争议调解委员会在实施调解活动时,应当遵循的基本行为准则。根据《劳动争议调仲法》的规定,劳动争议调解委员会调解的基本原则主要包括:

(一)当事人自愿申请,依据事实及时调解原则

自愿原则,是指企业调解委员会在受理、调解劳动争议,以及在达成协议的过程中,必须充分尊重当事人的意愿,劳动争议调解委员会不能用任何形式的强迫或强制。自愿原则是劳动争议调解委员会调解中应当遵循的最重要原则,也是劳动争议调解制度的基础。

在劳动争议调解委员会调解中,自愿原则主要表现在下列几个方面:

1.是否由劳动争议调解委员会调解案件以双方当事人自愿为基础

劳动争议发生后,当事人可以申请调解,也可以不经调解而申请仲裁。是否选择企业劳动争议调解委员会调解解决劳动争议是当事人双方的权利。如果一方当事人申请劳动争议调解委员会调解,而另一方不同意,劳动争议调解委员会就不得强行调解。

2.当事人可以自愿结束调解程序

在调解过程中,当事人可以随时请求中止调解或者不再参加调解。如果一方当事人不愿意继续调解,可以随时提出终止调解。一旦一方当事人提出不愿意再调解申请或者不再参加调解,调解委员会的调解工作应即时停止,不得继续调解,更不得强迫当事人继续接受调解。

3.达成协议是当事人真实意愿的体现

调解协议是在调解委员会的主持下双方互谅互让达成的,因此协议必须体现双方的真实意愿,在自愿的基础上经协商一致而达成。在调解过程中,劳动争议调解委员会虽然可以引导当事人,但不得强迫或变相强迫当事人在不了解或不愿意接受调解协议时达成协议。

劳动争议和民事纠纷不同,劳动争议中双方当事人是"形式上的平等关系和实际上的从属关系"[①],一旦劳动者权利受到侵害,劳动者正常的工作和生活都受到影响,因此其迫切需要劳动争议的尽快解决。及时原则是劳动争议处理的重要原则。及时原则,是指劳动争议调解委员会调解劳动争议必须在法律规定的期限内进行。根据《劳动争议调仲法》第 3 条的规定,解决劳动争议,应当根据事实,遵循合法、公正、及时、着重调解的原则,依法保护当事人的合法权益。

(二)平等保护双方当事人权益原则

《劳动法》第 78 条规定,解决劳动争议,应当根据合法、公正、及时处理的原则,依法维护劳动争议当事人的合法权益。这是我国"公民在法律面前一律平等"的社会主义法制原则在劳动争议处理中的具体体现。劳动争议调解委员会调解劳动争议时也应当贯彻该原则。这个原则包括四个方面的内容:

1.主体资格平等。劳动争议双方在企业内部虽然有隶属关系,但在劳动争议调解委员会处理劳动争议过程中处于平等的主体地位,即当事人双方在劳动争议调解中的地位一律平等。

2.当事人双方的权利义务平等。即一方面,在劳动争议调解委员会调解案件时,双方当事人平等享有权利承担义务,不允许任何人凌驾于法律之上或超越法律之外,任何一方当事人不能只享受权利而不履行义务;另一方面,劳动争议当事人双方都有向仲裁委员会申请仲裁和向人民法院提起诉讼的权利。

---

① 常凯:《劳权论——当代中国劳动关系的法律调整研究》,中国劳动社会保障出版社 2004 年版,第 76 页。

3.劳动争议调解委员会和调解员必须居中调解,公平对待双方当事人,不应有任何偏袒,严格执行回避制度。

4.劳动争议调解委员会对双方当事人适用法律一律平等。

(三)民主协商原则

民主协商原则,是指在处理劳动争议过程中,企业劳动争议调解委员会应当采用说服教育,促使双方当事人通过民主协商方式解决劳动争议。劳动争议调解委员会不是国家行政机关和司法机关,也不是一般的群众组织,而是一个专门调解用人单位内部劳动争议的群众性组织。因此,在企业调解委员会调解劳动争议的过程中,只能采用民主协商、说服教育的方法调解劳动争议。只有在民主的基础上,双方当事人才能进行沟通,互谅互让,达成调解协议。

(四)尊重当事人申请仲裁和诉讼权利原则

《劳动争议调仲法》第5条规定:"发生劳动争议,当事人不愿协商、协商不成或者达成和解协议后不履行的,可以向调解组织申请调解;不愿调解、调解不成或者达成调解协议后不履行的,可以向劳动争议仲裁委员会申请仲裁;对仲裁裁决不服的,除本法另有规定的外,可以向人民法院提起诉讼。"

申请仲裁是法律赋予劳动争议当事人维护自身合法权益的一项重要权利,任何组织和个人都不得剥夺和侵犯。劳动争议发生后,争议中的任何一方当事人或双方有权选择申请仲裁,劳动争议调解委员会不得干涉。因为企业调解委员会的调解并不是劳动争议处理的必经阶段,调解程序的开始及全过程要以双方当事人自愿为前提,如有一方不愿意由劳动争议调解委员会进行调解,调解委员会不能强迫其接受,应当允许当事人申请仲裁;对于争议双方选择了调解,劳动争议调解委员会在调解过程中,任何一方或双方不愿意再继续调解,或者调解不成时,劳动争议调解委员会应当及时告知当事人向劳动争议仲裁委员会申请仲裁。

提起诉讼也是法律赋予当事人维护自身合法权益的一项重要权利。但是,在我国,考虑到劳动争议以及处理的特殊性,《劳动法》规定了强制仲裁制度,即劳动争议发生后,当事人应先向劳动争议仲裁委员会申请仲裁,对仲裁不服的,才能直接向法院提起民事诉讼。因此,对于已经仲裁的劳动争议,无论是劳动争议调解委员会还是劳动争议仲裁委员会都不得阻止当事人向法院起诉。

三、劳动争议调解委员会的设置

(一)劳动争议调解委员会的设置形式

《劳动法》第80条规定:"在用人单位内,可以设立劳动争议调解委员会。

劳动争议调解委员会由职工代表、用人单位代表和工会代表组成。"《条例》第7条规定:"企业可以设立劳动争议调解委员会。调解委员会负责调解本企业发生的劳动争议。"

根据《劳动法》的规定,劳动争议调解委员会的设立有下列几种情况:

1.在企业设立劳动争议调解委员会

这是目前劳动争议调解委员会设立的主要形式。由于劳动争议多发生在企业,在企业内设立劳动争议调解委员会有利于化解矛盾,及时解决争议,协商和稳定劳动关系。

用人单位有总公司、分公司的,可以在总公司设置一级劳动争议调解委员会,在分公司设置二级劳动争议调解委员会。设置两级调解委员会,可以使劳动争议就近得到解决。

2.由劳动者代表和用人单位代表协商设立劳动争议调解委员会

由于劳动争议调解委员由职工代表、用人单位代表和工会代表三方组成,而有的用人单位没有成立工会组织,因此《组织及工作规则》规定,劳动者代表和用人单位代表可以协商劳动争议调解委员会设立和组成。

由于法律没有规定企业内部必须设立劳动争议调解委员会,劳动争议调解委员会主要存在于工会组织较为健全的公有制企业中。在国有企业改制重组的过程中,大批企业的工会组织被精简或撤销,劳动争议调解委员会也相应减少。在这种形势下,一些经济较为发达的城市和地区,针对非公有制企业快速发展、劳动关系日益复杂、企业劳动争议调解组织不健全的现状,开始尝试建立区域性劳动争议调解委员会。例如,在唐山、宁波、上海、中山等城市。①

(二)劳动争议调解委员会的组成

根据《劳动争议调仲法》第10条第5款的规定,劳动争议调解委员由职工代表、用人单位代表组成。其中,职工代表由工会成员或者职工代表大会或职工大会推举产生;用人单位代表由其法定代表人指定。企业劳动争议调解委员会主任由工会成员或者双方推举的人员担任。劳动争议调解委员会组成人员是通过民主推举或指定产生,代表了各方的利益,因此,有利于各方在调解中表达各方当事人的意愿和要求,有利于调解委员会充分听取各方意见,有利于争议双方当事人进行沟通,及时处理劳动争议。

劳动争议调解委员会应当由具有一定劳动法律知识、政策水平和实际工

---

① 李影清、邓捷:《建立村(社区)基层劳动争议调解机制的探索》,载《中国劳动保障报》2005年10月11日。

作能力,办事公道、为人正派且能密切联系群众的人担任。调解委员会委员调离本单位或需要调整时,应由原推举单位或组织按规定另行推举或指定。为保证劳动争议调解委员会正常开展工作,《工会参与劳动争议处理试行办法》第15条规定:"劳动争议调解委员会委员调离本单位或需要调整时,由原推举单位或组织在30日内依法推举或指定人员补齐。调解委员调离或调整超过半数以上的,应按规定程序重新建立。"调解委员会组成及调整和补齐的名单应报送地方劳动争议仲裁委员会和地方总工会法律工作部备案。

四、我国劳动争议调解委员会调解的程序

劳动争议调解程序,是劳动争议调解委员会处理劳动争议的步骤和方式。它是劳动争议调解工作得以顺利进行的程序保证。

(一)调解的申请和受理

劳动争议调解委员会调解程序是从劳动争议当事人向劳动争议调解委员会提出调解申请,经劳动争议调解委员会审查受理开始。没有当事人的申请,调解委员会不能受理调解案件,没有调解委员会受理,劳动争议调解程序不能开始。

1.劳动争议调解的申请,是指劳动争议当事人为维护自己的劳动权益,依法向劳动争议调解委员会提出调解请求的行为。为了充分发挥调解解决劳动争议的作用,健全劳动争议调解组织,便于当事人选择方便的调解组织解决劳动争议,《劳动争议调仲法》第10条规定,发生劳动争议,当事人可以到下列调解组织申请调解:①企业劳动争议调解委员会;②依法设立的基层人民调解组织;③在乡镇、街道设立的只有劳动争议调解职能的组织。根据《劳动争议调仲法》的规定,申请人提出调解申请必须同时具备下列条件:

(1)申请人是与劳动争议有直接利害关系的劳动者或用人单位。

(2)有明确的被申请人。这要求申请人明确指出被申请人姓名或名称、被申请人的基本情况,以便劳动争议调解委员会及时征询被申请人是否同意调解的意见。

(3)有具体的调解请求和事实理由。申请人申请应明确提出具体的调解请求,即通过调解委员会调解保护自己的哪些劳动权益,向被申请人提出何种权利上的要求。在劳动争议调解过程中,申请人也可以根据情况增加或变更调解请求,但在申请时必须是明确具体的。同时申请人还应提出调解请求所根据的事实和理由,事实包括劳动关系建立、变化的时间、地点,发生争议的原因、经过、结果等,理由主要是指提出请求的法律、政策依据和劳动合同的依据。

（4）属于劳动争议调解委员会受理的范围。根据《劳动争议调仲法》的规定，劳动争议调解委员会有权调解的案件应包括两个条件：其一，劳动争议主体只能是中华人民共和国境内的企业与职工；其二，争议的内容包括：因企业开除、除名、辞退职工和职工辞职、自动离职发生的争议；因执行国家有关工资、保险、福利、培训、劳动保护的规定发生的争议；因履行劳动合同发生的争议；法律、法规规定应当依照本条例处理的其他劳动争议。

（5）符合法律规定的申请期限。根据《劳动争议调仲法》的规定，当事人申请调解，应当自知道或应当知道其权利被侵害之日起 30 日内提出。超过申请期限提出的申请，调解委员会不予受理。

申请调解，可以用书面的方式，也可以用口头的方式提出。申请人应当填写"劳动争议调解申请书"。"劳动争议调解申请书"主要包括：申请人和被申请人的基本情况、案由、调解请求、事实和理由等。申请人填写有困难的，可由调解委员会工作人员帮助填写。

2.受理，是指调解委员会在收到调解申请后，对当事人的申请进行审查，对符合条件的申请决定接受的行为。受理包括的内容有：

（1）审查。调解委员会收到调解申请后，应当对当事人的申请进行审查。审查的内容包括：①申请人是否符合申请调解的条件。如申请人与被申请人是否存在劳动关系，申请人是不是与劳动争议有利害关系的劳动者或用人单位。②申请人申请调解的争议是不是劳动争议，是否符合《劳动争议调仲法》规定的受理范围。③申请是否符合申请期限的规定，申请书的内容是否明确、齐备。④该劳动争议是否已经过调解或仲裁。

根据有关法规的规定，劳动争议调解委员会不受理民事纠纷、被申请人不同意调解的劳动争议，以及不属于调解委员会的劳动争议和已经经过仲裁裁决、法院判决或调解解决的劳动争议。如果当事人将民事纠纷作为劳动争议申请调解的，调解委员会应告知其向人民调解委员会或向人民法院提起诉讼；如果被申请人不同意调解的，调解委员会应告知其及时向劳动争议仲裁委员会申请仲裁；如果申请人申请调解的争议是因签订集体合同发生的争议，由当地人民政府劳动行政部门组织有关各方协商处理；因履行集体合同发生的争议可以向劳动争议仲裁委员会申请仲裁；如果当事人申请调解的劳动争议已经经过劳动争议仲裁委员会仲裁或人民法院处理，且仲裁裁决和法院判决已发生法律效力，应告知申请人向劳动争议仲裁委员会申诉或向法院申诉。

（2）征求对方当事人的意见。调解委员会对申请人的申请做初步审查后，认为申请符合受理条件的，应及时征询对方当事人的意见。对方当事人同意调解的,调解委员会才可以受理。如果对方当事人不同意调解,调解委员会应将当事人不同意调解的意见记录下来,并应在 3 日内以书面形式通知申请人不予受理。

(3)决定是否受理。经过审查和征求双方当事人的意见,调解委员会应在 4 日内作出受理或不受理的决定。对符合受理条件的应决定受理,并及时通知双方当事人;对不符合受理条件决定不予受理的,应当向申请人说明理由。对调解委员会无法决定是否受理的案件,由调解委员会主任决定是否受理。

3.申请调解的法律后果。

(1)对于当事人的申请,劳动争议调解委员会应当依法审查,不能置之不理。

(2)当事人向劳动争议仲裁委员会申请仲裁的时效中止。根据原劳动部《关于贯彻执行〈中华人民共和国劳动法〉若干问题的意见》第 89 条规定:"劳动争议当事人向企业劳动争议调解委员会申请调解,从当事人提出申请之日起,仲裁申请时效中止,企业劳动争议调解委员会应当在 30 日内结束调解,即中止期限最长不得超过 30 日。结束调解之日起,当事人申诉时效继续计算。调解超过 30 日,申诉时效从 30 日之后的第一天继续计算。"因此,一旦当事人提出调解申请,仲裁的申诉时效即行中止,待调解结束后再继续计算。

(二)调解前的准备

劳动争议调解委员会受理案件后,调解员在调解前的准备工作主要包括:

1.通知被申请人。调解委员会在作出受理决定后,应及时通知被申请人准备答辩书和相关证据材料,并在指定的时间内提交调解委员会。被申请人是用人单位的,用人单位应指定专人参加调解。

2.告知权利和回避事项。调解委员会应在调解前告知双方当事人调解委员会的组成人员,当事人在调解中的权利和义务,征询双方当事人是否申请调解委员会成员回避。

3.通知申请人补充有关材料。调解委员会在受理当事人申请后,如发现申请人的申请在内容上有欠缺的,应通知申请人及时补充有关材料和相关证据。

4.调查情况,收集必要的证据。调解委员会在受理劳动争议案件后,应当及时向劳动争议当事人及有关人员了解情况,掌握劳动争议的基本事实,弄清双方当事人的矛盾和分歧。对当事人和有关人员的调查应制作调查笔录,并由调查人和被调查人签字或盖章;调解委员会应对调查收集到的材料进行整理和总结,对当事人双方提交的证据材料进行审查,为判断是非、分清责任打下基础。

5.查阅相关法律、法规和政策的规定。调解委员会在客观调查的基础上，针对双方当事人争议的主要问题，认真查阅我国有关法律、法规和政策的规定。

6.拟订调解方案。调解委员会在弄清事实和分清责任的基础上，根据法律、法规和政策的有关规定，拟订调解方案。

（三）进行调解

劳动争议调解委员会实施调解行为是劳动争议调解委员会调解程序的中心环节。

根据《劳动争议调仲法》的规定和实践中调解委员会的做法，劳动争议调解进行阶段主要包括：

1.调解开始。对于争议事实清楚、情节比简单，双方分歧不是很大的劳动争议，可以适用简易调解方式。简易调解方式由劳动争议调解委员会指定一至两名调解委员主持调解，双方当事人共同参加。除简单劳动争议外，其他劳动争议应适用会议调解方式进行，一般由调解委员会主任主持召开，争议双方当事人参加，有关单位和个人也可以参加调解会议协助调解。对于发生劳动争议的职工一方为3人以上的，并有共同申请理由的，应当推荐代表参加调解活动。

调解开始时，首先由调解主持人宣布开始；然后依次核对当事人，宣布申请人申请调解的劳动争议事项，宣布调解委员会的组成人员，告知当事人在调解中的权利和义务，并询问当事人是否申请劳动争议调解委员回避。

2.申请人陈述申请事项、理由和调解的请求，被申请人进行答辩。在这一阶段，双方当事人可以就争议事实提出自己的意见，出示自己掌握的证据和依据。调解委员会应注意引导当事人围绕争议事实展开陈述，明确双方的争议焦点。

3.主持人就双方争议的焦点出示调解委员会调查的结果和有关证据，向双方当事人宣讲有关法律、法规和政策的规定，明确双方在劳动法律关系中的义务，并在明确是非的基础上进一步宣传建立稳定、协调的劳动关系的重要性，从而帮助当事人消除对立情绪，为双方互谅互让达成调解协议奠定基础。

4.提出调解建议，征求当事人的意见。调解委员会在查明事实、明确是非的基础上，依照有关法律、法规和企业规章制度，以及双方当事人签署的劳动合同，公正地提出调解建议，供双方当事人在协商中参考。

5.当事人协商。当事人对调解委员会提出的调解意见进行充分协商，也可以提出各自的调解意见进行协商。

6.达成调解协议。在调解委员会的主持下,经过充分协商,双方在互谅互让的基础上达成调解协议。

为了保证劳动争议及时处理,以维护职工和企业的合法权益,稳定劳动关系;同时也是要求调解委员会提高工作效率,防止争议久调不决。《劳动争议调仲法》第14条第3款规定,"自劳动争议调解组织收到调解申请之日起十五日内未达成调解协议的,当事人可以依法申请仲裁。"

（四）调解的终结

调解的终结适用于下列三种情况:

1.当事人双方达成调解协议而终结调解。经调解委员会调解,双方当事人自愿达成调解协议,由调解委员会制作调解协议书。协议书应写明双方当事人的姓名（单位、法定代表人）、职务、争议事项、调解结果及其他应当说明的事项,由调解委员会主任（简单劳动争议由调解委员）以及双方当事人签字或盖章,并加盖调解委员会印章。调解协议一式五份,一份留调解委员会备案,交双方当事人各一份,抄送当地劳动争议仲裁委员会、上级工会各一份。

2.调解不成而终结调解。经调解委员会调解,双方当事人对争议的事实、适用的法律及调解意见仍存在较大的分歧,无法达成调解协议的,或者在规定的调解期限内未结束调解的。

3.因申请人撤回调解申请、当事人自行和解或拒绝调解而终结调解。在调解过程中,如果申请人撤回调解申请、当事人自行和解不需要劳动争议调解委员会调解,或者当事人不愿继续调解,调解程序应予以终结。

（五）调解协议的效力

《劳动法》第80条第2款规定,劳动争议经调解达成协议的,当事人应当履行。也就是说,法律并没有明确规定调解协议的生效时间和所产生的法律后果。学者一般认为,劳动争议调解委员会只是负责单位内部劳动争议调解的群众性组织,劳动争议调解委员会调解协议是双方当事人经协商,按照自愿原则达成的,双方应自觉履行。当一方当事人不履行调解协议,调解委员会不得强制其履行,另一方当事人也不能以此调解协议向人民法院申请强制执行。虽然调解协议不具有法律效力,但对双方当事人仍具有约束力,当事人应自觉履行,任何一方不得随意变更或撤销。调解委员有权对协议的执行情况进行定期的检查和回访,发现当事人不履行协议的情况应及时做当事人的思想工作,督促他们认真履行调解协议。对当事人不履行调解协议的,调解委员会应认真分析原因。如果属于调解协议确实存在问题的,应及时征求当事人双方的意见,愿意继续调解的,调解委员会应撤销调解协议,重新进行调解;不愿意

调解的,应告知当事人向当地劳动争议仲裁委员会申请仲裁。如果调解协议没有问题,当事人对达成的调解协议反悔而拒不履行的,调解委员会不得强迫当事人履行,应告知对方当事人及时向劳动争议仲裁委员会申请仲裁。

为强化调解解决劳动争议作用,《劳动争议调仲法》第 16 条规定,因支付拖欠劳动报酬、工伤医疗费、经济补偿或者赔偿金事项达成调解协议,用人单位在协议约定期内不履行的,劳动者可以持调解协议书依法向人民法院申请支付令。

第四节　劳动争议仲裁委员会调解

一、劳动争议仲裁委员会调解的概念和特点

劳动争议的仲裁调解,是指在劳动仲裁员的主持下,争议双方当事人通过自愿协商,互谅互让达成一致协议,从而解决劳动争议的活动。劳动争议仲裁调解既包括当事人双方在仲裁员主持下进行平等协商的活动,也包括当事人双方经过协商达成协议的活动。在劳动争议仲裁过程中,以调解的方式解决劳动争议对于尽快协调劳动关系,维护社会稳定,保障当事人合法权益具有积极意义。《劳动法》、《劳动争议调仲法》以及《办案规则》等一系列法律法规和规章都对劳动争议仲裁调解作了规定。

劳动争议仲裁委员会调解的特点在于:

1.劳动争议仲裁委员会调解是在劳动争议仲裁委员会主持下进行的。

2.劳动争议仲裁委员会调解是劳动争议仲裁委员会仲裁裁决前的必经程序。

3.劳动争议仲裁调解书与劳动争议仲裁委员会作出的裁决书具有同等效力。

二、劳动争议仲裁委员会调解的性质

劳动争议仲裁委员会调解的性质,是指劳动争议仲裁委员会所进行的调解活动区别于劳动争议调解委员会调解的根本属性。劳动争议仲裁委员会调解的性质决定了劳动争议仲裁调解适用的程序内容、调解协议的效力等内容。关于劳动争议仲裁委员会调解的性质,我们应当根据劳动争议仲裁委员会的性质加以确定。从《劳动法》、《劳动争议调仲法》、《组织规则》以及《办案规则》

这些法律、法规及规章看,劳动争议仲裁委员会既不是国家行政机关和司法机关,也不是群众性自治组织,而是一个专门处理劳动争议的具有准司法性质的国家仲裁机构。

首先,劳动争议仲裁委员会是国家授权,依照有关法律规定,由各级人民政府确定设立的。

其次,仲裁委员会依行政区划设立,办事机构设在劳动行政主管部门,仲裁委员会主任由劳动行政主管部门代表担任,其具有行政性。

再次,就仲裁委员会的组成人员看,劳动争议仲裁委员会由劳动行政主管部门的代表、工会的代表和政府指定的经济综合管理部门的代表三方组成。工会代表的参加只是表明仲裁委员会具有群众性、社会性,不能改变仲裁委员会的本质属性。

最后,就仲裁程序的非选择性及仲裁裁决的可强制执行而言,仲裁具有国家强制性,仲裁委员会为国家仲裁机构。因此,劳动争议仲裁委员会是国家授权依法成立的,并以国家强制力保证其生效裁决实施的,处理劳动争议的准司法性的国家仲裁机构。劳动争议仲裁委员会调解是具有准司法性质的国家机构解决劳动争议的一种方式。

三、劳动争议仲裁委员会调解的基本原则

仲裁调解的基本原则,是指劳动争议仲裁委员会在调解劳动争议案件时,应当遵循的指导性准则。

《劳动争议调仲法》第 3 条规定,解决劳动争议,应当根据事实,遵循合法、公正、及时、着重调解的原则,依法保护当事人的合法权益。第 42 条第 1 款规定,仲裁庭在作出裁决前,应当先行调解。《办案规则》第 68 条规定,仲裁委员会处理争议案件,应当坚持调解优先,引导当事人通过协商、调解方式解决争议,给予必要的法律释明以及风险提示。也就是说,劳动仲裁委员会进行调解必须依据下列原则:

(一)先行调解原则

先行调解原则是指在仲裁庭审理劳动争议案件时,应当首先进行调解,调解不成的,再进行仲裁裁决。可以说,调解是仲裁裁决劳动争议的前置或必经阶段。劳动争议仲裁是强制性仲裁,只要一方当事人提出申请并符合条件,仲裁委员会就应当受理并按照法律、法规规定裁决案件。劳动争议仲裁与当事人自愿是相悖的。而调解为当事人解决纠纷营造了良好环境,双方当事人可以在自愿基础上,互谅互让,化解矛盾。因此确立先行调解原则,要求劳动争

议仲裁机构优先适用调解方式,这不仅和劳动争议特点相符,而且有利于劳动争议的及时解决,有利于促进劳动关系的和谐稳定。

（二）双方当事人自愿原则

当事人自愿原则,是指调解协议的达成是双方当事人的真实意思表示,调解协议的内容是当事人自愿协商的结果。尽管劳动争议仲裁委员会调解程序的开始不是基于当事人双方的自愿选择,但是仲裁调解仍然不能和调解的自愿性相违背。先行调解,只是要求劳动争议仲裁委员会在作出仲裁裁决前先对劳动争议采取民主方法,说服、劝导当事人进行平等协商。如果一方或双方当事人不同意调解,劳动争议仲裁委员会不能强迫或者变相强迫当事人进行调解,也不能"久劝不裁"。

（三）查明事实、分清是非的原则

查明事实、分清是非的原则,是指劳动争议仲裁委员会调解必须在查明事实、分清是非的基础上进行。这是劳动争议仲裁存在和发展的基础。劳动争议仲裁调解的开始可能不是双方当事人选择的,但是双方当事人之所以愿意调解下去,愿意达成调解协议,是他们相信劳动争议仲裁委员会主持下的调解,可以公正地解决他们之间的劳动争议。因此,劳动争议仲裁委员会调解并不是无原则的和稀泥,而是要在当事人清楚案件事实,明确谁对谁错的基础上进行。只有这样,才能有针对性地对当事人进行说服教育,促使双方互谅互让达成一致。

（四）调解协议的内容不违反法律、法规的原则

虽然达成调解协议是双方当事人自愿协商的结果,调解协议的内容可能是一方当事人作出让步,但劳动争议仲裁委员会的调解是一种法律行为,因此调解协议的内容不能违反法律、法规的强制性规定。

四、劳动争议仲裁委员会调解的程序

虽然《办案规则》对调解程序作出专章规定,但是仲裁调解的程序内容并不具体。根据《办案规则》和劳动争议仲裁调解的实践,仲裁调解的程序一般包括:

（一）仲裁调解开始

劳动争议仲裁委员会受理后,对于事实清楚、情节简单的劳动争议案件,指定一名仲裁员仲裁案件;而对于其他劳动争议,应当组成仲裁庭仲裁案件。仲裁庭或仲裁员首先查明事实,分清当事人之间的是非曲直,然后询问双方当事人是否愿意接受调解。如果一方愿意,另一方不同意则不能强行调解。根

据《办案规则》第 69 条的规定,对未经调解、当事人直接申请仲裁的争议,仲裁委员会可以向当事人发出调解建议书,引导其到调解组织进行调解。当事人同意先行调解的,应当暂缓受理;当事人不同意先行调解的,应当依法受理。对于双方当事人都同意调解的,仲裁庭或仲裁员应做好下列准备工作:

1.进一步查明案件事实,摸准争议焦点,分析和研究当事人的心理状况。根据调查、分析和研究的情况,拟定调解预案。

2.根据案件需要和方便当事人的原则,选择调解地、确定调解时间。调解地点,可在劳动争议仲裁委员会所在地,也可以在当事人单位。

3.将调解时间、地点通知当事人及有关组织和个人。这里的有关组织和个人,一般包括企业主管部门,企业劳资部门、工会组织,以及当事人的亲友,以便让他们协助进行调解。

(二)调解的进行

根据《办案规则》第 70 条的规定,开庭之前,经双方当事人同意,仲裁庭可以委托调解组织或者其他具有调解能力的组织、个人进行调解。自当事人同意之日起十日内未达成调解协议的,应当开庭审理。第 71 条规定,仲裁庭审理争议案件时,应当进行调解。必要时可以邀请有关单位、组织或者个人参与调解。也可由仲裁庭主持。仲裁员可以采用询问、出示证据材料等方法帮助当事人分析劳动争议的案件事实,然后向当事人宣讲国家的劳动法律、法规和政策,在查明事实和分清责任的基础上对双方当事人进行说服教育工作,促使当事人自愿达成一致。当事人可以提出调解方案,相互进行辩论,仲裁员也可以提出调解意见供双方当事人参考。对职工一方人数在 30 人以上的集体劳动争议,仲裁庭可以促使职工代表与企业代表召开协商会议。

(三)调解结束

调解结束包括两种情形:一是调解未达成协议,或虽然达成协议,但调解书送达前一方反悔的,均意味着调解结束,仲裁委员会应当及时以裁决的方式结案;二是当事人经过民主协商,自愿达成调解协议。仲裁庭或仲裁员应当根据协议的内容制作调解书,调解书应当写明仲裁请求和当事人协议的结果。调解书由双方当事人签字、仲裁员署名、加盖仲裁委员会印章并送达当事人。

(四)调解书的效力

调解书的效力,是指在劳动争议仲裁委员会主持下,双方当事人经过平等协商,达成的解决劳动争议的书面协议什么时间生效以及产生哪些法律后果。《劳动争议调仲法》第 42 条第 2 款、第 3 款规定,调解达成协议的,仲裁庭应当制作调解书。调解书应当写明仲裁请求和当事人协议的结果。调解书由

仲裁员签名,加盖劳动争议仲裁委员会印章,送达双方当事人。调解书经双方当事人签收后,发生法律效力。调解不成或者调解书送达前,一方当事人反悔的,仲裁庭应当及时作出裁决。第51条规定,当事人对发生法律效力的调解书、裁决书,应当依照规定的期限履行。一方当事人逾期不履行的,另一方当事人可以依照民事诉讼法的有关规定向人民法院申请执行。受理申请的人民法院应当依法执行。调解书的法律效力体现在下列几方面:

1.调解书经双方当事人签收后产生法律效力。当事人签收后不得反悔。

2.调解书生效后,仲裁程序即告结束,仲裁机构便不得再对该案进行审理。

3.调解书生效后,当事人应当自觉履行协议内容。如果一方当事人不履行的,另一方当事人有权申请法院执行。当然如果调解不成或者在调解书送达前一方当事人反悔的,仲裁庭应当及时做出裁决。

第十五章 商会调解

第一节 商会调解概述

随着我国发展社会主义市场经济,政府对市场竞争的行政性干预和垄断也将减少到最低限度,政府不再具备对企业运行和发展进行直接调控和干预的微观通道,政府与企业之间关系出现断层,完善商会制度,重构政府、商会(或者行业协会)与企业的关系从而建立市场经济条件下新型的治理秩序成为必要。商会是指商人依法组建的,以维护会员合法权益、促进工商业繁荣为宗旨的社会团体法人。我国商会分为国内商会和国际商会。国内商会主要指工商联和商会。国际商会,即中国国际贸易委员会/国际商会。商会的职能包括:为会员服务、维护本会会员的合法权益,对会员行为进行自律、监督;与政府沟通,影响政府产业政策、参与立法;协调会员的内、外部关系,调解商事争议。由于国内商会的特殊性,[①]其调解职能是通过行业协会进行的,因此我们放在行业调解部分。本章主要阐述不完全局限于国际商会调解制度,是指狭义商事调解,即专门调解传统商事纠纷的民间商事调解机制。[②]

一、商会调解的概念、特征

商会调解,是指双方当事人发生纠纷后,自愿将争议提交商会,商会以中立的第三人身份主持进行协调,双方当事人化解矛盾,达成解决争议协议的方式。

---

① 我国国内商会,即工商联和商会是一套机构,两块牌子。工商联是 20 世纪 50 年代初成立的,按照公民政治身份组织起来的参加人民政治协商会议的群众团体。它在政治上具有统战功能;行政上相当于政府机构;组织上,负责人由中共直接任命;经济上,是政府管理非公有制经济的助手。因此工商联作为政治性的人民团体组织,与商会这种非政府性组织是有区别的。

② 范愉:《商事调解的过去、现在和未来》,《商事仲裁与调解》2020 年第 1 期。

商会调解的主要特点表现在以下几个方面：

（一）调解主体的专门性和专业性

与法院调解、仲裁调解不同,商会调解是在商会中专门调解机构主持下进行的,如中国国际商会调解中心以及地方商会调解中心。该中心备有专业的调解员名册,提供选择的调解员具备解决纠纷所需的专业知识或经验,并具有进行规范调解所需的技能。

（二）调解案件范围的广泛性

商会调解的案件都是商事纠纷,但与其他调解解决民商事纠纷有所不同。商会调解的商事争议主体几乎包括各行各业的工商企业,不仅有国内的当事人,还有各国的当事人;客体虽然主要是商事、海事和经济领域里的纠纷,但是绝不限于上述范围,只要不为法律限制,凡是当事人约定由商会调解中心调解的纠纷,调解中心都可以受理。在调解中对当事人彼此之间存在的其他争议和纠纷,经当事人同意,也可以一并协调解决。

（三）调解法律依据的独立性和广泛性

虽然商会调解的目的是为当事人创造一个由各方自行协商解决纠纷的机会,但是商会仍然实行调解的规范化与因案制宜的灵活性有机结合。从调解程序规则看,商会调解形成了自己独立完整的《中国国际商会调解中心调解规则》(以下简称《调解规则》)。《调解规则》比较详细地规定了有关商事调解的操作程序和调解方式等,这使得商会调解更专业、更规范。从调解依据的实体规范看,由于商会调解的一些案件具有"涉外性",因此不仅要依据中国的法律,而且常常还会涉及国际公约、国际惯例和其他国家和地区的法律。

（四）调解程序的灵活性和调解方式的多样性

虽然商会调解有《调解规则》,但《调解规则》不是一个强制性规范,而是一个任意性和推荐性规范。因此当双方当事人同意或要求时,商会调解组织可以根据个案的具体情况确定和实施与《调解规则》不完全相同的调解程序和调解方式。例如调解员进行调解时,可以用面对面、背对背、网络调解、举行专题的咨询会议、邀请有关专家介入调解以及和其他国家调解机构联合调解等方式。

（五）调解过程和调解结果的保密性

商会调解的纠纷所涉及的内容都是商事法律关系,保守商业秘密是国际通行的惯例。因此在商会调解案件中,一切与调解有关的程序只在当事人之间进行,即使举行有关的调解会议,也仅限于当事人或代理人和调解员参加,调解所达成的和解协议不提交其他机构保存,也不对任何第三人公开。同时,按照《调解规则》的规定,调解中心和调解员对调解案件涉及的有关内容也负有严格的保密义务。

(六)商会调解可以与仲裁程序并列,可以转化为仲裁调解

由于商会调解是民间调解,因此商会调解不能限制和剥夺当事人的诉讼权利和仲裁权利。商会调解不是诉讼和仲裁法定的必经程序,在调解之前、调解之中以及达不成调解协议时或者达成和解协议但不履行时,当事人都可以自行决定和选择,将其争议向法院起诉或者向仲裁机构申请仲裁。根据《中国国际经济贸易仲裁规则》第 47 条第 10 款规定,当事人在仲裁程序开始之前自行达成或经调解达成和解协议的,可以依据由仲裁委员会仲裁的仲裁协议及其和解协议,请求仲裁委员会组成仲裁庭,按照和解协议的内容作出仲裁裁决。除非当事人另有约定,仲裁委员会主任指定一名独任仲裁员成立仲裁庭,由仲裁庭按照其认为适当的程序进行审理并作出裁决。具体程序和期限,不受本规则其他条款关于程序和期限的限制。

二、商会调解制度的历史发展

由商会调解商事纠纷,已成为国际上商事纠纷处理的一种通常做法,早在 1975 年 6 月 1 日生效的《国际商会调解与仲裁规则》首次规定,任何国际性的商业争议,均得申请由商会设立的调解管理委员会调解解决。联合国国际贸易法委员会在 1980 年制定了《调解规则》,并推荐各国使用。中国国际经济贸易促进委员会成立于 1952 年,从 20 世纪 60 年代开始,附设在中国国际经济贸易促进委员会的国际贸易仲裁委员会在仲裁实践中适用调解方式解决商事争议。为了顺应我国的改革开放,妥善处理国际经济贸易纠纷,营造良好的法治环境,1987 年,中国国际经济贸易促进委员会/中国国际商会在北京设立了第一家专门的调解机构——调解中心(原名中国国际贸易促进委员会/中国国际商会北京调解中心。自 2000 年起,启用中国国际商会调解中心),开始提供专业的调解服务。随着完善社会主义市场经济的需要和调解业务的发展,中国国际贸易促进委员会/中国国际商会自 1992 年起陆续在全国各省、市、自治区及一些主要城市成立了分会调解中心,到目前为止已达 52 个,在我国形成了一个专业调解网络,各调解中心使用统一的调解规则,在业务上受总会调解中心的指导。中国国际商会调解中心的专业服务为中外当事人用调解的方式解决纠纷提供了极大的便利。我国加入 WTO 后,中外贸易摩擦不断,为了更好地解决这些争议,发挥中国国际商会调解中心专业性特点,中国国际商会调解中心又设立一些调解中心专业委员会。例如 2006 年 2 月 10 日组建的中国

国际商会调解中心纺织专业委员会等。除了国际商会设立的商事调解组织外,国内各主要仲裁机构也都设立调解中心。为服务"一带一路"和自贸区建设,2018 年 11 月,最高人民法院将中国贸促会调解中心和上海经贸商事调解中心作为首批纳入"一站式"国际商事纠纷多元化解决机制的调解机构。对于诉至国际商事法庭的国际商事纠纷案件,当事人可以协议选择纳入机制的调解机构调解,达成调解协议的,国际商事法庭可以按照法律规定制作调解书,当事人要求发判决书的,可以根据协议内容制作判决书送达当事人。2019 年 2 月,中共中央、国务院印发《粤港澳大湾区发展规划纲要》,5 月 16 日,内地、港、澳相关机构签署合作备忘录,提出加强三地调解机构交流合作,对接三地调解模式,将联合调解机构打造成为粤港澳大湾区综合性国际商事调解平台。

为适应调解的国际发展形势和调解国际化的趋向,同时,积极宣传推广中国的调解走向世界,中国国际商会调解中心积极与其他国家签订调解合作协议,建立了双边国际合作,联合调解的关系。调解中心自成立至今,已与德国汉堡建立北京—汉堡调解中心、纽约调解中心、阿根廷—中国调解中心,另外与英国伦敦国际仲裁院、我国香港地区和解中心以及日本、韩国商会和蒙古仲裁协会洽商签订了调解合作协议。2004 年初调解中心又与美国公共资源中心共同组建了中美联合商事调解中心。

商会调解的作用和价值已经得到国际社会普遍认可,但从全世界范围看,商事调解的制度化仍处于起步阶段。[①] 为了更好解决国际商事调解达成的和解协议跨境执行问题,2019 年 8 月 7 日,我国签署《联合国关于调解所产生的国际和解协议公约》(以下简称《新加坡公约》)。《新加坡公约》由序言和正文组成,正文共 16 条。主要内容如下:(1)适用范围:《新加坡公约》第 1 条规定,《新加坡公约》适用于调解所产生的、当事人为解决商事争议而以书面形式订立的国际性和解协议,不适用在消费者保护、家事、继承、就业等领域达成的和解协议,以及可作为仲裁裁决执行的协议。(2)和解协议执行的一般原则:《新加坡公约》第 3 条规定,缔约国应按照本国程序规则并根据《新加坡公约》规定的条件执行和解协议。(3)和解协议寻求救济的要求:《新加坡公约》第 4 条规定,当事人依据《新加坡公约》寻求救济,应当提供当事人签署的和解协议,以及和解协议产生于调解的证据。(4)拒绝准予救济的理由:《新加坡公约》第 5 条规定,两类主管机关可据以拒绝准予救济的事由。第一类须由抗辩一方当事人提出并进行证明,主要包括当事人无行为能力、和解协议无效、失效或无

---

① 范愉:《商事调解的过去、现在和未来》,《商事仲裁与调解》2020 年第 1 期。

法履行,和解协议不具有约束力、非终局、被修改,和解协议义务已履行或不清楚、无法理解,准予救济有悖和解协议条款、以及调解员严重违反规则或未履行披露义务等。第二类可由主管机关依职权主动使用,包括违反公共政策,以及争议事项不具有可调解性。(5)保留条款:《新加坡公约》明确,除其规定的两项缔约国可声明保留外,不允许缔约国做出其他保留。第一项是商事保留,即缔约国可声明,对于其为一方当事人,或任何政府机构或其代表为一方当事人的和解协议,不适用《新加坡公约》;第二项是选择适用保留,即缔约国可声明,只有在当事人明示同意适用《新加坡公约》的情况下才能适用《新加坡公约》。①目前,我国尚未批准《新加坡公约》,如何解决公约与国内法的衔接是学者关注的热点。但是《新加坡公约》给全世界带来商事调解发展的重要契机,也必然推动我国商会调解的制度化进程。

三、商会调解的范围

商会调解的范围,是指商会调解机构可以受理哪些纠纷,不能受理哪些纠纷,或者说当事人可以将哪些争议交给商会进行调解。《调解规则》第 2 条规定:平等主体的自然人、法人和非法人组织之间发生的民商事争议,均可提交中国国际经济贸易仲裁委员会调解中心(以下简称中心)调解。

由此可见,我国商会调解的案件包括下列条件:

1. 争议当事人可以是中国籍的,也可以是外国国籍的,或者是无国籍的;可以是组织,也可以是自然人。

2. 中国国际商会调解中心受理的商事纠纷案件具体包括如下几个方面:(1)在国内外购买、销售商品的合同,或者委托买卖合同中所发生的纠纷;(2)国际、国内贸易商品的运输、保险、保管、发送中所发生的纠纷;(3)中外合资、合作经营企业中发生的纠纷;(4)外国来华投资建厂中发生的纠纷;(5)中外银行相互信贷中发生的纠纷;(6)专利、技术秘密、商标贸易业务中所发生的纠纷;(7)其他经贸纠纷。

3. 中国国际商会调解中心受理的海事纠纷案件具体包括下列几个方面:(1)海上船舶相互协助。海上船舶和内海船舶相互求助的报酬纠纷。(2)海上船舶碰撞。海上船舶和内河船舶碰撞或者海上船舶损坏港口建筑物或者设备所发生的纠纷。(3)海上船舶租赁业务。海上船舶代理业务和根据运输合同、

---

① 孙巍编著:《联合国馆与调解所产生的国际和解协议公约立法背景及条文释义》,法律出版社 2018 年版。

提单或者其他运输文件而办理 的海上运输业务以及海上保险所发生的纠纷。(4)海上船舶拖航、打捞、买卖、修理、建造业务所发生的纠纷。(5)海洋环境污染损害的纠纷。(6)当事人要求调解的其他海事纠纷。

《调解规则》没有明确规定中国国际商会调解中心不能调解的案件范围,但是考虑到中国国际商会是商人自治性组织以及我国现行其他相关法律规定情况,因此根据《中华人民共和国仲裁法》第 3 条、第 77 条的规定,下列纠纷,中国国际商会调解中心不能调解:

(1)婚姻、收养、监护、抚养、继承等涉及人身关系的纠纷;

(2)依法应当由行政机关处理的行政争议;

(3)劳动争议;

(4)农村经济组织内部的农业承包合同纠纷。

由于本章仅限狭义商事调解,因此商会调解的案件范围仅限于传统商事纠纷,不包括劳动争议、消费争议、家事争议以及普通民事争议等。

第二节　商会调解的原则

一、当事人意思自治原则

众所周知,"自愿性"是调解制度的本质和基础。商会调解也不例外。《调解规则》第 4 条规定:"调解必须遵循当事人自愿原则。"就是说,当事人之间发生的争议是否提交国际商会调解中心进行调解以及在调解过程中实施的各种活动,都是当事人的真实意愿,任何机构、组织和个人不得干涉。《调解规则》对当事人意思自治原则进行了详细规定。

(一)调解程序的启动取决于当事人之间的合意

当事人是否选择调解作为解决纠纷的方式。由当事人自行决定,调解中心无权强行要求纠纷各方进行调解。《调解规则》规定,如果当事人选择调解作为解决纠纷的方式,可以在纠纷发生之前或发生之后,以书面形式达成将纠纷提交调解中心进行调解解决的协议,任何一方可以依据调解协议向调解中心申请启动调解程序;如果当事人之间并没有调解协议的,任何一方当事人可以在纠纷发生后,向调解中心提出调解的申请,调解中心在收到有关申请后,经征得他方当事人同意后可以启动调解程序。

（二）当事人可以约定调解适用的程序规则

根据《调解规则》第 3 条的规定,各方当事人同意将争议提交中心调解的,视为同意适用本规则进行调解。各方当事人同意适用本规则进行调解的,视为同意由中心管理本规则项下的调解程序。

各方当事人另有约定且中心同意的,从其约定。

（三）当事人可以自己选择调解员

在调解案件中,当事人通常是从调解中心推荐的调解员名册中指定调解员。但是,双方当事人也可以约定选择调解员之外的、为他们所信赖的社会其他人士担任本案的调解员。

（四）调解的进程以当事人自愿为基础

在调解过程中,当事人可以根据自己的意愿,自行决定调解程序的全部进程,任何一方当事人在任何阶段,都可以根据自己的意愿和需要确定是否继续进行调解、中止或暂缓调解或者终止调解。

（五）和解协议的达成、和解协议的形式以及和解协议的履行是当事人意思自治的结果

在调解员调解下,当事人出于自身的利益考虑,可以自愿与对方当事人达成和解,作出让步、妥协,调解中心和调解员应当充分尊重当事人的这种意思自治,不能强制或压制当事人进行违心的和解。不仅和解协议的内容取决于当事人的合意,和解协议的形式也完全由当事人来决定,既可以采取由当事人签署"和解协议"或签订"补充协议"或"补充合同"的形式,也可以采取由调解中心出具"调解书"的形式;还可以采用由公证机构出具"公证书"、通过仲裁机构出具"裁决书"的方式,甚至还可以通过向法院提起确认之诉请法院出具"民事调解书"。由于和解协议以及调解中心制作的调解书没有强制执行力,因此只能由当事人自愿履行。

（六）当事人可以约定调解的方式、调解的地点等程序内容

例如,调解员可以根据具体案情,在征得当事人同意的情况下,聘请有关专家就技术性问题提供咨询建议或鉴定意见。调解一般在调解中心所在地进行,但当事人约定,经调解中心同意的,也可以在其他地点进行调解。

二、独立公正原则

独立原则,是指调解机构的设置、调解机构之间以及调解员在调解案件过程中都具有独立性;公正原则,是指调解员应当秉持中立的立场进行调解。我国商会调解机构虽然附设于中国国际商会（包括地方国际商会）,但它是一个

独立的调解组织,因为国际商会本身是工商企业自发成立的一种具有自治性质的组织,不依附于政府或者其他机构,因此国际商会的调解机构本身与政府以及其他机构也没有任何隶属关系。调解中心是由国际商会设立的,国际商会对调解机构可以进行宏观调控,但它们都是独立存在的,没有上下级关系。在调解案件过程中,调解员一方面应当独立调解,不受任何政府部门、有关单位及个人的影响和干预;另一方面应当为人正派、不偏不倚、办事公道。

三、根据合同、依据法律、参照国际惯例、客观和公平合理原则

商会调解是以维护当事人意思自治为工作出发点和落脚点,因此在调解争议时,充分尊重双方当事人的意思表示,尊重合同的规定。商会调解是规范化调解,依据法律进行调解活动。商会调解的案件是多样的,有国内案件、国际案件等,因此调解案件适用的法律可能是中国法律,外国法律。如果法律没有规定,调解员还可以根据国际惯例和公平合理原则来调解争议。

四、互谅互让、友好协商原则

商会调解中心是专业调解机构,它的工作就是为无法自行处理发生在某一特定领域的经济或民事纠纷的纷争各方提供一个缓解矛盾的环节和场所,为当事人创造一个由各方自行协商解决纠纷的机会。因此,一方面要求调解员对当事人真诚、耐心,另一方面要求调解员有专业知识,掌握调解所需的经验和技巧,善于抓住机会促使双方当事人在分歧问题上进行沟通,营造友好氛围,从而有效地调处纠纷。

五、保守商业秘密原则

调解不公开是世界各个商会调解的惯例。由于商会调解的是商事案件,大多涉及当事人的商业信誉和商业秘密。因此,为了维护当事人的商业利益,商会调解中都遵循调解不公开原则。这个原则包含三方面内容:一是调解的整个过程不得公开。调解员和当事人以及当事人的代理人,证人,调解员聘请的专家和经办案件的秘书人员等一切案件参与者都不得向外界透露该案的程序进展情况和实体上争议的内容;二是除非为执行或履行目的,和解协议或调解书不得公开;三是一旦调解失败,当事人不得在其后的仲裁程序、诉讼程序或者其他程序中,引用调解员和各方当事人在调解过程中提出过的、建议过的、承认过的和表示愿意接受的任何意见和建议,作为其申诉或答辩的依据。

第三节　我国的商会调解机构与调解员

一、我国的商会调解机构

调解是我国由来已久的解决争议的重要方式,为了满足人们使用调解方式妥善地解决国际经济、贸易、运输的争议,促进国际经济交往的发展,中国国际商会特别设立中国国际商会北京调解中心。后来,陆续在全国大中城市商会分会中设立了50多个地方调解中心。另外为服务于自贸区和"一带一路"建设,我国商会调解还有自贸区商事调解中心、一带一路服务机制调解中心等商会调解组织。

调解中心的内部机构包括:

1. 主席会议。它是调解中心的领导机构和决策机构。由主席一人,副主席若干人,顾问若干人组成。

2. 办事机构。调解中心设秘书处和国际业务处等办事机构,在秘书长的领导下,负责中心的行政管理工作和日常事务以及国际交流与合作。

二、中国国际商会调解员

(一)中国国际商会调解员的概念

一般来说,调解员是指调解机构聘请的居中调和争议的具有法律或者其他专业知识、实际经验的人员。我们认为,就我国而言,中国国际商会调解员有广义和狭义之分。广义调解员,就是被中国国际商会聘请,编入名册的或者是当事人临时聘请的具有法律或者其他专业知识、实际经验的人员。狭义调解员,是指由当事人选择,对具体争议进行协调的人。需要注意的事,当事人一般应当从调解员名册中选择调解员,但是双方当事人也可以约定调解员名册外人员担任调解员。

(二)中国国际商会调解员的资格

调解员是当事人提交解决争议案件的主持者和协调者,因此为保证调解员能够客观、公正、公平合理地解决纠纷,就需要明确确定调解员的任职资格。

《调解规则》没有具体规定调解员的任职条件,只是规定,调解员由中国国际商会调解机构聘请在贸易、投资、金融、证券、知识产权、技术转让、房地产、工程承包、运输、保险以及其他商事、海事方面及/或法律方面具有专门知识

及/或实际经验的公道正派的人士担任。中国国际商会调解中心一般是参照《仲裁法》对仲裁员的要求聘请调解员。

1.必须是成年公民。商会调解是解决商事争议的一种方式,因此作为中国国际商会调解员应当是成年公民,具有完全的行为能力,具有独立分析解决问题的能力。

2.商会调解员可以是外籍人士。中国国际商会调解的案件既包括国内案件也包括涉外案件,因此为便利中外人士沟通,及时调解解决争议,中国国际商会调解中心可以聘请外国人为调解员。

3.中国国际商会商事调解员一方面能够自觉遵守调解规则以及一些国家的法律法规,敢于坚持原则,能秉公办事,平等对待双方当事人;另一方面热心调解工作,愿意真诚、主动、积极为当事人提供服务。

4.商会调解工作是一项专业要求较高的工作,调解员光有热心和信心是不够的。他还应当具备一定的法律知识和政策水平。从《仲裁法》第13条第2款规定看,专业上,调解员应当是从事过仲裁、律师、法官、法律研究和教学工作以及具有法律知识、从事经济贸易工作的人员。专业经历上,从事仲裁、律师、曾任法官的要有"满8年"的工作经历;从事法律研究、教学工作的要有高级职称或有同等专业水平;从事经济贸易工作的要有一定的法律知识,并具有高级职称或有同等专业水平。

(三)中国国际商会调解员的权利义务

中国国际商会调解员的权利义务,是指商事争议发生后,纠纷各方申请调解,调解员参与纠纷案件进行调解所享有的权利和承担的义务。与法官享有法定权力不同,调解员的权利是当事人授予的,是一种平等主体之间的民事权利,是当事人自治权利的延伸。当事人直接或间接选择出调解员后,调解员主要享有下列权利:

1.调查取证,全面了解案件事实的权利

调解员一旦接受案件,即全权代表调解机构参与案件的调解工作。商会调解专业性、规范性强,调解员进行调解不是"和稀泥",他应当在查明事实、分清是非的基础上有针对性地进行调解。因此,调解员有权采取一些调查手段,例如向当事人询问、咨询或者请求有关专家就专门性问题提出意见等,从而能够全面了解案件事实,及时、有效地调解案件。

2.决定使用最有利于当事人争议解决调解方式的权利

调解方式,是调解员调解案件时使用的方法。不同的案件,应当有不同的调解方法。合理的调解方法不仅能给当事人营造良好的调解氛围,更能促使当事人尽快达成和解协议。为此,《调解规则》第 17 条规定:"除非当事人另有约定,调解员可以按其认为适当的方式进行调解,包括但不限于:(一)单独或者同时会见当事人及其代理人进行调解,经征询当事人意见,如必要,调解员可以决定在代理人不在场的情况下会见当事人进行调解;(二)要求当事人提交或补充书面材料和相关意见;(三)要求当事人提出书面或者口头的解决争议的方案;(四)听取证人证言;(五)征询双方当事人意见后,进行实地考察,或者聘请专家就专业性、技术性问题提供咨询或者聘请鉴定人提供鉴定意见;(六)提出解决争议的建议和意见。"

3.提出和解方案的权利

虽然双方当事人是矛盾对立的,但调解员不代表任何一方当事人利益,他应当从双方的最大共同利益出发,在调解纠纷过程中积极主动地调和。和解方案一般是当事人双方或一方提出的,但是在当事人没有提出时,调解员也可以适时提出解决纠纷的方案,供双方当事人讨论、参考。

4.决定调解费用的权利

调解费用,是当事人进行调解需要支付的费用,是调解程序正常进行的保证。调解机构一般都明确规定了调解费用的数额,至于调解费用负担比例往往由当事人双方自己约定。但是当当事人双方没有约定时,调解员可以根据案件情况和调节结果确定双方当事人承担调解费用的比例。

与调解员权利相对应的是调解员的义务。调解员的义务主要有公正合理调解义务、及时调解义务、保守秘密义务等等。

(四)中国国际商会调解员的行为规范

中国国际商会调解员执业规范,即职业道德规范,根据有关法律和《调解规则》、《中国国际商会调解员守则》(以下简称《仲裁员守则》)的规定,中国国际商会商事调解员的执业规范主要有以下一些方面:

1.独立公正地调解案件

根据《调解规则》第 5 条的规定,调解员应公正调解。调解员应保持独立、中立,不代表任何一方当事人,平等对待双方当事人。调解员应密切合作,积极履行调解职责,不得有任何疏忽或懈怠。调解员应积极协助当事人之间的沟通和协商,促使当事人达成和解。

这是调解员必须遵守的一个最基本的行为规范。调解员在仲裁案件时,不代表任何一方当事人的利益,不受外来因素的影响,充分尊重当事人双方意思自治。调解员应当依照法律和合同规定,参照国际惯例,并遵循公平合理的原则,独立公正地进行调解。调解案件时,调解员不得出现任何倾向性,要注

意提问和表达意见的方式,避免对关键问题过早作出结论。避免使用刺激性语言,避免出现与当事人争执或对峙的局面,应当给当事人充分陈述意见的机会。

2.勤勉审慎履行职责

中国国际商会调解员多数是兼职的,又都是各部门、各行业的高级专门人才,理所当然地应当很好地完成自己的本职工作,所以他们应当谨慎地接受指定成为某一案件的调解员。一旦接受,就应调整和安排自己各项工作的计划和时间,以保证调解程序进行,不能随意地在一个案件的调解中提出辞职。确有特殊情况,应及时和秘书处联系,被更换下来的调解员应当积极向秘书处说明案件调解进展情况、当事人的情况。调解员应当认真仔细地审阅和研究案件的全部文件和材料,找出纠纷问题的焦点,抓住案件争议的关键性问题。在案件调解前,调解员应当事先商定调解进程方案;由一位调解员调解时,也应事先拟订调解进程方案。在调解过程中,调解员应当十分耐心地进行调解工作,从法律上和业务上向当事人客观地讲解案情,帮助当事人分析争议的要点和当事人各自的责任,引导当事人在互谅互让的基础上,逐步减少分歧,缩短距离,以期最后达成和解协议。

3.自觉披露可能有损独立公正调解的任何情况并回避

《调解规则》第14条规定了调解员的披露制度。《调解员守则》规定了回避制度。披露和回避是紧密联系的。根据上述有关规定,在接受当事人选定或调解中心指定时,调解员应保证履行调解员的职责,并披露可能影响其在该案件中担任调解员的独立性、公正性的情况。在当事人申请调解之前就案件实体问题向当事人提供过咨询意见的任何人,不得担任案件的调解员。当然,当调解员与本案当事人或代理人是近亲属关系,调解员与本案有利害关系或者调解员与本案当事人、代理人有其他关系,可能会影响公正调解的,调解员应当及时披露,并主动请求回避。当事人也有权提出回避申请。另外,《调解员守则》还规定,在调解案件结束后,调解员不能再作为任何一方代理人参与该纠纷的继续解决程序。就是说,调解失败后,在其后的仲裁程序或者诉讼程序中,调解员不得充当任何一方当事人的代理人。

4.确保当事人的商业秘密不被泄露

由于调解案件是商事案件,调解员应遵守调解程序不公开原则,严格为当事人保守秘密。对此,《调解员守则》规定,调解员应当严格保守秘密,不得对外透露任何有关案件实体和程序上的情况,包括案情、调解过程、调解商议、调解结果等情况。保密制度的确立,不仅避免了当事人的商业秘密因调解活动被泄漏的可能,而且防止调解给当事人造成更大损失。

第四节　中国国际商会调解的程序

中国国际商会调解程序,是指争议当事人在调解员主持下所进行的调解活动及其在调解活动中发生的调解中心与当事人之间关系的程序规则和行为规范。

中国国际贸易促进委员会/中国国际商会制定的《调解规则》对中国国际商会调解程序进行了详尽、具体的规定。

一、调解案件的申请和受理

商会调解程序是基于当事人申请和中国国际商会调解中心受理开始的。根据《调解规则》的规定,当事人申请的条件是:

1. 如果当事人之间在争议发生前或者发生后达成调解协议的,申请人应当提交调解协议。调解协议是指当事人在合同中订明的调解条款,或者以其他方式达成的同意以调解方式解决争议的协议。

2. 申请人向调解中心提交申请书。

根据《调解规则》第11条的规定,申请书的要求是:

(1)当事人提交材料需一式三份。当事人人数超过两人或调解员人数超过一人的,增加相应的份数。

(2)申请书应写明及/或提供:

①申请人和被申请人的名称(姓名)和地址〔如有邮政编码、电话、电报、传真、电子邮件(E-mail)等,应写明〕;②调解所依据的调解协议;③案情、证据材料和调解请求;④其他应当写明的事项。

3. 如果聘请代理人参与调解程序,应提交授权委托书。

4. 预交调解费。

受理,是指中国国际商会调解中心通过对争议当事人提出调解申请的材料的审查,认为符合《调解规则》规定的条件,而决定予以立案调解的行为。根据《调解规则》的规定,调解中心受理调解案件的依据主要有两种情况:一是依据当事人申请和调解协议受理;一是依据当事人一方申请调解,另一方确认同意受理,即当事人之间没有调解协议,一方当事人申请调解的,调解中心在征得对方当事人同意的情况下,也可受理。

中国国际商会调解中心受理案件后,应当及时将申请人申请的材料送达被申请人。

二、调解员的选定或指定

（一）调解员的选定

当事人可以约定调解员的人数及调解员的产生方式。未作约定的,则调解员为一名。

当事人可以从中心的调解员名册中共同选定调解员,也可以在名册之外共同选定调解员。当事人在名册外共同选定调解员的,该调解员应经中心确认。如果一方当事人申请调解,则当事人应在对方当事人确认参加调解程序之日起10日内,共同选定一名调解员并以书面形式通知中心,或者书面委托中心代为指定一名调解员;如果共同申请调解的,当事人应在收到调解通知之日起10日内,共同选定一名调解员并以书面形式通知中心,或者书面委托中心代为指定一名调解员。

（二）调解员的指定

调解员的指定,是指双方当事人不直接选择调解员,而由调解中心在调解员名册中确定。根据《调解规则》的规定,调解中心指定调解员适用于下列情况:

1.当事人委托调解中心指定

确定调解员是当事人意思自治的重要内容,当事人可以自己从调解员名册中选定,也可以双方当事人协议从调解员名册外选定调解员,还可以委托调解中心进行制定,从而确定调解员解决争议。

2.当事人未在规定期限内选定调解员

为了保证调解工作的顺利进行,《调解规则》明确规定了双方当事人选定调解员的时间。如果双方或者一方当事人没有在规定期限内选定调解员的,为了及时维护当事人的合法权益,调解中心可以代为指定调解员。

如果双方当事人事先约定调解员产生时间和方式,而双方未按照其约定的其他方式在约定的期限内选定调解员的,则由中心代为指定调解员。

任何一方当事人在收到调解员指定通知后10日内,对中心指定的调解员提出书面异议并附具理由的,中心可以另行指定一名调解员。

三、调解员调解前的准备

根据商会调解实践,调解员产生后,为保证调解的及时、顺利进行,一般都进行以下必要的准备工作：

1. 阅读双方当事人提交的书面材料,了解双方当事人争议的性质、各自的主张,寻找出当事人各方发生纠纷的焦点。

2. 经当事人同意,对需要鉴定的问题,交给专家进行鉴定或提出意见。

3. 询问当事人,要求当事人提供补充材料。

4. 草拟详细的调解方案。

四、实施调解

这个阶段是整个调解程序的关键阶段或中心环节,也是调解程序的实质步骤。这个阶段主要包括的内容是：

1. 调解员在对案情充分了解、掌握的基础上,通过一定的形式,例如召开调解会议,引导当事人依照法律、国际惯例和合同的规定分辨是非,分清责任,找出当事人之间争议的症结所在。

2. 调解员可以根据具体案件情况,采取灵活机动的调解方式,先易后难,由浅入深,引导双方当事人不断放弃分歧、统一看法。

3. 调解过程中,调解员应当自始至终贯彻当事人意思自治原则,通过疏导减轻或消除当事人的对立情绪,引导当事人尽量自己提出解决方案。如果在当事人不提出方案,或双方提出的方案差距较大,或当事人强烈要求调解员提出方案时,调解员可以提出建设性的方案让双方都能参考。

五、调解程序终止或结束

调解程序终止或结束,是指在调解过程中,当事人接受调解员的建议,达成和解协议或者当事人不能接受调解员的建议,导致调解不成而结束调解程序。根据《调解规则》和商会调解实践,调解程序终止或结束的情形包括：

1. 调解成功,双方当事人达成和解协议,并在和解协议上签名或盖章。

2. 调解成功,双方当事人达成和解协议,应当事人请求,调解员依据和解协议制作调解书并在上面签字加盖调解中心印章。

3. 调解员认为,经过调解后,双方当事人之间的认识分歧还是很大或者当事人解决争议的方案存在很大差距,双方当事人不可能缩短差距,继续调解下去没有实际意义。调解员可以书面宣布终止调解程序,告知当事人寻求其他途径解决纠纷。

4. 在调解过程中,当事人双方或任何一方向调解员书面声明终止调解程序者,自"调解中心"接到当事人的终止调解声明之日起,调解程序结束。

5. 其他情况引起调解程序结束。例如当事人为自然人突然死亡,当事人无继承人或继承人不愿意进行调解时;或当事人为法人或其他组织,被依法撤销、合并、破产,继后的法人或组织不愿进行调解的等。

第五节 调解方式

所谓商事调解方式,是指商事调解机构调解纠纷所采用的具体方式或形式。根据中国国际商会调解中心《调解规则》第 23 条规定,调节方式包括:

一、背靠背方式

所谓背靠背方式,是指在调解过程中,调解员对当事人分别进行调解工作。《调解规则》第 17 条规定,在调解程序开始后,调解员可以分别和一方当事人单独会面,单独进行调解。这种方式一般适用在当事人双方分歧较大或者当事人分别处在不同的国家或地区的情况。这种"私访"一方面避免在调解开始时加剧双方当事人对立情绪,另一方面可以节省时间,减少调解费用支出。但是,为了使双方当事人信息对称,更好地了解、沟通,调解员可以向对方当事人交流"私访"的情况。但是,当事人另有要求的除外。

二、面对面的方式

所谓面对面的方式,是指调解程序开始后,在一个确定的时间,双方当事人在调解员的主持下,会合在一起进行调解的方式。

这种方式和诉讼、仲裁中的开庭审理类似,但气氛更显温和、更民主。《调解规则》第 17 条规定,在调解程序中,调解员可以同时会见双方当事人、代理人进行面对面调解。这种调解方式有利于调解员全面了解当事人的请求、争议的焦点,但是需要调解员有驾驭全局的能力,有机敏的应对能力。

三、联合调解

联合调解,是指两个以上具有商事调解职能的机构共同运用调解的形式,以促成双方当事人之间和解的一种解决争议的方式。从商会调解实践看,联合调解包括狭义和广义两种,狭义的解释只限于商会商事调解机构之间的联合调解,广义的联合调解还包括商会商事调解机构与其他具有调解职能的机构之间对争议进行的联合调解。但是是否采用联合调解需要经双方当事人同意。

■ 四、专业化调解

专业化调解,是指中国国际商会调解中心与其他行业协会联手,共同对特定行业商事争议进行调解的方式。专业化调解是中国国际商会调解中心在联合调解基础上发展的一种新方式。例如 2004 年 3 月,中国国际商会调解中心、中国汽车工业协会和日本自动车工业会三方代表,在北京签署了以调解摩托车知识产权纠纷为目的的"委托调解协议书"。该协议书规定,中日摩托车企业发生的知识产权摩擦,将由中国国际商会调解中心进行调解。这是中国国际商会调解中心在专业化调解方面的有益尝试,使商会调解的优势与行业优势有机地结合起来,真正体现了两者的"优势互补"。

■ 五、在线调解

在线调解,也称为网上调解,是指当事人申请调解、调解中心受理案件、调解员选定或指定以及调解员的调解活动都是通过互联网进行的一种方式。

随着网络时代的到来及电子商务在世界范围内的迅速发展,国内、国际经济贸易借助电子商务进行。贸易基于互联网得以进行,那么互联网本身也就成为解决此类争议的适当媒介。国外一些先进国家已经开始进行网上调解,例如美国萨博塞特(Cybersettle)商务网络公司创建了一个完全自动化的解决金钱支付争议的在线争议解决机制。由于我国电子商务起步较晚,到目前为止,中国国际商会主要建立了网上仲裁机制,仲裁网上商事争议。①

---

① 中国国际经济贸易仲裁委员会于 2000 年底成立域名争议解决中心,接受中国互联网络信息中心等机构的委托,以"网上争议解决"的方式,解决中国互联网络域名恶意抢注等争议。2001 年,中国国际经济贸易仲裁委员会与香港国际仲裁中心合作成立了亚洲域名争议解决中心,接受美国互联网络名称和地址分配机构的委托,解决通用顶级域名争议。亚洲域名争议解决中心分别以北京秘书处、香港秘书处和首尔秘书处的名义对外受理案件。其中,北京秘书处即设立于中国国际经济贸易仲裁委员会域名争议解决中心。2005 年 7 月,中国国际经济贸易仲裁委员会域名争议解决中心启用"中国国际经济贸易仲裁委员会网上争议解决中心"名称。由此可以得知,中国国际经济贸易仲裁委员会网上仲裁的案件范围由域名争议扩大为所有网上争议案件,解决手段包括网上仲裁、网上调解等。

第十六章 网上调解

第一节 网上调解概述

一、网上调解的概念

网络世界具有无国界的虚拟属性,崇尚自由、平等、共享等价值理念。这些使得传统的争议解决模式在解决网络世界的纠纷和争议时面临诸多难题。而在线争议解决机制(Online Dispute Resolution,以下简称 ODR)可以在这方面大有作为。ODR 是指利用互联网进行全部或主要程序的各种争议解决方式的总称,主要包括网上仲裁(online arbitration)、网上调解(online mediation)和网上和解(online negotiation)等方式。

随着网络技术商业利用的深入,电子商务活动大量出现,产生的争议也大量增加,许多科研机构、专业人士、企业和政府部门都开始寻求与互联网对接的争议解决模式,开始了网上调解的商务运作,传统的调解制度被注入了新的活力,于是就产生了网上调解(online mediation)。网上调解就是在互联网上进行的调解,是指调解人运用计算机和互联网技术,努力促成当事人达成解决争议纠纷矛盾的一种非诉讼解决方式。网络既是解决问题的工具,又可当作解决问题的平台;既可以解决传统的离线争议,又可以解决网络时代的在线争议。我国比较成功的机构有中国在线争议解决中心(简称 ChinaODR,网站地址:http://www.odr.com.cn)。另外,网上社区调解、社团网上调解、政府网站调解、法院网上调解等网上调解在我国也有了一定发展。如 2018 年 1 月,浙江"矛盾纠纷多元化解平台"正式上线运营。该平台在杭州西湖区网络法院的基础上将在线咨询、评估、调解、仲裁和诉讼五大功能进行有机结合。近几年,推广现代信息技术在多元化纠纷解决中的运用是调解解决纠纷的新方式。尤其是 2020 年突如其来的新冠疫情,客观上推动了在线调解机制的快速发展。为确保疫情防控和纠纷解决两不误,法院和仲裁机构大力推行在线调解。

2020 年 2 月 14 日,最高人民法院印发《关于新冠疫情防控期间加强和规范在线诉讼工作的通知》(法【2020】49 号)要求依托在线纠纷多元化调解平台,促进矛盾纠纷在线化解,提出完善诉调对接机制,加大对在线纠纷多元化解的司法保障力度。2020 年 2 月至 10 月全国法院网上调解 234 万次,同比增长267%。[①] 2021 年 2 月 20 日,最高人民法院发布人民法院调解平台应用成效,作为互联网＋"枫桥经验"的创新举措,人民法院调解平台自 2018 年 2 月 28日上线运行以来,协同有关部门参与社会治理、化解矛盾纠纷,实现调解组织和调解人员等各类解纷资源系统集成,协商、评估、调解、诉讼等解纷方式高效对接,满足人民群众多层次、多样化的解纷需求。截至 2020 年底,3502 家法院全部实现与调解平台对接,调解平台应用率达 100%。平台入驻调解组织 3万余个,调解员 16 万余人,累计调解案件超过 1360 万件,平均调解时长 23.33天。2020 年,平台新增调解成功案件 519.88 万件,调解成功率达 65.04%。疫情防控期间,各级法院通过调解平台为当事人提供不见面、一站式的"云"上解纷服务,2020 年 2 月至 4 月新增音视频调解量是 2019 年全年的 3.5 倍。三年来,平台调解组织数量增长了 25 倍,调解员数量增长近 11 倍,诉前调解成功的民事案件数量增长了 6.5 倍,在线音视频调解数量增长了 345.6 倍。"特别是 2020 年,人民法院调解平台全面得到应用,平均每分钟就有 66 件矛盾纠纷在平台上进行调解。"[②]

二、网上调解的特点

网上调解与离线调解在本质上是一致的。同时,又有离线调解所不具有的、反映网络特性和互联网发展现状的一些特点:

(一)更好地体现当事人自愿的原则

当事人可以自由决定是否用网上调解方式解决;网上调解程序进行的任何阶段,可以随时退出;网上调解没有十分严格的固定程序,当事人可以协商约定。当事人可以自愿选择争议处理方法,网上调解成功后达成的协议,没有法律上的强制执行效力。

(二)可以更方便、更快捷、更经济地解决争议

用网上调解方式解决争议给当事人带来了极大的便利。(1)可利用全球

---

① 《最高人民法院关于人民法院加强民事审判工作依法服务保障经济社会持续健康发展情况的报告》。

② 《中国法院的多元化纠纷解决机制改革报告(2015—2020)》。

任何地方的人力资源。可以在任何国家聘用任何国籍的仲裁员或者调解员,使用任何语言解决争议,免除了差旅之累,当事人可以选择参与时间。(2)迅速地解决争议。迅速解决争议是其突出特点。(3)费用低廉。当事双方省去交通、住宿等费用,也减少时间花费,不用支付代理费用。

(三)网上调解的受案范围十分广泛

在线争议既可以指原本发生在网络上的争议,也可指将现实社会中的争议转到网上进行调解的争议。离线争议就是指现实生活中发生的争议。网上调解对离线的争议可以解决,它能化解现实生活中的矛盾争议纠纷。随着我国网络行业的快速发展,网民数量的飞速增长,网络上的争议纠纷矛盾越来越多,传统的调解对之却束手无策、无能为力。网上调解就能及时处理发生在虚拟空间——网络世界上的争议纠纷,使我们的网络更加和谐。

第二节　我国现在常用的几种网上调解

网上调解所具有高效率、低成本和便利性的优势是其他传统调解方式难以企及的。现在网络上常用的几种调解种类有:

1. 网上社区调解,邻里调解作为传统人民调解类型中最普通、常见的形式,在网络时代的发展最为迅速。北京市第一家人民调解在线 2003 年在西城区丰盛街道丰汇园社区正式运行。[①] 社区群众如果需要到社区调解委员会进行民间纠纷调解时,可登录人民调解在线网页"挂号",提出申请。社区调解员将会在接到居民提出申请的当天,主动与居民取得联系,进行调解。社区居民要想了解社区调委会的职能和开展调解的情况,或者申请调解民间纠纷、查看法律条文,与调解人员交换意见,上网进入人民调解在线就全能实现了。网上社区调解大大地提高了纠纷解决的效率,有利于维护家庭、社区和邻里关系的安定,优化社会自我调控功能。

2. 社团调解,即社团组织对成员之间发生的纠纷进行调解,如行业协会调解、工会调解等使用网上调解的效果十分明显。

3. 网上行政调解,政府网站的核心功能是政府与百姓互动交流的总平台,百姓向政府门户网站反映的民生问题,政府有关职能部门应当及时办理与

---

① 《京城出现首家调解在线 社区调解员网上说事儿》,http://news.sina.com.cn/c/2003-04-09/1315987687.html,2003-04-09。

反馈。政府网站调解有助于打消人们对相关问题的疑虑,消除干群隔阂和矛盾,会提高公民对政府的信任感,促使当事人主动地选择在线调解,自愿听从政府正确有益的劝导、说服,进而化解矛盾。

4. 法院网上调解,法院利用网络的高效与便捷的特点,解决了传统的争议解决模式所不能解决的地域的遥远等问题造成的调解困难,并且大大节省了诉讼成本。在网络环境下法院的网上调解是对传统的法院调解的丰富和补充,也给争议双方当事人提供了便利,是提高争议解决效率的一条捷径。有哈尔滨铁路运输中院千里之遥网上调解成功、①江苏徐州九里区法院利用网络远程调解案件②等案例。

事实证明,我国的几种网上调解模式使得我国传统的调解制度在网络时代有了延续和创新,不断创新完善我国的网上调解,改变传统调解单一的操作模式,利用网上调解解决社会矛盾纠纷争议是调解制度的未来发展方向之一,网上调解的发展应该是全方位、多层次、多角度的。近年国内对传统调解的转型和网上调解的运用已经取得不少成功的经验,而且在不断完善和成熟,这些让我们对网上调解的未来发展充满信心。

第三节　网上调解的程序

一般来说,在线和解服务无调解员参与,适用于解决当事人之间因单一问题发生的争议,如在价格、时间等方面存在的分歧。在线调解服务有调解员参与,通过中立第三方进行在线实时调解。在线调解通常使用流程可以包括六个阶段:申请人提出申请、登记案件相关信息、选择调解员、在线调解、达成调解书和履行调解书。所有程序都通过在线的方式进行,双方当事人通过 ChinaODR 随机创设的在线调解室,以网上文字的形式进行事实陈述和证据出示(主要是相关证据的电子照片),并由调解员介绍相关的法律,提出调解方案,双方当事人如果接受这一方案,则达成调解协议。在线调解过程中应当注意的主要内容有:

---

① 金艳华:《哈尔滨铁路运输中院千里之遥网上调解成功》,http://www.court.gov. cn/news/bulletin/region/200506020001.htm,2005-06-02。

② 姜旭、段绪朝:《江苏徐州九里区法院利用网络远程调解案件》,http://www.xzgd. com/radio/n/2007/2007010710692.htm,2007-01-07。

■ 一、调解的受理

有调解意向的一方,应提前与争议的另一方沟通提出以在线调解的方式解决双方的争议,然后同调解中心联系申请。因为双方自愿接受调解是调解中心进行调解的前提。当然,如果因某种原因单方提出申请,中心调解员审查后,应及时告知争议的另一方确认是否接受调解。如另一方拒绝接受调解,调解中心则终止在线调解程序。

■ 二、调解前的准备

调解中心决定受理调解后,将指派调解员进行在线调解。调解员与双方先分别沟通并多方引导促使,在确认调解有望成功时,调解员再确定在线调解的具体时间,告知双方到指定的网络洽谈室参加正式调解。

争议双方请于参加调解前各自整理好资料,尽量简明地就双方交易的事实、争议的焦点做文字上的准备,并提供相关事实的关联证据。

■ 三、在线调解

各方应遵守时间约定,准时到指定的网络洽谈室参加在线调解。

参加在线调解的双方请遵守调解纪律,按调解员的要求和安排分别发言,客观地陈述事实和自己的主张,不要有人身攻击等与解决争议事实无关的言行。

调解过程是否允许旁听,调解过程和结果是否可以公开,由争议双方决定。不涉及商业秘密等的交易纠纷,调解中心建议申请公开调解,应尽量允许他人旁听,并同意调解中心将调解过程公开。

调解过程中涉及的双方共同确认的无争议的事实部分,是调解员进行调解的重要事实基础,对事实有争议的,请提供相应证据,调解员将根据相关证据综合整体案情,独立地作出判断和建议。

■ 四、调解协议的达成和履行

依据诚信和客观公正及中立的原则,经调解员协调,双方一致同意调解方案后,应自觉履行调解协议。为谨慎起见,在调解协议达成后,双方可约定签订以书面原始文件、传真、邮件、即时聊天记录等双方认可的方式把在线确认的主要事实、最终的调解结果正式确认下来。